北京市高等学校人才强教计划资助

体育科学探索在路上

李相如 著

金盾出版社

内容提要

本书荟萃了作者30余年体育研究的成果，涵盖了“田径运动篇”“全民健身与社会体育篇”“休闲体育篇”三部分内容，共有研究论文23件。这些作品中，有国家立项的科研项目，有省市相关部门赋予的调研课题，也有大专院校的教改教材，其中大部分获得过国家及不同层级的奖项，许多成果被国家制定相关政策标准时采用。

本书既具有浓厚的学术性，充溢着学者缜密的思考和严谨的学风，又具有实践性，理论联系实际，对深入开展全民健身和休闲体育，有着很强的指导意义。本书可作为相关研究学者的参考资料，亦可为调研和写作论文报告开启思路，提供样本。

图书在版编目(CIP)数据

体育科学探索在路上/李相如著．—北京：金盾出版社，2016.10
ISBN 978-7-5082-7037-1

Ⅰ.①体…　Ⅱ.①李…　Ⅲ.①体育教育—教学研究—文集　Ⅳ.①G807-53

中国版本图书馆CIP数据核字(2016)第221090号

金盾出版社出版、总发行
北京太平路5号(地铁万寿路站往南)
邮政编码：100036　电话：68214039　83219215
传真：68276683　网址：www.jdcbs.cn
北京七彩京通数码快印有限公司印刷、装订
各地新华书店经销
开本：705×1000 1/16　印张：13.75　字数：220千字
2016年10月第1版第1次印刷
印数：1～2 000册　定价：45.00元

目标、勤奋、名师
（代前言）

我出生在陕西南部的一个山区小县，父母虽然都是国家干部，但屡遭政治冲击，改革开放的好日子不久，就陆续退休。我上过山下过乡，当过知青，在农村入团、入党，曾当过生产队长，当过生产大队革委会副主任、党支部副书记。1976 年贫下中农送我上大学，成为了西安体育学院的一名工农兵学员。24 年后，成为了一个高等体育院校的教授。一路走来，感到对我一生起重要作用的是前进的目标、勤奋和名师的教导与指点。

一、目标

目标是人生旅途的航标，是一种追求，一种动力。

第一个目标：一是要在陕西省运动会拿冠军，二是要留校。

1976 年是我人生第一次转机。当时西安体育学院的王步文教授（我国足球理论研究的著名学者，仙逝）去安康招生，当地体委的老师介绍我的运动天赋还不错（应该是矮子里拔将军），就决定录取我。其实，当时我准备参加北京航空学院（现北京航空航天大学）和北京工业大学、西安军事电讯工程学院（现西安电子大学）的招生，我符合这些院校的招生条件，但从小就喜爱体育运动。所以，当时犹豫不决，最后我父亲的一句话使我最终走上了体育之路，他说："你从小身体弱，上体院可健身。"听从了父亲的话，1976 年 11 月我到西安体育学院体育系报到，开始了大学的生涯。我们当时叫工农兵学员，政策是"社来社去"，就是从哪个公社来的，毕业后还是回到哪个公社去。在这个情况下，留校是唯一可以不"社来社去"的途径。当时我确定了两个目标：一是要在陕西省运动会拿冠军，二是要留校。1978 年第五届陕西省运动会上，我获得 400 米栏冠军，110 米栏第三名。1979 年，我以全优的成绩留校，在田径教研室开始任教。

第二个目标：改变"成份"，考研究生。

留校之后，面临的形势十分严峻。77、78 级学生的入校和毕业对工农兵学员留校的教师开始了大规模的冲击。当时许多院校要求工农兵学员留校的教师退出教学岗，转入行政管理岗。在这个背景下，考研究生，是保留教师职务的重要途径。十年动乱，我们的青少年时代是在一种变态的文化背景下度过的，外语基本上是空白。我是大学毕业留校后才开始跟着广播学英语的。因此，我研究生考了四次才成功。考研的过程实际上是一次又一次的补课，在考上研究生后，我非常珍惜来之不易的机会。所以，研究生在读期间，在文超教授的指导下，我除了完成学位论文，还在各种田径期刊和其他体育期刊发表了20余篇论文、译文和文章，为我后来的教学和科研工作奠定了良好的基础。

第三个目标：踏踏实实当教师，勤勤恳恳做学问。

研究生毕业后，曾经有过一段困惑和迷茫的时光。如果说前两个目标都是外界作用的使然，那么第三个目标是一个将为之付出一生的目标：踏踏实实当教师，勤勤恳恳做学问。正是有了这个目标，在教学和科研工作中做有心之人，做有意义之事。20年过去了，回头一看，感到没有虚度年华。1989年获国家体委教学研究论文二等奖，1990年获国家体委优秀硕士论文，1995年获国家体委优秀教材一等奖，1997年获国家体育总局体育科技进步三等奖，2001年获第一届中国学校体育科学大会论文一等奖，2004年获北京市教学成果一等奖（成员之一）、2005年获国家教学成果二等奖（成员之一），2005年获国家级精品课程（第二负责人）、北京市创新团队（第二负责人）等。在此期间，共完成、主持国家级、北京市和国家体育总局课题10余项，在《体育科学》《中国体育科技》《北京体育大学学报》等体育核心刊物发表论文50余篇，其他体育刊物发表论文150篇，主编、副主编专著、教材20余部。

近十余年来，曾在人民网（人民日报社主办）强国论坛做客与网友对话，曾在中央电视台《田径场》《夕阳红》栏目、《健康之路》栏目、《体育频道》、中国教育电视台《专业导航》、北京电视台1、2、5等频道接受专访，多次接受《人民日报》《中国体育报》《中国教育报》《环球时报》《中国青年报》《北京青年报》《新京报》《北京日报》《长沙晚报》等专访。

目前的主要社会兼职包括中国田径理论研究会副会长、中国体育科学会体育社会学专业委员会委员、国家体育总局国家级社会体育指导员评审组成员、中国社会学会体育社会学专业委员会委员、国家体育总局体育行业技能鉴定专家指导委员会委员、国家劳动与社会保障部、国家体育总局《社会体育指导员国家职业标准》修标组组长、中国休闲哲学专业委员会常委、副秘书长。

我一直沿着目标前行，虽无大的成就，但自己的努力得到了组织和社会的鼓励。我 1992 年被评为“陕西省高校青年教书育人先进个人”，1994 年 10 月作为优秀人才被引进到北京体育师范学院（现更名为首都体育学院），1995 年被评为“北京市优秀青年骨干教师”，1997 年被评为“北京市跨世纪人才”，1998 年获得学院本科论文指导一等奖，2001 年被评为“北京市经济技术创新标兵”，2003 年被国家体育总局授予“全国群众体育科研先进个人”，2001 年、2005 年两次被国家体育总局授予“全国群众体育先进个人”，2008 年获得北京奥运会、残奥会奥林匹克教育荣誉证书，2011 年获得北京市名师称号。第十届、第十一届全国运动会两次接受胡锦涛总书记亲切接见并合影，2013 年第十二届全国运动会接受习近平总书记亲切接见和合影，并亲耳聆听了习近平总书记的讲话，为我继续在全民健身和体育事业的道路上拼搏指明了方向，获得了强大的动力。

二、机遇

从事全民健身研究，纯属偶然。1994 年我作为所谓的“人才”被引进到北京体育师范学院（首都体育学院的前身。注：千万别把自己当“人才”，这是我后来才悟出的）。1994—1996 年先是在学院带短跑、跨栏训练，带出了运动健将 1 名（女子 100 米，11 秒 2，目前还保持着北京市高校纪录）、5 个一级运动员。但运动训练一直不是我的愿望和兴趣所在，我还是愿意进行教学和理论研究。1997 年我申报教授职称，尽管成果丰硕，但却是一败再败。申报教授的多次失利，使我在痛定思痛之余思索下一步的发展方向。

大约是 1998 年底左右，突然接到国家体育总局群众体育司丁鹏处长的电话，推荐我主持《全民健身路径锻炼方法研制》。当时我告诉他可能承担不了，因为“全民健身路径”这个名称我还是第一次听到。丁鹏告诉我，这是一项新的群众健身项目，我国刚刚开始，希望我进行探索性的研制。我是在忐忑不安的心情下接下了这个任务。后来在当时群体司社会体育处处长晓敏（现为国家体育总局局长助理）的领导和高元义同志（现为总局机关党委综合处处长）的指导下开始摸索这个新项目的锻炼方法和游戏竞赛规则。现在回过头来看，这是我进入群众体育研究的一个绝佳的机遇，为我后来研究方向的拓展和转移起到了十分重要的作用。此项目 1999 年被国家体育总局科教司正式立项为部级课题。课题于 2000 年结题，包括新华社、人民日报、中国体育报等多家媒体进行报道。研究成果由人民体育出版社 2000 年出版，国家体育总局主管群众体育工作的张发强副局长为《全民健身路径锻炼游戏竞赛方法》写了书名。此书随着健身路径器材发到全国各地，为健身路径的初期发展起到了积极的作用。

1998 年至今，10 年过去了。可以说，这 10 年不仅是我国社会主义市场经济转型的重要时期，也是我国全民健身活动最为活跃和快速推进的 10 年。转型期以来，人们生活理念和生活方式的转变，使全民健身在人们生活中的作用变得越来越重要，全民健身社会实践的迅猛推进，催生出了大量全民健身活动的经验和成果。“健身路径”“全民健身工程”“社会体育指导员”“社区体育”“群众体育品牌化”等都是这一时期产生的新名词、新内涵、新活动和新方式。相对而言，全民健身理论的研究大大落后于群众健身的实践进程。理论创新的源泉在于社会实践，社会实践反过来又需要理论指导和支持。

正是凭着第一次承担总局群体司任务的努力和认真的态度（西北人的风格），获得了群体司领导和同志们的信任。在此之后，我又陆续承担了全民健身工程、社会体育指导员、体育传统项目学校、社会体育指导员管理软件开发、青少年体育俱乐部、社会体育指导员国家职业标准等大量研究工作。这些研究绝大多数都是从我国群众体育和全民健身发展的现实需要提出来的，因此，研究的大多数成果成了总局群体部门制定相关政策的依据。10 年来，在群体司各位领导的信任、支持、包容和鼓励下，本人为我国全民健身活动的发展做了一点事情。但如果没有这些机会，没有给我提供国内外考察、交流、学习、讲学的机会，我不会在全民健身活动中有所作为的。因此，我要真诚地感谢原国家体育总局张发强副局长、国家体育总局局长助理晓敏女士，感谢群体司老领导郭敏司长、朱琼副司长，感谢现任群体司长盛志国、副司长绫川、刘国永、林洁（现为总局社会体育管理中心副主任）；感谢丁鹏、贺凤翔、邱汝、高元义、张栋、王小宁等处长；感谢群体司的所有同志和朋友。

全民健身的实践来自于群众之中，各地方群众体育的活动、方式、模式的探索和创新是形成新的理论的源泉。北京作为全国政治、文化和体育的中心，在为全民健身的蓬勃发展提供经验、开拓领域和先行探路等方面做了大量的实践和理论的尝试。进入北京群众体育研究领域，也是一个机遇，我抓住了这个机遇，并且为北京群众体育的发展做了一点工作。记得大约是 2000 年 5 月，一次会议上与当时还是北京市体育局群众体育处处长的李丽莉同志（现为北京市体育局副局长）商议，新中国解放 50 年余年了，北京为群众体育工作做了许多贡献，建议对北京市群众体育状况做一个摸底的研究，整合情况、总结经验、探索特色、规划未来。这一想法得到了北京市体育局领导的重视和支持。2000 年 8 月,《北京市群众体育现状调查》课题由北京市体育局立项,孙康林局长亲自担任《调查》课题的领导小组组长,具体的研究工作由我主持。课题经过一年的研究,在北京市群体处领导下,经过 18 个区县体育局的相关同志的帮助和支持,课题组完成了《调查》。研究成果上报北京市体育局领导,得到局党组和领导的高度好评,研究的成果后来作为北京市群众体育"十五"发展规划的重要依据,也是"北京奥运行动规划"中群众体育部分的依据之一。在这个研究的基础上,后来又多次承担北京市体育局群体处、社会体育管理中心相关研究、考察和讲课任务,如《北京市市民健身行动指南》《全民健身工程科学健身指导方法的研究》《北京市市民健身指标体系的研究》《北京市体育人口的现状调查与分析》等。最使我受益的是在北京市体育局群体处组织的群体活动中,我学到、见到、感悟到了群众体育实践的许多真谛和来自群众自身的真知灼见,使我们的研究有了丰富的土壤和扎实的基础。

三、名师的指点

我的学习和工作,受到过许多老师、师友和朋友的教诲和关怀,其中名师的指点使我有了一个优越的高起点的专业发展平台。有一些老师是我直接恩师,有一些是间接的。对我大学以来起到重要影响和作用的有以下几位名师:

陈海清教授,我进入大学的第一个专项老师和教练。现中国奥委会副主席、北京奥组委副主席杨树安等当年都曾在他的麾下训练。陈海清教授教会了我田径运动训练的基本知识和技能,在他的训练下,我在西安体育学院大学三年 400 米栏保持不败,包括 77、78 级进校后。陈教授灵活多样的训练方法,根据学生的个人特点制定训练方案,走的是一条巧训巧练的路子。陈教授谦虚好学、热爱学生的品德,至今仍然对我产生影响。在我大学阶段,对我产生过重要影响的老师还有翟国俊教授、王步文教授、张月芳教授、李深教授、许玉茹教授、王方教授等。

文超教授,我硕士研究生导师。可以说我在田径理论方面的进步和提高与他的培养和教诲是分不开的。我大学毕业后,先后给文超教授当过助教,当过研究生,当过原国家体委《田径教材小组》的秘书。田径理论研究会成立后,我当过他任会长的首任秘书长。我的学术和科研活动是从翻译国外的田径文献和论文起步的。记得 1981 年,我刚刚学习英语不久,文老师给了我一本英国《跨栏运动》,并要求一个月翻译出来。当时我的英语水平很低,硬着头皮翻译了英国《跨栏运动》,并第一次在教研室做了学术读书报告,从而开始了我真正意义上的学术和科研活动。我 1991 年能够破格晋升为副教授(是西安体育学院第一个破格的副教授),1992 年作为《田径教材小组》秘书参加《田径运动高级教程》组织和撰写、1994 年作为人才引进到北京体育师范学院(现为首都体育学院)与这段时间在文超教授门下的学习和积淀是密切相关的。正是在他的栽培和指导下,我开始研究田径运动的理论问题。到 20 世纪 90 年代末期,我在田径运动方面出版和发表专著、译著、论文、译文 100 多篇,在田径运动理论研究领域算是有了一点地位。同时,由于文超教授是我国田径界的大师级学者,在他的指点和引见下,我有机会认识了一大批我国田径界的名流,使我能够在一个高水平、高级别的学术氛围和环境中得到学术的滋养和提高。

此外,从我留校到离开西安体育学院期间,郭杰教授(我大学和研究生的专业老师,参加 1936 年柏林奥运会的中国运动员)、狄凤刚教授(我大学和研究生的专业老师,我国运动生物力学的著名学者)、周成之教授(我大学和研究生的专业老师,新中国首批留苏归来的著名学者)等都对我的成长起到过十分重要的影响和帮助。

曲宗湖教授,原教育部体卫艺司副司长,我国著名的学校体育研究学者。我调入北京不久,曲宗湖教授也调入北京体育师范学院。当时我在体育教育系当副主任,曲教授让我协助他完成教育部"九五"和"十五"国家级规划课题,开始了我从事学校体育研究的历程。在他的指导和鼓励下,我开始涉猎学校体育的理论与实践研究,协助他完成了"我国西部农村学校体育发展的战略研究",并主持完成了"素质教育与学校体育模式"的研究,该研究获得了首届"中国学校体育科学大会"论文一等奖。学校体育的研究对我的管理工作也有很大的帮助。在此期间,我跟随曲教授在全国各地看了大量中小学体育课和学校体育活动,不仅使我对学校体育的现状有了一定的了解,形成了一些基本的看法,而且对体育教育专业学生的培养模式和途径有了较为深刻的认识。加强体育教育专业学生的技术和技能培养,走实践教学模式的思路是在这一时期形成的,关于我国学校体育误区的认识也是在这一时期产生的。我担任体育教育系主任后的教学改革和体育教育专业新的培养方案的修订思路可以说都受益于这段宝贵的学习和研究经历。在与曲宗湖教授学习的过程中,同样在他的指点和引见下,我认识了一大批我国的学校体育领域名流和朋友,使我能够在一个高的发展平台上学习和提高。

秦椿林教授,北京体育大学管理学院院长,博士生导师,我国第一、第二次群众体育现状调查课题组的组长,《社会体育指导员国家职业标准》研制组组长。1999 年受国家体育总局群体司的邀请,我参加了《社会体育指导员国家职业标准》研制组,并在秦椿林教授的领导下开展社会体育指导员国家职业标准的研制。在这段研究合作的过程中，秦教授对课题研究主体和方向的把握、研究程序和路线的制定、研究团队的分工和管理以及协调多方关系（例如劳动和社会保障部、国家体育总局、地方政府和部门等），都对我后来主持较大规模的研究具有十分重要的影响和帮助。同时，这段合作研究经历，也对我 2007 年主持《社会体育指导员国家职业标准》的修订，奠定了十分重要的基础。

卢元镇教授，华南师范大学教授，博士生导师，我国著名的社会体育学者。在近些年参与社会体育学术活动和承担国家体育总局的讲课任务中，使我有机会与卢元镇教授多次相处和共事。卢教授渊博的学识和孜孜不倦的学习精神给我以强烈的启迪。他对我国若干体育问题的看法和认识，不乏独有心得；对学术问题的研究和辨析有自己的真知灼见；对一些体育社会现象的客观判断有自己鲜明的观点和个性。这些重要的品质都给我以积极的影响。卢教授和我，亦师亦友。在这些年的交往中，卢教授多方面给我以鼓励、支持、提携和帮助，使我在社会体育和全民健身研究中受益匪浅。

马惠娣研究员，中国艺术研究院休闲研究中心主任，我国休闲研究的先驱者之一，中国休闲哲学专业委员会副主任委员兼秘书长。2007 年 11 月我有幸参加了“2007－中国·休闲与社会进步学术年会”，在这次会议上认识了马惠娣研究员。在后来的几个月，通过与她的接触，使我对休闲和休闲体育未来的发展有了重要的认识。2008 年 1 月，我院中层干部岗位调整，我由体育教育系主任调任社会体育系主任。2008 年 3 月，教育部正式批准我院招生“休闲体育专业”本科学生，这个专业放在社会体育系。在进行休闲体育专业定位、专业发展方向等基本问题的讨论和制定休闲体育专业培养方案的过程中，得到了马老师的重要指点。同时，在于光远、成思危等著名学者的提议和推动下，马惠娣研究员主持筹备成立自然辩证法学会（一级学会）下的“休闲哲学专业委员会”（二级学会），我有幸成为专业委员会的筹备成员之一，有了更多与马老师学习的机会。这次机遇，为我下一个新的研究方向——休闲体育研究搭建了一个十分有利的高起点的平台。随着我国社会经济的快速发展，提高国民的生活水平，完善健康生活方式，推动国民休闲生活质量的升级，休闲体育将大有作为！

四、结语

本篇小文是2008年在恩师文超教授的再三督催下写成的(这次做了少许补充)。他希望我把自己的成长道路写出来,以期能为年轻的学者们提供一点可以借鉴的经验和教训。但回头看看,虽奋斗多年,仍然一事无成,深感到辜负了老师的培养和期望,所以多次推辞。但从老师一次又一次的坚持中,我看到了他所流露出的一种强烈的责任感和使命感,这是老一辈学者的品质。相形之下,不禁汗颜。在写这篇小文的过程中,我突然醒悟,老师是通过这种方式激励我们,希望我们不懈殆、不自满、不放弃。同时作为一个学者,应该承担起一种责任!

我会努力,不断向前!

参与本书编写和编辑工作的有:金媛媛、王萌、吴玉兰、于欣彤、刘燕楠、高亚坤、王金洋、陈佳乐、贺鑫、岳丽娟、覃琴、纪昕圻。在此,谨向他们表示衷心的感谢!

李相如

2008年4月5日(原文)

2016年6月18日(修改)

目　　录

第一篇　田径运动篇

第二篇　全民健身与社会体育篇

第三篇　休闲体育篇

第一篇　田径运动篇

1980～1990 年世界和中国田径运动发展特征的比较研究

1. 前言

20 世纪 80 年代世界田径运动广泛汲取和运用当代高新科技成果，其训练过程更具系统化和科学化，从而使“人类运动极限”不断被打破。80 年代我国田径运动的发展顺利实现了“冲击亚洲，走向世界”战略目标的第一步，其成就举世瞩目。但我们也看到，20 世纪 90 年代我国田径要顺利实现战略目标的第二步，这在世界各国高度激烈竞争的前提下，其难度是不言而喻的。因此，我们选定了本研究课题，试图通过探讨 20 世纪 80 年代世界和我国田径运动的发展特征，对 80 年代世界与中国田径运动发展特征进行科学的比较研究，为我国田径运动 90 年代的发展提供科学依据和参考。

2. 研究方法

本研究的基本方法是文献资料法，数理统计法，比较法和逻辑推理法等。部分方法和数据处理说明如下：

2.1 我们收集了自 1980～1990 年世界、中国田径各单项前 10 名的成绩（男子除竞走、接力，共 19 项；女子除竞走、5000 米、10000 米、接力，共 14 项）。由于中国前 10 名离差较大，我们增加计算了中国前 3 名的成绩，把这一指标作为我国田径各单项的最高水平（中国前 10 名为中国平均最高水平）。通过对近万个数据的处理，我们采用定基比和环比的方法计算出了世界和中国 20 世纪 80 年代田径发展的平均增长速度和逐年提高速度，以此反映世界和中国田径运动的发展水平和动态特征。

2.2 本研究主要运用体育比较学原理，根据统计结果，对世界前 10 名、中国前 10 名、前 3 名的数据总量和分量进行横向、纵向以及综合比较，从中探讨其各自的特点，共同规律以及发展趋势。

2.3 几种代表符号的说明

I_{10}—世界前 10 名总量，C_{10}—中国前 10 名总量，C_3、中国前 3 名总量；IM、IW——世界男、女，CM_{10}、CW_{10}—中国前 10 名男、女，CM_3、CW_3—中国前 3 名男、女。

3. 结果与分析

3.1 世界与中国田径运动发展特征的整体比较与分析

3.1.1 世界与中国田径运动平均增长速度的比较(表 1)

表 1　1980～1990 年世界与中国平均增长速度统计

项　群	组　别	平均增长速度(%)	I 与 C 差值	I 与 C 差值倍数
田径整体	I_{10}	0.822		
	C_{10}	3.149	2.327	2.83
	C_3	2.931	2.109	2.57
短跨	I_{10}	0.731		
	C_{10}	1.909	1.178	1.61
	C_3	2.136	1.405	1.92
中长跑	I_{10}	0.092		
	C_{10}	2.272	2.180	11.70
	C_3	2.406	2.311	16.10
跳跃	I_{10}	1.870		
	C_{10}	2.548	0.678	0.36
	C_3	2.467	0.597	0.32
投掷	I_{10}	0.495		
	C_{10}	5.452	4.957	10.01
	C_3	4.857	4.362	8.81
全能	I_{10}	2.085		
	C_{10}	5.185	3.110	1.19
	C_3	5.045	2.960	1.42

3.1.2 世界与中国田径运动发展的动态特征的比较与分析(图 1)

为了观察 1980～1990 年世界与中国田径发展的动态特征,我们根据统计数据和处理结果绘出了动态图(图 1)。从图 1 我们可以看出以下特征:第一,I_{10} 的曲线呈现三个高峰(1982 年、1984 年、1988 年),三个低谷(1981 年、1985 年、1989 年),呈一条与世界动态曲线倒置的曲线图形。

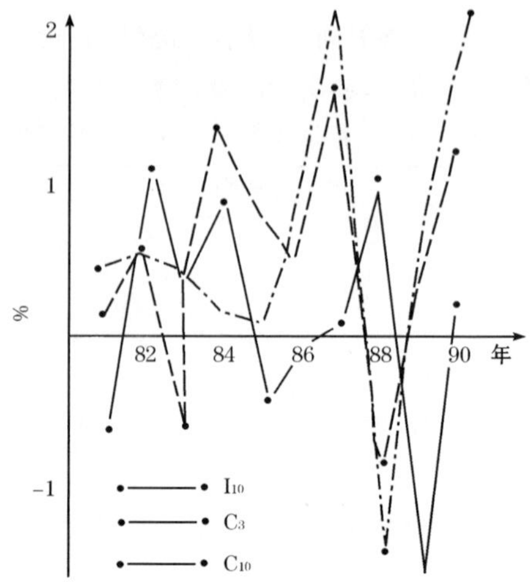

图 1　世界与中国田径运动发展动态特征的比较与分析

3.2 世界与中国男子田径运动发展特征的比较与分析

3.2.1 平均增长速度的比较与分析(表 2)

表 2　1980～1990 年世界与中国男子平均增长速度统计

项　群	组　别	平均增长速度(%)	IM 与 CM 差值	IM 与 CM 差值倍数
男子田径	IM_{10}	0.754		
	CM_{10}	2.078	1.324	1.76
	CM_3	1.992	1.238	1.64
短跨	IM_{10}	0.790		
	CM_{10}	1.620	0.830	1.05
	CM_3	1.532	0.740	0.94
中长跑	IM_{10}	0.552		
	CM_{10}	1.276	0.724	1.31
	CM_3	1.172	6.620	1.12

续表 2

项　群	组　别	平均增长速度(%)	IM 与 CM 差值	IM 与 CM 差值倍数
跳跃	IM_{10}	1.635		
	CM_{10}	1.740	0.105	0.06
	CM_3	2.173	0.538	0.33
投掷	IM_{10}	0.013		
	CM_{10}	4.023	4.010	308.46
	CM_3	3.075	3.060	235.38
全能	IM_{10}	0.440		
	CM_{10}	1.930	1.490	3.39
	CM_3	3.340	2.900	6.59

表 2 所示，世界男子田径运动 20 世纪 80 年代继续呈发展和增长的态势，但发展速度低于世界田径运动的整体速度。各项群的发展速度不同，增长速度最快的项群是跳跃，以下依次为短跨、中长跑、全能、投掷；中国男子的增长速度大大高于世界，其中 CM_{10} 是 IM_{10} 的 1.76 倍、CM_3 是 IM_{10} 的 1.64 倍；从项群的增长速度上看，IM、CM_{10}、CM_3 的顺序均不相同。

3.2.2 1980～1990 年世界与中国男子田径发展的动态比较与分析(图 2)

从图 2 中我们发现：世界男子田径运动的发展呈现出周期性变化规律，而且是以奥运为高峰的周期变化。我国男子前 10 名(CM_{10})的曲线与 IM 正好相反，高峰对着低谷，低谷对着高峰，且具有明显的以全运会年为高峰的周期变化特征。CM_3 的图形呈不稳定性，前半段与 IM 的图形相对应，后半段与 CM_{10} 的图形相对应。

3.3 世界与中国女子田径运动发展特征的比较与分析

3.3.1 平均增长速度的比较与分析(表 3)

表 3　1980～1990 年世界与中国女子平均增长速度统计

项　群	组　别	平均增长速度(%)	IW 与 CW 差值	IW 与 CW 差值倍数
女子田径	IW_{10}	0.89		
	CW_{10}	4.22	3.33	3.74
	CW_3	3.87	2.98	3.35

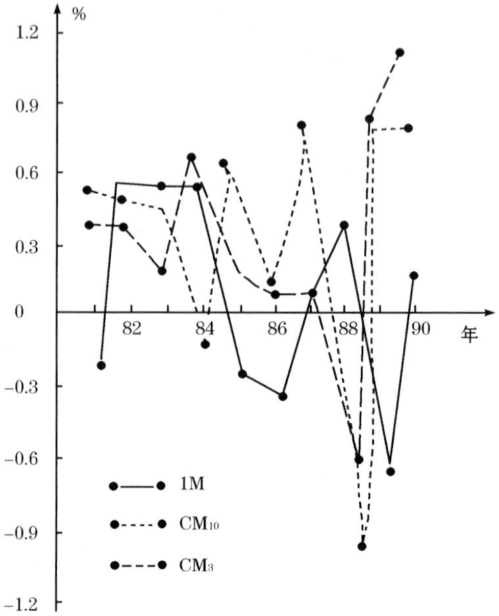

图 2

续表 3

项　群	组　别	平均增长速度(%)	IW与CW差值	IW与CW差值倍数
短跨	IW_{10}	0.672		
	CW_{10}	2.198	1.53	2.27
	CW_3	2.740	2.07	3.08
中长跑	IW_{10}	0.368		
	CW_{10}	3.266		
	CW_3	3.640		
跳跃	IW_{10}	3.105		
	CW_{10}	3.355	1.25	0.57
	CW_3	2.760	5.66	0.31

续表 3

项　群	组　别	平均增长速度(%)	IW 与 CW 差值	IW 与 CW 差值倍数
投掷	IW_{10}	0.977		
	CW_{10}	6.880	5.90	6.04
	CW_3	6.640	5.66	5.80
全能	IW_{10}	3.73		
	CW_{10}	8.44	4.71	1.26
	CW_3	6.75	3.02	0.82

表 3 结果表明：

第一，世界女子田径运动水平不仅呈继续发展和增长的趋势，而且增长速度超过 IM 和 I_{10} 的发展速度。在世界男、女田径发展中，各项群之间的发展具有不平衡性，全能、跳跃增长速度较快，而中长跑却呈现负增长。

第二，我国女子田径在 80 年代高速发展，其增长速度不仅超过 I_{10}、IM，而且也超过 C_{10}，C_3 和 CM_{10}，CM_3。反映我国女子田径运动发展的喜人态势。

第三，CM_{10} 和 CM_3 各项群发展速度差异较大，且与 IW 的顺序不同，令人忧虑的是 CW_{10} 和 CW_3 发展速度最慢的项群均是短跨项目，这个结果与世界田径运动发展的特征显然不相适应的，应引起重视。

3.3.2 世界与中国女子田径运动发展的动态比较和分析(图 3)

图 3 的三条曲线分别描述了 IW，CW_{10}，CW_3 各自的动态特征。从图 3 我们发现：

第一，IW 是以奥运会周期为发展规律，高峰正值奥运会年。

第二，CW_{10} 1982～1985 年呈直线增长曲线，1986 年和 1988 年为低谷，全运会年为高峰(1987 年)。

第三，CW_3 前 5 年的动态曲线与 IW 相同，后 5 年高峰比 IW 提前一年，低峰正好在奥运会年，CW_{10} 和 CW_3 的动态曲线具有以全运会为周期高峰的特征。这与我国竞技运动的发展以奥运会为周期目标是有偏差的。

4. 讨论

4.1 总观上述结果和分析，我们看到，1980～1990 年世界田径运动继续在发展，其平均增长速度仍然是可观的。这一时期，世界田径运动发展的动态特征是以奥运

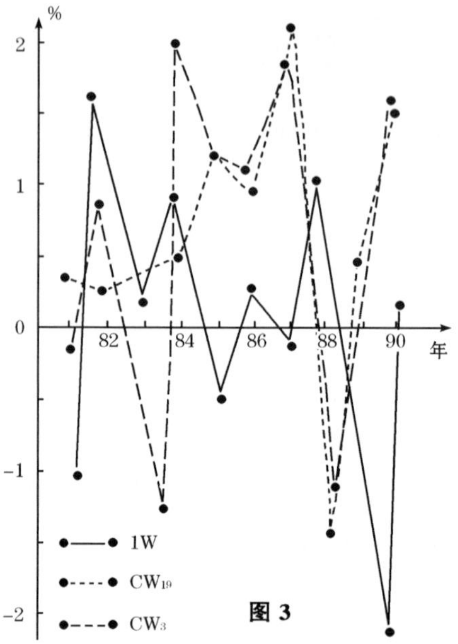

图 3

会为周期，呈现出波浪式发展的规律，这一特征应该引起我们的注意。自 1983 年增加了世界田径锦标赛后，世界田径竞赛形成了三大赛的结构。但根据研究结果我们认为，世界各国田径强国并没有动摇以奥运会为训练周期的战略目标。相比之下，我国田径运动的发展在 1980～1990 年的动态发展图上没有表现出明显地训练周期规律，其成绩高峰时而出现在奥运会上（如 C_3，1984 年），时而出现在全运会或世锦赛年上（如 C_{10}，1987 年）。这种现象应引起我国田径界及有关方面重视，尽早采取措施，改变这种周期目标不明确的局面。

在各项群动态图中，只有 CW_3 的投掷项目的动态曲线与 IW 基本成对应关系，训练周期节奏明显，奥运战略意识较强。女子投掷是我国 20 世纪 80 年代发展最快的项目，也是我国唯一的一个在两届奥运会上均有选手进入前 8 名的项目（其中女子铅球获 24 届奥运会铜牌），这一结果表明，我国已有成功先例，应对其进行深入研究。

4.2 1980～1990 年我国田径运动发展迅速，其平均增长速度远远大于世界，这一结果是令人欣喜和振奋的。但同时我们也应看到，出现这一高速发展的原因，除了我国田坛的教练员、运动员和科研人员的密切合作、共同努力之外，与我们的起始水平较低亦不无关系。众所周知，运动成绩越接近人类“运动极限”，其发展的速度越慢，甚至出现一定时间停滞或略有下降。因此，对于我国80年代田径运动出现的“高速发展”，需要冷静地对待和思考。80年代我国田径运动的快速发展，使我国的田径运动水平大幅度提高，并日益缩短同世界水平的差距。而在下一个10年，其发展的速度可能会有所下降，但重要的问题是我们如何在难度大的情况下，继续保持比世界田径运动更大幅度、更快速度的发展。这一问题，我国女子“三铁”已经有了成功的尝试和经验，田径运动其他项群和单项可以创造性地借鉴和学习。

4.3 1980～1990年间，世界田径运动发展中，男子和女子的发展速度不尽相同，女子的发展速度大于男子。这一点我国也呈现出了相同的特点。同时我们也注意到，世界男女田径运动的发展速度尽管不尽相同，但两者之间的差距较小，男女之间的差值仅为0.136，差值率为15.28%。相比之下，我国男女田径运动的发展速度存在较大的差距，其差值CM_{10}为2.142，差值率为50.7%；CM_3的差值为1.878，差值率为48.53%。我国男女田径运动发展速度之间的差值是世界的3.32倍(CM_{10})和3.18倍(CM_3)。这一问题值得关注和研究。

近几十年来，随着运动生理学的发展和体育运动实践的检验，对女子生理机能和运动承受能力有了更为深刻和科学的认识及评价，从而在体育运动中突破了许多过去认为女子之“禁区”。在田径运动中，不仅女子田径运动的项目范围日益接近男子，而且在田径运动训练中，也越来越多地吸收和引用男子的训练成果、训练手段、训练方法，从而使女子田径运动的发展少走了许多弯路。另外，女子田径运动的起步时间较男子晚，其运动潜力也较男子大，因此，出现了男女发展速度上的差距是正常的、合理的。但正常、合理的东西必然有其限度，超出限度就是不正常、不合理的。我国男女田径运动发展速度上的差距远远大于世界，这种情况显然是不正常、不合理的。我国田径运动中表现出这种男女之间较大的不平衡性，对于我国田径运动的整体发展也是不利的。

5. 结论

5.1 世界田径运动继续以一定速度发展，其发展的动态特征是以奥运会为周期，呈现出波浪式发展的规律。

5.2 我国田径运动的发展速度大大高于世界，但发展的动态特征无明显的周期规律，其低点多在奥运年。

5.3 世界和中国男、女田径运动的发展速度均有差异，但中国男女间的差异远远大于世界。这不利于整体水平的继续提高。

参考文献(略)

(李相如 权德庆 胡健 雷富民 林明)

(该文发表在《体育科学》1994 年第 1 期,下载 209 次,引用 17 次)

世界名教练谈短跑训练

短跑是田径运动中历史最悠久、影响最大的项目之一。短跑在一定的程度上反映和代表着一个国家的田径水平。短跑训练的艺术和技巧不仅可以推动这项运动的发展,而且可以造就出许多世界闻名的短跑天王巨星。为此,国际田联《田径运动最新研究》杂志记者去吉姆·阿尔弗德就目前世界短跑训练中的一些热点问题采访了部分世界级著名短跑教练员。这些教练员是:

加里·温科诺(Gary Kenuo),美国伊利诺斯大学田径教练员,美国大学生联合会教练员教育委员会主席。

卡罗·维托瑞(Carol Vessey Torre),意大利著名教练员。他是意大利技术和科学委员会的成员,意大利前国家田径队短跑教练员,也是 200 米前世界纪录保持者门内阿的教练员。

塔特尔·贝多(Tuttle Beddoe),澳大利亚国家队 400 米跑教练员,他是澳大利亚田径教练员联合会的短跑组成员。

伊曼波瑞特兹·G·赫劳(Iman Perrault Fraz G-herau),哥伦比亚教练员,是第 25 届奥运会女子 400 米铜牌获得者 X·列斯特列波的教练员,她还是哥伦比亚迈特林青年运动员发展学校的负责人。

维科多·劳波兹(Victor Robrts),波多黎各人,现为美国赖斯大学女子田径队的总教练。

问题一:短跑运动员所需要的各种不同素质,如速度、耐力、力量、爆发力、柔韧性等,在你们的训练计划安排中,在下列各训练期优先训练的素质是哪些? 1. 准备期—初期阶段;2. 准备期—后期阶段;3. 准备期—赛前阶段;4. 竞赛期。

塔特尔·贝多

对于短跑运动员来说，在准备期的所有阶段，速度和柔韧性都应该安排在训练计划之中。一些教练员首先建立必需的速度(跑速)，然后在训练中通过不同的阶段增添一些非跑道上获得的速度的练习，如通过发展动作速度、反应速度等来提高速度。而另外一些教练员则是在一定距离内建立高强度的跑的练习，然后不断加大强度。我最近已经开始在速度耐力训练中强调速度，采用了较高比重的强度水平，而不是先建立耐力重复的运动量。

要回答所提出的问题，我的看法如下：

1. 初期准备阶段：着重发展耐力和一般力量。
2. 后期准备阶段：着重发展速度耐力和最大力量(速度和加速度)。
3. 赛前准备阶段：着重发展特殊速度耐力和爆发力/速度力量。
4. 竞赛期：着重发展专项速度和专项速度力量/爆发力。

伊曼波瑞特兹·G·赫劳

1. 初期准备阶段：

(1)柔韧性和耐力。

(2)力量和爆发力。

(3)速度。

2. 后期准备阶段：(1)爆发力—速度和柔韧性。(2)力量和耐力。
3. 赛前准备阶段：(1)速度—爆发力和柔韧性。(2)力量和耐力。
4. 竞赛阶段：(1)速度 柔韧性和爆发力。(2)力量和耐力。

维科多·劳波兹

1. 准备期的初期阶段

在这个阶段，训练计划和训练内容的安排将主要取决于运动员的训练年龄和运动员的实际年龄，这一训练阶段时间多长，还取决于运动员是否参加室内竞赛。

假如运动员是成年人，以最高的水平参加比赛，那么就没有必要花费更多的时间去进行耐力和力量训练，尽管这两种素质需要优先发展。技术和速度也是需要优先发展的。

然而,假如我们所训练的是一些年轻的运动员,或许,准备期的训练时间就要长一些。那么,耐力、力量(一般力量)、柔韧性和协调性都应优先训练。但也应重视在较低强度下培养运动员的速度和跑的技术。总之,要培养运动员从最初就要形成正确的动作技术模式,任何素质都不应被忽视。

2. 准备阶段的后期阶段

在这一阶段,耐力和力量仍然起着重要的作用,但要注意加大强度和更多的耐力系统的混合训练(有氧和无氧训练)。柔韧性和协调能力是非常重要的,要采用更多的动力学的方式进行练习,并提高足够的短跑机械效率。

在这一阶段,爆发力主要通过多级跳的形式进行训练。开始是进行无负荷的练习,然后逐渐增加练习的负荷。这种练习开始时期多采用双腿支撑的一些练习,然后在这个基础上增加一部分单腿支撑的练习。

技术训练在发展速度的训练中加以实施,在这一时期也应加以重视。

3. 赛前准备训练阶段

在这一阶段,专项和速度耐力以及绝对速度训练应优先考虑。力量训练要更多地通过动力性训练手段进行,这些练习一般是在低负荷的情况下完成。这一阶段还要重视保持良好的爆发力水平。

竞赛应该作为评价运动员技术的方法加以安排,比赛要作为这阶段训练的内容。

4. 竞赛期

在这一时期,运动员的各项素质都应得到了很好的训练,剩下的问题就是为一些主要的运动会做好运动员技术和心理方面的准备。此外,在这一时期,各项素质的训练应该加以保持,但要更多地考虑未来的比赛和运动员的身体恢复。

卡罗·维托瑞

在准备期的初期阶段,我首先优先发展力量训练,最初是进行一些一般练习,然后陆续进行专项训练。

随着一般性练习的数量减少,专项练习的量逐渐加大。同时,节奏练习也应穿插进来,主要是为了改进步频和步长的控制,发展运动员跑动时的非周期性和力量能力。

在准备期的后期阶段,负重进行的力量训练被排除,而抗阻力的专项速度训练和不断增大的节奏练习得以优先考虑。在这一阶段,我们注重运动员的步长和步频之间的最佳平衡，因为这是发展速度的重要环节。

赛前训练阶段主要要发展起跑过程和加速过程的“快速”能力、摆脱静止的能力以及一些技术上的问题。

在竞赛期，我们把一些不太重要的比赛只是作为训练的另一种形式。在这时期，我们主要通过观察运动员的成绩和最初的一些比赛中反馈出的问题改进节奏和技术细节，使运动员的技术尽可能更完善一些。

加里·温科诺

一般地说，我们并不特别地强调任何一个短跑原理，经常应该强调的人体内力能力是力量、爆发力和速度。这些素质都应得到充分平衡的发展，以确保运动员身体素质平衡地提高。提高短跑成绩的主要因素是步长和步频，我认为训练过程应该被设计用来提高许多因素中的这两个主要因素。耐力和柔韧性虽然对于提高成绩有其作用，但导致基本速度水平的步长和步频的参数应该首先放在适当的位置。关于提出的准备期和竞赛期训练安排的问题，我的看法如下：

1. 准备期的初期阶段

根据运动员的基础力量和爆发力的参数情况，评定其步长和步频，根据评定结果制定训练方案，加强力量和爆发力训练。这可以在训练课的准备活动和放松活动中灵活地穿插进行训练。

2. 准备期的后期阶段

为了了解运动员的训练效果，在这一阶段开始之前进行相同参数的评定。如果力量参数达到了预期的结果，就可以开始加强力量耐力的训练。在初期准备阶段不要要求很快的提高成绩，只要运动员的各种能力得到了平衡的发展，就会使运动员创造好的成绩。

3. 赛前准备阶段

因为项目的专项特点，在这一时期耐力训练是极其重要的内容。当然，速度和爆发力参数水平应该加以保持，以保证获得良好训练成绩目标的实现。

4. 竞赛期

这一时期，是保持一般力量和爆发力的时候，最重要的是专项跑的模式和专项强度。在这一时期，专项耐力也是十分重要的。

问题二：就短跑运动员来说，你认为发展和保持柔韧性其重要性如何？你认为短跑运动员应着重发展哪些特殊种类（如：关节、角度、动作的方向等）的柔韧性？

塔特尔·贝多

柔韧性对于任何项目的田径运动员的训练来说都是核心因素之一，对短跑项群的运动员来说尤为如此。运动员花费了大量的时间去提高其力量和爆发力，但这应该与柔韧性同步发展，尤其在动作的动力学方面。

提高下肢和髋部的动作范围是最为重要的。在训练的开始阶段要采用一些积极、灵活的练习，然后继续进行一些动力性伸展性动作和各种柔韧性练习。在下肢可能的动作范围（动作幅度）受到限制时，其动作速度可能也受到影响。在柔韧性训练中我十分广泛地使用了横向交叉训练，比如我采用了许多芭蕾、瑜伽和体操方面的练习内容。

伊曼波瑞特兹·G·赫劳

我主要是在所有训练课之前和准备活动中通过适宜的练习去充分发展和保持运动员的柔韧性。

短跑的专门柔韧性要重视发展髋关节肌群、股四头肌、小腿二头肌（腓肠肌）、比目鱼肌、大腿后群肌肉、肌腱以及踝、膝、髋关节韧带等柔韧性。

维科多·劳波兹

保持高水平的柔韧性对短跑运动员来说是重要的，所以发展柔韧性是决不可忽视的。因为我们知道，如果运动员的柔韧性没有提高，其成绩的提高就要受到限制，而且还会发生一些损伤性的悲剧。

我向短跑运动员推荐的柔韧性类型是通过动力性练习获得的，可以提高专项短跑技术的练习方法。如果在柔韧性练习中采用机械发音的方式，将有助于在中枢神经系统形成良好的神经肌肉应答。

卡罗·维托瑞

不应该过分强调柔韧性，这是因为过分的柔韧性可能会影响短跑动作的连续性和流畅性。应该把注意力放在髋关节、脊柱两侧的腰肌、大腿前后群肌肉等后蹬用力的肌肉的柔韧性上。连接躯干和下肢的骨盆的动作应在各个方向上转动自如。

最佳的柔韧性标准是使运动员做到：

1. 向前弯曲，运动员可以用手掌触地。
2. 向后弯曲，运动员呈弧状用手摸触脚跟。
3. 向两侧弯曲，躯干成水平位置。

加里·温科诺

韧性在所有的动力性动作中都起着重要的作用。但柔韧性是有个别差异的，也与项目的要求有关。我的观点是，柔韧性主要与如何影响运动成绩或造成伤害事故的可能性有关。例如，许多女子短跑运动员都有过肌肉拉伤的体验和困扰，其主要原因是过度紧张、柔韧性不好或肌肉黏滞性不好。在这些方面，如果下肢的后侧肌肉和肌腱不能得到进一步的发展和提高，就难以为提高短跑的成绩提供必要的前提和条件。

问题三：你在训练计划中是如何安排400米跑运动员耐力素质的发展的，它对运动员的速度有什么负面影响吗？

塔特尔·贝多

提高400米跑运动员的运动成绩有多方面的因素，每一因素在年训练计划的不同时期都有其各自的位置和着重点。这些因素在最初的训练阶段需要花费长时间的影响加以逐步强化，在这一时期，一些训练的方法手段可能会对专项成绩的提高产生影响，那么这些练习手段就应安排在远离比赛的时间进行。速度训练要贯穿全年，在竞赛的准备期也要强调速度训练，以便能够顺利进入比赛期。

除了为发展一般耐力采用一些长距离的跑或游泳练习外，即使在整个冬季，我安排运动员(400米跑)的跑速也绝不低于其80％的强度。通常是通过超专项距离进行练习，重复的次数根据运动员保持强度或步速的能力加以控制(如，3～4×600米，间歇5分钟)。随着这一阶段临近尾声，较短距离的练习开始进行。为鼓励运动员跑得更快，通常在训练中采用85％的跑速和强度要求(这样运动员实际已进入下一训练阶段，如3～4×600米，间歇5～6分钟)。

随着下一训练阶段的到来，400米耐力训练的强度也随之增大，这就使得更为细心的训练组数、反复跑的次数以及运动量的合理性成为必不可少的因素，其目的就是要在训练中提高运动员乳酸水平。以 85%～90%的速度或强度水平进行的练习成为这一阶段的主要内容，通常采用短于专项距离的练习(如 2～3×3～4×300 米，间歇 2.5 分钟/10 分钟)。运动员所选用的每一个训练方式是以参加比赛(赛季)期间所需要的速度百分比为基础的。训练的组数和反复跑的次数随运动员达到训练指标而增加。最大的量通常放在运动员超出训练量之后进行，在达到这一目的后，要注意缩短运动员的恢复时间。

到这一阶段的终期，如果运动员能达到比赛期的 90%的速度或强度水平，训练效果就是理想的了。

随着训练过程接近比赛季节，随着训练更强调速度性练习(接近全速的练习)，耐力训练亦不能放弃(例如 4～5×200 米，全速进行练习，间歇 6～8 分钟，每次练习以运动员最好成绩的 97%的速度进行)。所有其他的训练均以 90%～95%的强度完成。

在比赛期，除进一步加强速度耐力训练之外(即以 97%的最大速度进行练习)，保持训练水平主要是通过下述手段实现的：

● 耐乳酸能力。减少运动量加大训练强度(如 3×2×300 米，以最大速度的 90%练习)。

● 专项速度耐力(如 4～5×200 米，间歇 10 分钟，或 3～4×250 米，间歇 15 分钟)。

由于速度训练贯穿全年，所以我并没有发现进行耐力练习有什么负面影响。

伊曼波瑞特兹·G·赫劳

我是通过每周两次 400 米跑的练习来实现耐力训练的，其中也结合短跑速度练习，也是一周两次训练。在发展绝对速度时，我辅以采用下述方法来训练运动员的耐力：有氧乳酸能力，在我的所有训练阶段都采用 8 分钟的有氧乳酸能力的练习，包括过渡期和一般准备期，这样有效地避免了耐力练习对速度能力的负面作用。

维科多·劳波兹

首先，绝大多数的 400 米跑运动员都是纯粹的短跑运动员，因为他们大多数人都是从 100 米或 200 米跑开始自己的运动生涯的。只有很少的运动员具有像 Albeorjuantorena 这样杰出的 400 米/800 米运动员的素质。因此，短跑运动员的基础是速度。作为教练员，我们应该以大强度训练来提高运动员的速度素质。

短跑型的 400 米跑运动员应该在竞赛准备期参加 4×400 米接力和 200 米比赛。用这种方法，速度素质将会在大强度之中得到提高。

还有一种说法，假如耐力训练太多，那么就会导致运动员失去速度。这也许是对的，假如教练员的所有训练只注意耐力训练，而很少进行速度训练。假如教练员在训练 400 米跑运动员时，留出一周中的 1～2 天去发展运动员的专项耐力素质，我不相信会对运动员的速度有什么负面影响。

卡罗·维托瑞

这种情况很少发生，因为当运动员做一些较慢速度的抗阻力训练时，他们同时也在做一种可认为是力量训练的练习，而这些练习保持了较高的神经支配能力。

我们开始是通过各种不同形式的耐力跑(变速跑、匀速跑、匀加速跑、不同速度跑等)来发展有氧能力，然后逐渐增加间歇训练。这些练习的跑速较高，所以跑的距离是有限制的(300 米～1000 米)。长距离跑的速度应接近运动员最大速度的 70%的观点是可以接受的。

下一阶段(准备期开始两个月以后)跑的练习应是以发展速度耐力为特征(60～100 米)。当运动员提高了身体素质(特别是力量训练的作用)时，400 米跑的专项训练将开始进行。专项训练包括提高运动员的抗乳酸能力(乳酸忍受性)。专项速度耐力跑(60～100 米)将以运动员最大速度的 93%～95%的强度进行训练。这些被用来提高乳酸忍受力的练习将安排到 85%～95%。

运动量随强度变化，每次训练课跑的总的距离为 1500～3000 米(如果速度增加，量相对减小)。所建议的距离为 150～500 米。每次跑完后的休息时间为 6～8～10～12～15 分钟，主要取决于跑的强度。

加里·温科诺

这个问题对许多教练员来说都是一个有争议的问题。我尝试过许多方法试图去解决这个很特殊的问题。以我的观点，最有效的方法是首先把运动员作为短跑运动员来训练，然后再发展他们的耐力。

由于把重点放到了发展速度上，所以也就导致了一些教练员总是不断地追求提高成绩，而忽视了跑的距离。我认为这样做是把短跑训练过于简单化了。多年来最好的400米跑运动员是那些经常安排200米跑的运动员(我经常感到惊讶，为什么许多国家队忽视从200米跑的运动员中选拔4×400米接力跑的队员)。

假如把训练中的重要性放在发展速度、力量和实力上，那么400米跑的专项能力就不会把重点放到耐力训练上了。

问题四：较短距离的短跑极点100米通常出现在80米处，200米通常出现在100～120米处，你是如何帮助运动员提高克服极点能力的，并使运动员能够从极点处更好地跑到终点呢？

塔特尔·贝多

随着更多的生物力学信息的利用，人们都认识到短跑项目的技术比以前所认识的要有更复杂的变化。我们还认识到在短跑的不同阶段人体会发生不同的生理变化，这些都有助于教练员根据不同的情况来重新设计运动员的训练。

显然，为了改进短跑的某一部分技术，对其所需改进的技术结合专项训练是必不可少的。通常的做法是采用高水平的速度，逐渐减少反复跑的次数，使用较长时间的间歇，适宜地选择跑道的特殊练习位置等方法。

维科多·劳波兹

首先，应该看一下导致这一问题的三个方面的原因：第一，缺乏速度耐力；第二，技术不佳；第三，体力分配不正确。当这些原因得以认同时，在训练中就可以对症下药了。

如果训练过程正确得以实现，这三方面的问题在竞赛期都将达到最佳水平，那么剩下的问题就是培养运动员在比赛中合理分配体力。进行这方面的能力培养，在竞赛期尤为重要。然而，这方面的训练却通常被忽视。

卡罗·维托瑞

这个问题应该从技术和节奏方面加以考虑。节奏并不是指在起跑和加速阶段消耗过多的能量，在跑动过程中还要避免过多使神经系统紧张。这个概念和战术对200米跑运动员来说更为重要。当运动员达到最大速度时，他们应该“感受”(feel)和控制身体向前运动(译注:短时间的随惯性跑)。

由于新陈代谢作用的影响,发展速度耐力是很重要的。这能够改善神经系统的自主性,使之能更为容易地保持较长时间的高速度。

加里·温科诺

我认为运动员在100米或200米通过极点的关键是其所消耗的心理能量。假如运动员具有一定的身体能力,那么运动员运动能力的下降原因是因为不能更好地放松和把注意力集中到最佳位置。在这一阶段试图硬顶效果并不理想,因为增加的力量通常会导致跑步动作更紧张、步长更短,使步幅和步频下降。运动员能够采用某些特殊的暗示通过"极点",这些暗示将有助于运动员注意力集中,按照他们正确的技术动作跑过终点。我相信,在高水平的比赛中运动员犹豫不决更多的原因是注意力不能集中所致。

伊曼波瑞特兹·G·赫劳

为了帮助短跑运动提高专项耐力,我采用运动员过"极点"后"四秒钟跑"的练习。例如,运动员以最快速度跑80米(极点处),然后,再采用2～4秒反复跑练习。

亦可采用下一种练习,即当运动员到极点时,让他们心里默数右臂或左臂摆动次数,然后再跑完后20米(要求运动员的神经系统更好地放松)。

问题五:关于发展短跑运动员(100米、200米、400米)的力量和爆发力你认为有什么好的方法?

塔特尔·贝尔

发展短跑运动员力量和爆发力的常见方法是负重力量练习。我们采用挺举、抓举、1/2重量的深蹲以及负重上台阶练习。假如按照生理学原理进行练习,那么使运动员更为强壮相对是容易的。近些年我发现困难的事情是如何把这些力量转移到专项动作之中,把一般力量变成爆发力。因此,我们在力量练习房中把大力量训练与跳跃练习混合训练,在跑道上进行负重牵引练习、跑小山坡等,所设计的练习就是要把力量转变为爆发力,尤其是要转变成专项爆发力。由于力量练习要转变为专项力量,所以负荷量减小,动作速度增大,提高专项力量和水平。

伊曼波瑞特兹 · G · 赫劳

为了发展运动员的力量和爆发力，我常采用下述方法：

● 在健身房：力量循环练习、不同类型的重复负重练习、金字塔练习法、短金字塔练习和倒金字塔练习等，所有的练习都将通过多级跳、不同类型的短跑练习以及加速和减速练习转变到跑的技术之中。

● 采用80%～110%的强度跑100米到200米，包括采用抗阻力跑。

● 采用穿较轻的负重夹克（负重衣的重量为足以产生乳酸）跑400米。

维科多 · 劳波兹

我训练短跑运动员时肯定采用负重训练和动力性力量练习。当规定运动员进行力量训练时，要考虑的因素很多。在采用负重力量训练时，我们推荐下列训练系统：半金字塔训练法、成组练习、多组练习和循环练习等。

我们推荐下列动力性练习：双腿跳（兔跳）、单足跳、立定三级跳、立定五级跳、抗阻力疾跑、负重蹲跳、跳台阶和跳箱练习等。

教练员懂得什么时候采用不同的力量训练方法是十分重要的。各特殊时期采用多大的量，多大的强度，什么方法，量、强度对各个运动员是合适的等，也是教练员所必须清楚和善于把握的。

卡罗 · 维托瑞

发展力量有两种人们所熟知的方法，一种是间接的方法，一种是直接的方法。在第一种方法中，我们最初采用一般的力量训练方法，然后随训练的进程，逐渐把力量转变到专项技术中去。第二种方法的一些练习是更为专项化，负荷最好与短跑动作相结合。这两种方案都有长处，都可以被运动员所接受。从个人的角度看，我建议这些方法每年交叉采用，因为这对于挖掘每一运动员的最大潜力来说是最佳方法。

加里 · 温科诺

要很好地回答这个问题可以作为一个研究课题来解决。发展力量和爆发力通常有许多的方法和手段。我注意发展运动员的力量“核心”或最重要的力量。我们通常采用循环练习，阶段训练，包括健美操、实心球、快速抛接球、克服自身重量的练习等。

我认为举重、跳跃、单足跳、跳跑练习以及上坡跑等都是发展力量的非常重要的方法。采用负重拉力跑也是发展力量的重要方法。运动员应认真地选择力量训练的方法、手段，其目的是为运动员改进步长和步频参数。力量训练应该目的性明确，并应经常进行效果评价，以确定训练的内容是否是在为达到预定的目标服务。

问题六：你认为对于短跑运动员来说，单周期训练和双周期训练各有什么优点

塔特尔·贝多

我发现，由于具有坚实的训练基础，有经验的运动员能够承受全年性大量的专项训练，而且专项训练在年训练中的不同阶段的比例稳步增长。

我认为对高水平的运动员来说，采用双周期训练比采用单周期训练在第二高峰中更能表现出高的运动成绩和水平。

最近，我越来越意识到在双周期训练中，运动员参加室外比赛比参加室内比赛获益更大。现在有许多爆发力项目的运动员在1～3月到澳大利亚进行训练或比赛，在那里运动员可以进行专项训练和大强度训练，其受益较在室内要大得多。在年度的第一周期中，也可以在温暖的气候条件下参加比赛。

伊曼波瑞特兹·G·赫劳

双周期训练应适用于高水平运动员。

单周期训练更适合初级运动员和较低水平的运动员。

维科多·劳波兹

这个问题取决于所训练的运动员的类型。成年运动员采用双周期训练较好，青少年运动员采用单周期训练较好。

在美国，通常采用双周期训练，这是因为有室内比赛季节和室外比赛季节。所以，在一定范围就迫使教练员采用双周期训练。然而，即使有两个比赛期，但对于青少年运动员来说，我还是推荐采用单周期训练，室内比赛可以当作训练的一部分。

卡罗·维托瑞

不论是单周期训练还是双周期训练都有各自的长处。单周期训练（较少的比赛）

意味着较大的训练量得以实现，这对于建立运动员坚实的基础非常有利。

双周期训练（比赛较多）意味着训练强度较大，经过较短的训练时间（大约在训练期开始后三个月左右）在室内比赛中就可以发挥技术和身体上的能力。

因此，运动员每年选用这两种训练方案中的哪一种，主要应取决于基本的训练原理，即只有通过采用各种不同的训练方法使运动员达到最佳的训练效果。

（李相如编译）

（该文发表在《田径》1997 年第 6 期，下载 237 次，引用 15 次）

论世界田坛新格局的走向

1．世界田坛格局形成的历史回顾

当今世界田坛的基本格局是 20 世纪 70 年代初，在第 20 届奥运会上开始形成的。在此之前，世界田坛经历了美国独霸—苏美对抗—美国独霸的格局。表 1 是战后至 70 年代前各届奥运会田径奖牌前 3 名的基本情况。

表 1　第 14～19 届奥运会田径奖牌前 3 名国家

届次	年	设项数	第 1 名	第 2 名	第 3 名
14	1948	33(男 24、女 9)	美国 12(男 11、女 1)	瑞士 5(男 5)	荷兰 4(女 4)
15	1952	33(男 24、女 9)	美国 15(男 14、女 1)	捷克 3(男 3)	澳大利亚 3(女 3)
16	1956	33(男 24、女 9)	美国 17(男 16、女 1)	苏联 5(男 3、女 2)	澳大利亚 4(女 4)
17	1960	34(男 24、女 10)	美国 12(男 9、女 3)	苏联 11(男 5、女 6)	波兰 2(男 2) 新西兰 2(男 2)
18	1964	36(男 24、女 12)	美国 14(男 12、女 2)	苏联 5(男 2、女 3)	东德 2(男 1、女 1)
19	1968	36(男 24、女 12)	美国 15(男 12、女 3)	苏联 3(男 3)	东德 2(男 2)

从表 1 我们可以看到，从战后第 14 届到第 16 届，世界田坛格局十分简明，美国以绝对优势独霸世界田径赛场，而第二集团飘忽不定；但在第 17 届奥运会上，苏联差一点把美国从田径霸主的宝座上掀了下来。但这种苏美对抗的局面并没有维持太久，在随后的第 18、19 届奥运会上，美国人仍然以压倒的优势高居苏联之上，世界田

坛的格局又回到了美国人独霸的时代。

真正打破美国人独霸世界田坛格局的是 20 世纪 70 年代初期的第 20 届奥运会。由于苏联人的不懈努力，更由于东德异军突起，他们分别以 9 枚金牌（金牌数第一位）和 8 枚金牌（金牌数第二位）的强大实力把美国人从世界田坛霸主的宝座上挤了下来（获 6 枚金牌，退居金牌榜第三位），从而拉开了苏、美、东德三强鼎立时代的序幕，当代世界田坛的基本格局由此形成。

20 余年过去了，世界上发生了重大的政治、经济、社会的震动和变化，过去的苏、美、东德三强鼎立的世界田坛格局演变成了美、俄、德三国对抗。与此同时，非洲、亚洲大陆的田坛也在发生变化，一些项目已走上了世界田坛的制高点；欧洲大陆的田径地位和作用也在发生从量变到质变的重大变化。尽管人们还认为美、俄、德三强的格局尚未完全打破，新的格局尚未清楚地定型，但这个格局的基础的确在松动。科学地认识这一问题，及时了解和掌握当今世界格局变化的走向，显然是有识之士所应该敏感地把握的。本文通过对近几届奥运会和世界田径锦标赛的有关情况的分析研究，试图对这一问题进行科学、系统、富有深度的考察和探索，正确看待世界田坛格局的变化和内涵性特征，探讨未来走向，寻找契机，把我国田径运动推向新的高度。

2. 世界田坛三强的内涵性变化

(1)世界田坛三强的主导作用日趋减退。20 世纪 70 年代以来，苏联、东德和美国一直为世界田坛三巨头，是带动世界田径运动迅速发展的三驾马车。据统计，第 20、21 届奥运会，苏、美、东德获得的金牌数分别占全部田径金牌数的 60.53％和 56.76％；第 22 届奥运会（美国没有参加）苏、东德两国就占了 68.42％；第 23 届奥运会（苏、东德没有参加）美国就占了 39.02％。从表 2 可以看出，世界田坛三巨头在国际田径比赛中的垄断地位到 20 世纪 80 年代末期达到了顶峰。例如第 24 届奥运会三强的金牌数占 69.05％，第二届世界锦标赛三强的金牌数占 60.46％。由苏、美、东德并驾齐驱的超级田径强国构成的世界田坛格局似乎难以动摇。然而，苏联的解体和东、西德国的统一，使三巨头的垄断地位受到了强烈的震撼。首先，三巨头在世界田坛各霸一方的长期平衡的状态打破了。现今的美、俄、德三国，再也不是三足鼎立、三驾马车齐头并进的格局，而是美国成为世界田径三强中的强中强。苏联的解体，使其力量分散，俄罗斯短期内尚不能达到原苏联的整体实力与辉煌；东、西德国合二为一并没有出现一些预测家们的 1＋1＝2 或 1＋1＞2 的算术推断，反而出现了 1＋1＜1 的不可思议的结果。其次，三巨头平衡状态的打破，使其整体对世界田坛主导作用大为减退。例如，第 24 届奥运会三强的金牌总数占全部田径金牌 69.05%，奖牌数占 62.70%，但到第 26 届奥运会，三强的金牌数只占 43.18%，奖牌数占 30.30%，分别下降了 25.87%和 32.40%。世界田径锦标赛也有同样的趋势。如第二届世锦赛三强金、奖牌分别为 26 枚（占 60.46%）和 75 枚（58.14%）。但到第五届分别下降到 15 枚金牌（占 34.09%）和 37 枚奖牌（占 28.03%）。第三，世界田径三强自身实力的下降给世界其他国家田径运动的发展带来了机遇，从而为世界田径运动向多极化发展提供了可能。

（2）美国重新登上世界田坛霸主的宝座。如果说过去的世界田坛三强是各有所长，平分秋色，那么现在可以说俄罗斯、德国已无资格与美国人平起平坐。从表 2 可以看到，无论是第 26 届奥运会或是第五届世锦赛，美国的实力和成就明显高出俄、德两国。产生这个结果，笔者认为原因如下：第一，在三强鼎立的时代，美、苏、东德各有其传统领地和优势项目。例如，美国的主要领地在男子短跑、跨栏、远度跳跃上，苏联人的优势项目是男子投掷、高度跳跃和女子中长跑，而东德人则长期称霸于女子项目。但苏联解体，德国合并后，苏、东德的传统优势，俄、德不仅难以发扬光大，而是在每况愈下中给美国人以乘虚而入的极大缝隙。美国人首先是坚定地捍卫了男子短跑、跨栏、跳跃的传统领地，继而又向原东德女子短跑项目与苏联的女子跨栏、中长跑项目猛烈进攻，从而使得美国人长期依赖男子独立支撑的局面大为改善。第二，美国人成功地利用了世界田坛第二集团的力量去分解与蚕食俄、德的传统领地。例如，中国、葡萄牙、肯尼亚女子中长跑，牙买加、法国的女子短跑以及解体后前苏联的一些加盟共和国部分优势项目的转移。第三，强大的经济后盾和金钱刺激，使得像刘易斯、鲍威尔、约翰逊、德弗斯这些老将常盛不衰，同时又带动了一大批新秀的参与竞争，从而使美国田径进入了鼎盛、辉煌的时期。

表 2　美、苏(俄)、德三国世界大赛成绩

赛事		美国				苏联(俄)				东德(德)				三国之和			
		金	%	奖	%	金	%	奖	%	金	%	奖	%	金	%	奖	%
奥运会	24	13	30.95	26	20.63	10	23.81	26	20.63	6	14.29	27	21.43	29	69.05	79	62.70
	25	12	27.90	29	22.48	7	16.28	18	13.95	4	9.10	10	7.58	23	53.49	57	44.19
	26	13	29.55	23	17.42	3	7.00	10	7.75	3	6.82	7	5.30	19	43.18	40	30.30

续表 2

赛事		美国				苏联(俄)				东德(德)				三国之和			
		金	%	奖	%	金	%	奖	%	金	%	奖	%	金	%	奖	%
世界田径锦标赛	1	8	19.51	23	18.70	6	14.63	21	17.07	10	24.39	20	16.26	24	58.53	64	52.03
	2	9	20.93	19	14.73	7	16.28	25	19.28	10	23.26	31	24.03	26	60.46	75	58.14
	3	10	23.26	26	20.15	9	20.93	29	22.48	5	11.63	17	13.78	24	55.81	72	55.81
	4	13	29.54	26	19.70	3	6.82	16	12.12	2	4.55	8	10.60	18	40.91	50	37.88
	5	12	27.27	19	14.39	1	2.27	12	9.09	2	4.55	6	4.55	15	34.09	37	28.03

备注:第 24～26 届奥运会设项数分别为 42、43、44 项;第一届世锦赛为 41 项,第二、三届为 43 项,第四、五届为 44 项。

3. 世界田坛多极化竞争的特征初见端倪

进入 20 世纪 90 年代以来,世界田径赛场的多极化竞争特征已经初见端倪。这是因为,一方面世界三强对世界田坛的整体垄断作用日益减退,从而给更多的国家跻身世界田坛强国的阵营提供了大好机遇;另一方面非洲国家,如肯尼亚、摩洛哥、埃塞俄比亚等国;亚洲国家,如中国等国,在世界田径大赛中的出色表现和佳绩,为更多的田径发展中国家的崛起树立了榜样,增强了摆脱落后的信心。

从表 3 我们可以看出以下几个特征。

(1)世界各国争奖夺金的能力大大增强。为了清楚地了解和追寻世界田坛格局的变化特征,笔者对第 24、25、26 届奥运会,第一至五届世界田径锦标赛的有关情况作了统计和技术性处理(见表 3)。结果表明,不论是奥运会或是世锦赛,不论是争夺金牌的国家数还是进入前八名的国家数,随时间的推移,越来越多的国家争奖夺金的能力大大增强,90 年代以后,这种特征更为明显。这表明,由少数国家垄断世界田坛的时代已经过去,多极化竞争的局面已开始形成。

(2)世界田坛的后起之秀,其锋芒直指俄罗斯和德国。近几年来,虽然俄罗斯和德国在整体实力上保持在世界三强之列,但其地位的确岌岌可危。例如,第四届世锦赛上,中国以 4 金 8 奖的成绩,金牌数超过俄、德;英国、肯尼亚各以 3 金 10 奖的成绩超过德国。第五届世锦赛,白俄罗斯(2 金 8 奖)、肯尼亚(2 金 6 奖)、古巴(2 金 4 奖)的成绩或金牌数超过俄罗斯,或奖牌数超过德国。第 26 届奥运会,肯尼亚以 1 金 8 奖、法国以 3 金 4 奖的好成绩也直逼俄、德两国。当然,我们也看到,这些异军突起的国家尽管实力在增强，但在世界大赛上发挥实力和水平的连续性和稳定性尚不成熟，表现为忽高忽低。例如，中国和英国在第四届世锦赛上一鸣惊人，大有取代德国之势，但到第五届世锦赛时成绩平平。所以，笔者认为这些国家要冲进世界三强之列，还有一段艰苦的道路要走。

表 3 奥运会、世锦赛金、奖牌及得分分布情况

获奖名称	奥运会				世界田径锦标赛					
	24	25	26	R_1	1	2	3	4	5	R_2
有金牌国家数	12	18	24	100%	14	15	16	20	24	71.43%
有奖牌国家数	22	35	46	109.09%	25	27	29	36	43	72.00%
进入前八名国家数	41	51	63	53.69%	38	42	46	57	58	52.63%

备注：R_1 为第 26 届与第 24 届奥运会相比的增长率；R_2 为第 5 届与第 1 届世锦赛的增长率。

(3)抓住契机，寻找突破口，形成项目或项群优势。当今世界田坛格局的变化，使世界田径领地的重新划分成为可能。在世界大赛上尽管出人意料地杀出“黑马”的现象不时出现，但大多数国家更多地把战略突破点放在了形成项目或项群优势上。例如，肯尼亚多年来把男子中长跑项群作为自己走向世界田坛的基本战略，取得了举世瞩目的成就(第四届世锦赛获 3 金 10 奖，第五届世锦赛获 2 金 5 奖，第 26 届奥运会获 1 金 3 银 3 铜)。又如，中国女子中长跑在第四届世锦上夺得 3 金 2 银 1 铜，在第 26 届奥运会上夺得 1 金 1 银。形成项目优势是导致世界田径多极化走向的又一特征。例如，加拿大选手的男子 100m、4×100m 接力，法国女子 200m、400m，英国男子三级跳远、女子 400m 栏，塔吉克斯坦的男子链球，埃塞俄比亚的男子 10000m，牙买加女子 100m、200m 等。这些国家尽管整体实力不足以动摇世界田坛三强的地位，但项目上的优势大大削弱了三强的势力范围。例如英国、加拿大在男子 100m 项目上就分割出一块，使得美国人在近两届世锦赛和奥运会上与男子 100m 金牌无缘。

4. 世界各大洲的田径实力和地位正在发生变化

(1)欧洲的总体实力在下滑。欧洲不仅是现代田径运动的摇篮，也是田径运动水平最高、实力最强的洲。例如，第一届世界田径锦标赛上，欧洲人在全部 41 项比赛中获得了 30 枚金牌，87 枚奖牌，金牌数高达 73.17%，奖牌数达 70.73%；第二届世锦赛获全部 43 枚金牌中的 28 枚(占 65.12%)，奖牌数高达 92 枚(占 71.32%)。但进入 20 世纪 90 年代以后，欧洲的实力开始下滑。例如 1991 年第三届世锦赛只获 22

枚金牌(占 51.16%),1993 年第四届世锦赛只获 16 枚金牌(占 36.36%),1995 年第五届世锦赛仅获 19 枚金牌,与昔日成绩相比黯然失色。从表 4 也可看出同样的结果。导致欧洲实力下滑的原因主要有以下几点:①苏联解体和两德合并使俄罗斯和德国难以达到当年的实力水平。②欧洲过去一直引为骄傲和自豪的部分传统项目,现在竟沦为弱项,这一领地已牢牢控制在非洲人的手中。女子短跑、跨栏跑曾是东德、波兰、保加利亚的强项,而如今这些项目的优势已转给了美国人与牙买加人。③非洲和亚洲的觉醒和开始崛起也是重要的原因之一。

(2)美洲实力增强,有与欧洲并肩前进之势。美洲在过去虽然具有较强的实力,但与欧洲相比显然要差一大截。从表 4 中可以看出,当今美洲的实力随着欧洲的下滑正在彼此消长中走上与欧洲并肩前进的地位。美洲水平上升的原因如下:①美国在世界田坛的作用越来越大,世界田坛霸主已成定局,且短时期内尚无任何国家能对其构成威胁。②加拿大、古巴、牙买加、厄瓜多尔、特立尼达和多巴哥、巴哈马等在世界田坛各占有一席之地,增加了美洲的整体实力。

表 4 第 24~26 届奥运会各大洲奖牌、得分统计

奖牌	金牌					奖牌					总分				
洲际	欧	亚	非	大洋	美	欧	亚	非	大洋	美	欧	亚	非	大洋	美
24	23	0	5	1	13	81	1	11	2	31	976	22	99	41	385
25	21	2	5	0	15	55	8	19	3	45	756	102	198	25	489
26	18	2	7	0	17	58	7	26	2	39	773	79	259	38	458

(3)非洲战略突破口准确,其潜力可观。从表 4 可以看出,非洲田径实力不断增强,夺得奥运会金牌的席位越来越多,尽管从目前看非洲与欧美相比尚有极大差距,但却已经大大领先于亚洲和大洋洲。笔者认为,非洲迅速崛起有三方面的原因:①战略布局正确。非洲人十分明确地把男子中长跑项群作为走向世界的基本战略,且这一战略已发挥功效,在世界大赛上他们基本垄断了男子中长跑的项目。②在优势项群上很好地发挥了尖子选手和集团作战的作用。例如第四届世锦赛他们获 5 枚金牌,其中囊括了 5000m 前八名。③一直被人们忽视的非洲女子也开始崭露头角。例如在第四、五届世锦赛与第 26 届奥运会上,均有非洲女子摘取金牌和奖牌的例证。非洲女子的崛起将对世界田坛格局产生重要影响。

(4)亚洲有所进步,大洋洲落至最后。从历史上看五大洲过去多是亚洲垫底,但随着中国的崛起,亚洲摆脱了垫底的窘境。亚洲田径有所进步的原因是:①中国女子在中长跑、竞走、投掷项目上的成就。②中亚五国回归亚洲,使亚洲人在男子撑竿跳、链球、标枪等项目上进入世界水平。③韩国、日本、叙利亚在马拉松、七项全能等项目上进步显著,在世界大赛上争金夺银。但总的来看,既不能像欧美那样全面开花,又不能像非洲那样形成项群优势,是困扰亚洲田径迅速崛起的两大难题!

大洋洲处在五大洲垫底的地位主要与澳大利亚、新西兰的实力下降有关。历史上澳大利亚和新西兰都有其光辉的历程,曾是世界田坛的劲旅。例如在 20 世纪 50 年代和 60 年代初他们在女子短跑上取得的成就,使澳大利亚田径金牌连续两届(15、16 届)进入奥运会前三名。新西兰的中长跑由于 P・斯尼尔的出现而享誉世界。P・斯尼尔在 1960 年奥运会获 1 枚金牌,1964 年奥运会获 2 枚金牌。正是由于澳、新等国的强劲实力,使大洋洲在很长的时期位居亚、非之前。但 90 年代后大洋洲在亚、非的崛起中落后了。但我们也不应忽视,谁说悉尼奥运会不会像 50 年代的墨尔本奥运会那样,是大洋洲人重新崛起的契机呢?

(该文发表在《武汉体育学院学报》1997 年第 5 期,下载 68 次,引用 5 次)

世纪之交田径运动的回眸与前瞻

人类的历史即将走完 20 世纪。20 世纪这 100 年是人类发展史上走向高度文明、具有里程碑的世纪。作为现代文明的重要内容,体育运动在这个世纪的发展像澎湃的激流,涌进了全球的各个角落,强烈地撞击着不同种族、不同肤色、不同文化背景、不同政治理念、不同性别、不同年龄、不同社会层次的各种人群的心灵。在体育运动最崇高的盛会——奥运会上,田径比赛不仅展现了 20 世纪几乎所有人类智慧,运用了现代高科学技术成果,突破了在 20 世纪初的众多“禁区”,打破了许多预言家和预测家所谓的“运动极限”,带来了奥运会比赛内容的高度繁荣,而且形成了体育运动的现代文化,凝聚了人类最美好的精神理念,完成了运动场内与场外,运动员与观众的高度融合。作为体育运动之母,现代田径运动的百年历史尤为辉煌、壮丽,令人激动和叹为观止。作为体能类运动项目,它不仅在挖掘人类运动极限之中向人们揭示了人类生理、心理和竞技运动方面的巨大潜力,而且作为现代文明的重要成果,成为了世界性全民健身的最广泛的手段和方式。

1. 20世纪田径运动的回眸

1.1 项目的设置构建了现代田径运动外形特征

1896年第一届奥运会共设大项9项，小项43项，其中田径项目为12项，占奥运会项目的27.9%。从那个时候起，田径运动项目历经百年的演变，至2000年第27届奥运会，田径项目达到46项，项目增加了三倍，占全部311项奥运会项目的14.79%。田径运动在奥运会和体育运动的地位是历史形成的。田径运动项目的设置可以分为四个时期：第一个时期为探索时期，时间约为1896～1912年。这一时期的特点是项目变化无常，每一届奥运会的田径比赛项目变化较大，许多项目昙花一现。例如，立定跳高、立定跳远、立定三级跑、500米接力跑等。项目的内容和标准也不统一，如马拉松等。第二个时期为基本定型时期，时间约为1920～1956年，可以以男子20公里竞走项目进入奥运会为标志，完成了现代田径运动项目的基本框架图。这一时期的特点是大浪淘沙，优进劣退，在项目的内容和标准上也基本趋于统一和定型；女子探索性进入奥运会田径正式比赛的系列。第三时期为逐步完善时期，时间为1960年至今，这一时期尚在继续进行。其特点是以男子项目为基架，女子项目向男子项目趋近。目前除障碍跑和超长距离竞走项目，女子项目与男子项目均相对应。同时在项目的内容和标准上也趋近男子项目。第四时期为完善时期，预计2008～2012年可完成田径项目完整草图的绘制。

1.2 运动成绩和各项纪录谱写了现代田径运动的不朽篇章

世界田径运动的发展历史，尤其是奥运会田径历史，可以说是由每一个田径运动成绩、创造的世界纪录所谱写的。例如，男子100米在20世纪的世界纪录更替频繁。第一届奥运会男子100米纪录是12.0秒(人工计时)，到第26届奥运会100米奥运会纪录达到9.84秒(电计时，相当于人工计时9.6秒)，奥运会纪录提高了2.4秒。世界纪录由国际田联1912年正式公布的100米10.6秒(人工计时)到现在的9.79秒(电计时，相当于人工计时9.55秒)，中间更替数十次之多。可以说每一次纪录的更替，都是人类体力和智力的突破，都有一段激动人心的故事。从学术上看，田径运动成绩和纪录的发展，可以分为二个时期(四个阶段)：第一时期为粗犷性发展时期，时间为1896～1967年，特点是成绩和纪录的计取是以人工获得的，成绩和纪录的发展线条较粗。例如，径赛项目是人工计时，田赛项目是以人工丈量为主。这一时期可分为两个阶段，一是非标准性(场地、器材、距离、质量、重量不精确)，二是逐步规范阶段。例如,短跑是以十分之一秒演进,部分田赛项目是以2厘米为单位演进。第二时期为不断突破"极限"发展时期,时间为1968年至今。特点是以科学仪器取代人工,成绩和纪录的发展线条越来越精细。这一时期也分为两个阶段,第一阶段是粗、细线条并存阶段。如径赛项目,电子计时和人工计时并存,田赛成绩丈量也是人工与仪器并存。短跑和中跑成绩和纪录以1/100秒演进,田赛项目以1厘米演进;第二阶段是全面走向科学仪器的现代化和初步智能化。名次的判定更加精细,短跑项目有时是以1/1000秒的优势来判定。

1.3 场地器材的变革和发展与现代科学技术的发展密切相关

20世纪的第一次奥运会是在法国巴黎举行。田径赛场被安排在巴黎市区一个林场进行,那里原是一个赛马场。这个场地狭小,林木横生,土质较软,跑道不平,场内设施几乎一无所有。跳跃比赛,需要运动员自己动手挖沙坑,投掷比赛器械经常碰撞树木。这当然是一幅老照片。一个世纪以来,松软不平的跑道变成了平如镜面、弹性良好的塑胶跑道,跳高、撑竿跳高的沙土坑变成了安全性能极佳的海绵坑,投掷场地的合成材料挡网可以使运动员毫无顾忌地发挥水平。在比赛器材方面,20世纪初用树枝支架起来的栏架、木质撑竿,洞穴式的"起跑器",竹子制成的标枪与今天的标准化栏架、连接终端信号的起跑器、合成橡胶撑竿、适合力学特征的投掷器械真是不可同日而语。而这一切变革与发展与现代科学、技术的发展紧紧相联系,在一定程度上说,田径运动场地器械的变革与发展是对现代科学、技术成果的应用与展示。

1.4 田径运动多项技术的发展是一条认识自我的艰难探索性道路

田径运动的技术发展是从无技术开始的。1896年男子100米决赛时,运动员的起跑姿势(每名运动员的起跑姿势各异)会给我们以这样的强烈印象和感受。概括地说,20世纪田径运动技术的发展经历了四个阶段:第一阶段利用本能阶段,时间大约为1896～1912年。特点是运动员主要利用自身的体能和素质获取比赛的成绩,没有专门性的准备和训练;第二阶段探索合理的运动技术阶段,时间约为1920～1967年。特点是开始探索田径运动各项技术的内在特征和规律,训练的专门化、训练规律开始探索和掌握、训练的周期理论、不同的训练思想和流派应运而生,田径运动技术水平大为提高;第三阶段以速度为核心改进和完善技术阶段,时间约为1968～1988年。特点是技术的改进和提高是以发展速度为前提条件进行的,训练化程度大大提高,科学训练的思想和方法、手段的运用更为娴熟,其结果是完成了人类对自身运动能力和生理潜力的重新估价和认识,多项运动成绩和世界纪录继续攀升;第四阶段是以科学为前提条件改进和完善技术阶段，时间约为 1988 年至今，特点是在探索人类田径运动技术的一般规律和特征的基础上，突出适合个人身心结构特征、符合科学原理的技术。同时，商业化和职业化训练越来越高。

1.5 田径运动的训练和竞赛迈过了业余通往职业的、曾被认为是“不可逾越”的鸿沟

国际田联的全称是“国际业余田径联合会”(IAAF)。1912 年世纪田坛的巨子美国运动员吉姆·索普在第五届奥运会上以超人的毅力和技艺，勇夺男子五项全能和十项全能金牌，被瑞典国王称为“我们时代最伟大的运动员”。然而就因为他曾参加二个赛季的半职业棒球比赛，而被收回金牌。虽然 70 年后这两块金牌又回到了索普后人的手中，但业余与职业一直是田径运动员不可逾越的鸿沟。直到 1980 年萨马兰奇就任奥委会主席后，逐步填平了这道鸿沟。1980 年国际奥委会从章程中删掉了业余规定，1981 年在巴登第十一届奥林匹克大会上，国际奥委会赋予各国际单项联合会决定允许什么样的运动员参加奥运会的权力。国际田径联合会成为首批向职业运动员开放的国际单项体育组织之一。1982 年国际田联对业余运动员重新定义为“业余运动员是遵守国际田联资格规划的运动员”。1991 年打开了允许其他项目的职业运动员参加田径比赛的大门。目前的女子短跑皇后琼斯可以说是走进这一大门的最大受益者之一。对职业运动员的解禁，是时代发展的必然要求和趋势，它带给田径运动不仅是更多的机遇和挑战，而且改变了田径运动发展的整个面貌(如商业化、职业化等)，改变了人们思维观念，改变了田径运动发展的轨迹。使“更快、更高、更强”的格言更具现实意义。商业化、职业化和社会化改变了优秀田径运动员的生存条件、训练条件和竞赛条件，可以大大提高和延长运动员的竞技寿命。三四十岁的田径巨星正在改变传统的竞技年龄的特征。在训练方法、选用手段、训练时间等方面也在随之发生变化。

1.6 田径运动对 20 世纪奥林匹克精神的贡献永载史册

在古希腊阿尔菲斯河岸的峭壁上镌刻的“如果你想聪明，跑步吧！如果你想强壮，跑步吧！如果你想健康，跑步吧！”这段至理名言，经过了 2500 多年的风雨洗刷，不仅没有伴随历史的尘埃灰飞烟灭，而且在今天的阳光普照下更显得光彩夺目。如果说这是跑步对古代奥林匹克精神的体现，那么，田径运动在 20 世纪对人类文明和现代奥林匹克精神的贡献是任何一个体育运动项目所不可相提并论的。从现代奥林匹克格言“更快、更高、更强”到“奥运会重要的不是胜利，而是参与”的千古绝唱，达到

了两个不同境界的追求的高度完美和和谐统一；从奥运百年璀璨的、光芒四射的田径明星到支撑起这些明星的、数不清的没有获得名次和奖牌的运动员，是他们共同演奏着现代田径运动攀登新的高峰的进行曲；从从小患有小儿麻痹症后连续三次参加奥运会获得8枚金牌的“橡皮人”——美国选手雷·尤里，到意大利运动员多兰多·皮特里虽败犹荣的顽强进取精神，从荷兰民族英雄“飞毛腿”鲁米，到不屈服纳粹希特勒的“黑色炮弹”欧文斯，从“飞行荷兰人”布·科恩（1948年已30岁，两个孩子的母亲），到“人类火车头”捷克选手埃·扎托皮克，从埃塞俄比亚的“赤脚大仙”阿贝贝到田径天之骄子卡尔·刘易斯……几乎每一届奥运会上世界各国的田径运动员不仅向极限挑战，创造着一个又一个新的纪录，而且不断地解释和充实着奥林匹克的最高理想，向人类社会的现代文明奉献着不断进取的奋斗精神。

1.7 田径运动是大众体育和群众健身最简便实用的方法

20世纪灿烂的田径运动竞技成就和在奥运会上的价值与贡献，我们怎样评价都不过分。20世纪田径运动对全球性的大众健身的作用和贡献可以说完全可以与其竞技成就相媲美。在20世纪，没有任何一项运动能够像群众性长跑活动或以田径项目为主体的群众健身运动那样深入人心，那样气势恢宏，那样简便实用，那样为世界绝大多数人所喜爱和参与。健身走、慢跑、爬山、健身跳以及以田径投掷为基本技术的健身投等，在20世纪充实着世界上最大多数的锻炼者和体育爱好者的休闲生活。他们在大自然的天然空间中尽情地享用充满氧气和负离子的清新空气，他们陶醉在林间、草丛或美丽的都市大道，他们在锻炼身体、陶冶心灵之时保持着与绿色环境的和谐和平衡。田径运动是20世纪的健身之王！

2. 27届奥运会田径比赛的启示

2.1 增加了女子撑竿跳高和女子链球两个项目，表明国际田联加快了田径项目完整草图的绘制

随着科学技术的发展和女子生理机能适应性的提高，男女项目间的禁区已经逐步打破。1984年女子马拉松、1988年女子10000米、1996年女子5000米、女子三级跳远先后进入奥运会正式比赛项目的序列，完成了女子生理难度最大的几个项目的认定和接纳；伴随女子撑竿跳高和女子链球在2000年归于奥运会正式比赛序列，完成了男女全部田赛项目的对应，而且起始水平很高（女子三级跳达15.20米，女子链球71.16米）；2000年奥运会将女子10公里竞走改为20公里竞走。这些都给我们以强烈的启示和预示，女子超长距离竞走（30公里或50公里）和女子障碍跑进入奥

运会比赛项目的时间表将大大缩短，或者说已经向我们走来。1998 年国际田联手册中已经对女子障碍跑的全程距离(2000 或 3000 米)、栏高、栏距、水池的标准和规格作了明确的规定，完成了规则上的法规建设，具备了实施训练的理论依据。女子超长距离竞走，由于有马拉松项目的支持，对女子的生理适应力可以说是毋庸置疑的。据报道国际上已有运动员开始这两个项目的训练和比赛。据有关资料和信息显示，欧美部分国家已经设立女子 3000 米障碍跑的纪录。未来新增设项目可以使我国运动员的起步与世界同步，希望不要坐失良机！

2.2 世界田坛格局继续向多元化发展，区域性的优势项目更为明显

笔者对 27 届奥运会田径比赛情况作了简略统计。主要特征如下：第一，世界田坛霸主美国依然是一枝独秀，获 10 金 20 牌。但与上届奥运会相比，份额大大下降。例如上届奥运会美国获 13 枚奥运田径金牌，占全部奥运田径金牌的 29.55%；获 23 枚奖牌，占 18.25%。本届金、奖牌分别为 21.74%和 14.39%，分别下降了 7.81%和 3.86%。本届奥运会 46 枚田径金牌被 24 个国家瓜分，获奖牌的国家数高达 44 个，表明当今世界田坛争金夺牌的面积十分广大。

第二，埃塞俄比亚、波兰战胜传统强国俄罗斯和德国各得四枚金牌。值得注意的是，项群或项目优势十分明显。埃塞俄比亚获得了男子全部三项长跑金牌并获女子 1000 米金牌。而波兰获得了男子全部两项竞走金牌与男女链球金牌。此外，肯尼亚获男子 1500 米和 3000 米障碍跑金牌，在男子中跑中一枝独秀。美国的男女短跑、俄罗斯男女跳高等均显示了这一强大的项群或项目优势。保持传统优势，捍卫中长跑的领先地位是非洲人的坚定的目标。波兰却给人以抓优势项目的强烈印象。这一特征是否值得我国田径界注意和反思！

第三，伴随世界田坛传统强国俄罗斯和德国田径水平的急剧下滑，三强鼎立的格局已经荡然无存。分析俄罗斯和德国田径水平下滑的原因，可能有利于我国田径运动的未来发展的战略布局和目标定位，寻求新的机遇和突破口。

总之，当今世界田坛的格局可以概括为一枝独秀还出墙，多元竞争为基本，区域和项群优势是走向。

2.3 环保是悉尼奥运会给人最强烈的印象，反兴奋剂就是竞技场上的环保

血检逐渐取代尿检已是大势所趋。虽然我们还不能绝对地说本届奥运会田径赛场兴奋剂已远离运动员而去，但至少可以说是一届比较干净、比较环保的奥运会田径比赛。世界各国反兴奋剂的浪潮汹涌，力度较大，包括一些政府要员也开始插手反对

这一运动场的“魔鬼”。据悉美国总统克林顿在奥运会之前就专门委托了一个小组来加强在美国体育界和青少年中反兴奋剂的斗争。我国的党和国家领导人也十分重视反兴奋剂的斗争。这给了我们这样的启示,“丢掉幻想,科学训练,顽强拼搏,争取胜利”。2001 年全运会的兴奋剂检查应与奥运会迅速接轨,保持国内水平和国际水平的一致性,才能真实地判断和评价我国目前的田径运动水平。“风物长宜放眼量”和“胸怀大志搏奥运”应该是我国田径将士的真正追求!

2.4 体育用品商为利益所驱动,客观上推动了运动成绩的提高

这届奥运会上不少的大牌田径明星的服装、跑鞋的科技含量之高,价值之昂贵令人惊讶。迈克尔·约翰逊的跑鞋是双镶着 24 克拉黄金的金光闪闪的跑鞋;短跑天王格林的跑鞋据说价值数万美金;埃塞俄比亚的盖布雷西拉西穿着一双昂贵的、特制的跑鞋卫冕了万米冠军;澳大利亚女子运动员卡西·弗里漫穿着一件与众不同的带帽连体运动服力克群芳获得 400 米金牌时情形,令人新奇和印象深刻。有关资料表明,世界各大知名体育服装公司研制和提供的运动服、运动鞋为此次奥运会添色不少。它带给我们的启示是,当田径运动成绩越来越接近“人类极限”时,需要提高科学技术和手段来最大限度地减少来自外部的阻力和不良影响。

3. 21 世纪田径运动发展前景的展望

3.1 田径运动作为大众体育的功能将有增无减

诚然,在 20 世纪最后的十余年,大众体育的内容伴随着新生的、科技含量高和娱乐功能强的健身手段、健身项目的急增和冲击,似乎逐渐远离了传统的健身手段,甚至在学校体育教育中,都有不少的人叫嚷着减少或取消简单而又显乏味的田径内容。但事实上不论是西方还是东方,发达国家还是发展中国家,利用田径手段锻炼身心的毕竟还是最大多数。从阿尔菲斯河岸峭壁上的名言可以推出,人们对健身、育心、增智的需要至少有 2500 多年,而在这漫漫的岁月长河中,浪淘尽千万个健身手段、方法,唯有走、跑永不衰落。21 世纪将把人类带进一个和平、发展、环保的新的世纪,与这一主题最能相辉映的健身手段和方法依然是走、跑、跳和投!

3.2 田径运动的商业化、职业化、社会化步伐将大大加快

国际田联能否继续或永远垄断田径运动的各种赛事将受到来自厂家、中间商、甚至运动员代理人的巨大冲击,也可能受到来自部分国会、甚至政府的干预和挑战。田径运动将在这些冲击、干预和挑战中艰难发展。但不管怎样,田径运动的商业化、职业化、社会化步伐和进程将大大加快,回头路走不得,也走不通!

3.3 田径项目完整草图完成，竞赛规则将给予更大的发展空间

伴随着田径运动项目完整草图的完成，各项目的运动水平和纪录将有新一轮的冲击。在各项运动水平越来越接近“人类极限”时，可能会在规则上给予更大的发展空间。例如短距离跑的成绩和纪录的演进可按千分之一秒计取，田赛项目可按小于厘米的计量单位计取。

3.4 科学技术的发展，可能会带给田径运动以革命性的变化

20 世纪末端，人类文明和科技前沿是人类基因组计划和基因测序、克隆技术、纳米技术、网络的全球化等。这些前沿研究和技术在 21 世纪将逐步成为大众技术。当这些人类科研成果用于体育运动的时刻，将改变体育的许多理念、内容、手段和方法。例如，如果人类所有基因得到解密，那么运动员的选材就可以通过基因进行；克隆技术的应用，完全可以为运动员克隆出运动损伤的器官，甚至克隆出运动员强有力的心脏；纳米技术的应用可能引起田径运动器械和器材的又一场革命；网络的全球化将会导致田径训练思想、田径训练手段和方法的快速传播，创新在 21 世纪将是制胜的法宝。总之，21 世纪科学技术的发展将给人类社会、给体育运动、给田径运动的未来带来什么样的变革，需要我们尽展想象的翅膀。

3.5 田径运动场地、器材、服装、训练条件和手段更加科学化和现代化

田径运动的场地、器材在 21 世纪将达到全智能化；运动员的服装、运动训练的营养和恢复手段将更随人意；训练条件和训练手段将更加科学化和现代化；兴奋剂和反兴奋剂的斗争将更为激烈；运动员的职业竞技生涯将比现在要长得多。

参考文献(略)

注：该文发表在《体育与科学》2001 年第 2 期，下载近 200 次，引用 14 次。

关于适应现代跨栏跑技术的教学方法的实验研究

1. 前言

1.1 问题的提出

现代体育教学有两个显著特点：一是不断地以新理论和新技术的发展来充实教学的内容，以确保教学的先进性：二是为适应新理论和新技术所进行的新教法研究，

以保证教学方法的适应性，使学生较好地理解和掌握新理论，新技术，众所周知，运动技术教学与运动训练是相辅相成的，技术教学是运动训练的基础，科学的训练必然导致技术的日趋完善和新技术的产生，同时，技术的改进和发展又必然反馈到技术教学之中，促使改革教学内容和方法，以适应运动技术的发展，从而形成技术教学和运动训练相互依存，相互交叉，相互促进，相互反馈的良性循环。

现代跨栏跑自20世纪50年代末期便有人提出“跑栏”的概念，经过许多教练员，运动员的不懈努力，使跨栏跑运动发展很快，尤其是近十几年来，随着“跑步式”过栏技术被大多数优秀运动员所掌握和接受，逐渐形成了由跨栏向跑栏过渡，跨栏步向跑步过渡，过栏速度和栏间跑速度更为接近的现代跨栏跑技术的新特点和新技术，由跨栏向跑过栏去的发展已成为现代跨栏跑的显著特点和趋势，并由此产生和逐渐形成了具有现代跨栏跑特色的新的跨栏跑理论，这些理论的形成和发展预示和标志着跨栏跑运动进入了新的发展时期。

通过文献分析，笔者认为，现代跨栏跑运动无论在技术训练的基本观点上，还是技术的外形和内容上都有了新的变化和发展。尤其是现代跨栏跑的新技术和新理论已经或者正在日益广泛地充实和应用到了跨栏跑的教学之中，使跨栏教学的内容发生了显著的变化，同时我们也注意到在跨栏跑与教学手段相互间的不适应现状，显然影响和限制了学生对现代跨栏跑理论和技术的理解和掌握。鉴于这种现状，笔者选定了本研究课题，设想以现代跨栏跑的理论和技术的发展特点为基本依据，参照西安体院田径教学大纲的基本精神和学生的实际，适应现代跨栏跑技术教学的实验教法，以探讨适应现代跨栏跑技术教学的方法。

1.2 研究的主要目的

1.2.1 探索适应现代跨栏跑技术特点和新的教学方法

1.2.2 通过教学实验结果的对比分析，比较新教法和传统教法在学生掌握技术中的实际效果

1.3 教法设计

新教法以现代跨栏跑的理论和技术特点作为教法设计的基本依据，因此，本实验设计与传统的跨栏跑教学相比，具有以下几个特点：

1.3.1 教学的指导思想不同

传统的跨栏跑教法是以“跨栏”为教学基本指导思想的，因此，在教学中大量的辅助练习和专门练习都主要是围绕学生学习和掌握跨栏步技术为核心的。新法以“跨

栏”为教学的基本指导思想，因此，注重跑速和节奏，跑栏步与栏间跑的有机联系，并以此安排教法手段。

1.3.2 教学的程序不同

传统的跨栏跑教法是“分解练习—环节练习—整体练习”为基本程序，这种程序的主要弊端是难以解决“跑跨”“跨跑”的衔接，而新教法采用“形成轮廓—改进细节—提高完整技术”的教学程序，这种教学程序使教学的全过程均是在完整练习为主的情况下进行的，因此，有可能较好地解决“跑跨”“跨跑”的矛盾，教学的各个阶段、环节的衔接更易紧密、自然。

1.3.3 教法的手段不同

本实验采用的教法手段均从有利于发挥学生的速度，有利于形成良好的跨栏跑节奏出发，体现“快”和“实用”的学习特点。

1.3.4 教学的要求不同

传统的跨栏跑教学的要求，注重各个技术环节的优劣，新教法的教学要求则注重各技术环节的衔接和连贯、注重整体技术的效果。

1.3.5 反馈的标准不同

传统教法的反馈标准是以学生各技术环节为主，而新教法的反馈标准是通过宏观和微观两个反馈标准的控制来实现的，即注重各教学阶段的整体反馈（注：各教学手段的实际效果），宏观反馈标准以高速度、快节奏、动作连贯为主要反馈标准。由于在实验教学中通过宏观和微观反馈标准的实现，从而保证了教学过程的顺利进程和最终实验结果的预见性。

2. 研究的对象与方法

2.1 研究对象

本实验研究对象选自西安体院 86 级男生。首先采用整群随机抽样的方法获得样本 34 人，然后进行了身体形态，运动身体素质以及心理和技术基础等有关指标的测定和评价，最后按照这三方面的测定和评价结果，采用配对分组法筛选出样本 30 人，分成实验组和对照组，各组均 15 人，对两组学生的各项指标做了两个不相关的小样本的检验，检验的目的旨在保证两组学生在教学实验前的基本情况均等，属于可比的同质样本，检验结果表明，两组学生无显著性差异（见表 1、2、3）。

2.2 研究方法与实验过程

表 1 实验前学生的身体形态的基本情况

组别	实验组	对照组	P
年龄	20.4±1.2984	20.8±0.7746	>0.1
身高	1.7513±0.0289	1.75±0.0332	>0.1
腿长	0.883±0.0294	0.886±0.0323	>0.1
体重	66.71±5.405	66.53±4.34	>0.1
身高/体重	2.637±0.1904	2.69±0.1352	>0.1

表 2 实验前学生的身体素质的基本情况

组别	实验组	对照组	P
110 米平跑	13″89±0.2449	13″89±0.2259	>0.1
一个周期的最大步长	4.0767±0.6779	4.09±0.07837	>0.1
立定五级跳远	12.729±0.4275	12.756±0.466	>0.1
纵劈叉	14.6±5.7916	13.3±5.8145	>0.1

表 3 实验前学生跨栏跑兴趣基础情况

组别		实验组	对照组
有兴趣	人数	10	11
	百分比	66.67	73.23
兴趣一般	人数	4	3
	百分比	26.67	20
害怕跨栏	人数	1	0
	百分比	6.67	0
不喜欢跨栏	人数	0	1
	百分比	0	6.67
是否学过跨栏	人数	0	0
	百分比	0	0

2.2.1 文献分析法：大量查阅了国内外关于跨栏跑技术理论专著和论文数十篇，

并写出《简析现代 110 米高栏跑新特点》一文，为教学实验设计奠定了理论依据。

2.2.2 配对对比实验法。对照组采用传统跨栏教学法，实验组采用新教法，实验结束后，通过实验结果的对比分析，寻求更为符合跨栏跑技术教学的客观规律的教学方法。

2.2.3 专家评定法

2.2.4 影片解析法

2.2.5 数理统计法。为了使实验组学生的教学条件基本一致，在实验教学中使实验组学生和对照组学生的教学条件基本一致，实验教学中的实施阶段对场地、师资、学时、器材等实验条件以及练习的次数和运动量在备课和教学中进行有效的控制，实验过程与教法(略)……

2.3 实验结果的获取

2.3.1 技术评定成绩

技术评定是在教研室安排统一时间，在场地、气候、考试条件均等的情况下，由 3 名田径专业副教授对实验组和对照组的学生实行“单盲”评定打分，技评标准为教研室统一标准，3 名副教授独立评定，采用百分制，然后，按照田径裁判法的方法确定最后得分，即两个或三个成绩相等，以相等成绩最终得分，三个成绩均不相等，取中间成绩为最终得分。

2.3.2 达标成绩

达标成绩是在严格执行跨栏跑竞赛规则的情况下获取的。参加达标评定的国家级田径裁判 3 名，一级裁判 4 名。跑表精度采用国产上海手表五厂金雀牌 SJ9-1 石英液晶电子秒表，跑表精度为 1/100 秒成绩。

2.3.3 技术参数的获取

为了获取所需的技术参数，以便对两种教法的不同结果进行定量分析，在学生技评时拍摄了研究对象前 4 栏程的技术影片，摄影机为国产西光 GS240/35 高速电影摄影机，实拍频率为 100 幅/秒，胶片为日产富士黑白胶片，同时采用国产光电计时仪取了学生的 60 米途中跑的 10 米绝对速度。

2.4 实验数据的处理

胶片成像后，采用日产 NAC-MOUIES-100 型数据分析仪对实验对象的技术影片进行了定量解析，方法采用日本松井秀志解析法，采用日产 SHAPP-EL-5103 型计算器依照数理统计方法对实验获得的所有数据进行了统计，同时，运用体育统计学的方法对实验组和对照组的实验结果进行了两个不相关的小样本的检验，完成了实验数据的最后处理。

表 7　两组学生技评达标成绩对照表

内容＼组别		实验组	对照组	两组成绩差	P
技评达标	最高成绩	92	86	＋6	
	最低成绩	78	73	＋5	
	平均成绩	82.87±3.773	79.53±4.173	＋3.34	＜0.05
	最高成绩	15″56	16″14	－0″58	
	最低成绩	17″41	18″89	－1″48	
	平均成绩	16″76±0.473	17″45±0.85	－0″69	＜0.05

3. 实验结果与分析

3.1 新教法与传统教法对学生学习效果影响的对比分析

经过 11 次课 22 学时的教学对比实验，在第 12 次课对两组学生的学习效果进行了严格的考试，并对考试结果进行了统计学处理（考试栏高 91.4 厘米，栏间为 8.7 米），统计结果如表 7。从表 7 中我们可以看出，实验组的各种客观指标优于对照组，技评无论是最高分，最低分或是平均成绩均是实验组优于对照组，达标成绩也同样反映了这一结果。通过统计学检验，还发现两组学生在技评和达标成绩上均呈现显著性差异（$P<0.05$），由于在实验前对两组的部分有关身体形态、身体素质以及心理因素和技术基础因素等进行了测定，调查和统计学检验，两组学生之间均无显著性差异（见表 1、2、3），所以，可以断定，两组学生实验后的学习效果的显著性差异，主要是由于采用了两种不同的教法而形成的，通过实验结果也显示了新教法的教学效果明显优于传统教法。

3.2 新教法与传统教法在学生提高速度和利用速度方面效果的对比分析

表 8 两组学生实验前后速度变化情况对照

内容＼组别		实验组	对照组	P
110米跑成绩	实验前	13″89±0.24449	13″89±0.2259	>
	实验后	13″386±0.232	13″597±0.293	<0.05
	成绩提高幅度	0″514	0″284	两组之差为 0″2297
	P	<0.05	>0.1	
10 米绝对速度		8.8445±0.25423	8.708±0.25845	<0.1

表 8 表明，实验后两组学生的 110 米跑的成绩均有提高，但提高的幅度有较大差距。实验组实验前后的 110 米跑成绩呈显著性差异，而对照组尽管成绩也有所提高，但提高的幅度无显著性差异。实验组高于对照组 0.2429。表 8 还表明，两组学生的 110 米成绩呈显著性差异。从 10 米绝对速度看，实验组学生的成绩也高出对照组（<0.1）。从表 8 还可以看出，两组学生实验前后速度变化的不同结果。显然是由于对实验组学生在教学中贯彻了“以速度为核心”教学思想和新的教学方法所致，同时也可以看出，新教法除了保证学生在掌握跨栏跑技术的同时，也有利于提高和发展学生的速度能力。表 9 是两组学生利用跑速的情况，从表 9 中可以看出，三项速度利用率的指标，均是实验组优于对照组，两组之间存在非常显著性差异。从表 9 中还可以看出新教法不仅突出了速度的核心地位，使学生提高了速度，而且能合理有效地利用速度，达到掌握技术、提高成绩的目的。

3.3 新教法与传统教法在跨栏周期各技术参数方面的对比分析

3.3.1 起跨攻栏

从现代跨栏跑的技术特征出发，高效果的起跨攻栏要求运动员起跨前要获得一个较高的身体重心位置；起跨离地前身体重心积极前移，保技适宜的起跨角度，同时还要求摆动腿积极向前高摆，加大两腿的分腿角，以形成一个高重心地积极向前的起跨用力姿势。

表 9　两组学生在利用速度方面的不同效果对照

组别 内容	速度利用率 （秒）	速度利用率 1 （秒）	速度利用率 2 （秒）
实验组	3.351±0.4845	0.72588±0.03209	1.2181±0.04025
对照组	3.853±0.74738	0.65483±0.03482	1.2577±0.01206
P	＜0.05	＜0.001	＜0.0001
注解	110 米栏成绩 110 米跑成绩	栏间跑速度 平跑速度	110 米栏成绩 110 米跑成绩

表 10　两组学生抬脚攻栏技术参数

组别 内容	起跨前支撑腿 膝关节角度	起跨角	起跨瞬间摆动 腿高抬角	起跨结束两腿 最大分腿角
实验组	145.7±6.6323	72.07±2.008	−0.16±4.7066	107.01±4.109
对照组	142.9±4.17	75.453±3.958	−8.77±3.361	102.49±11.584
P	＞0.1	＜0.05	＜0.01	＞0.1
B102				
起跨点至栏的距离	重心一投 影距身高（%）	起跨时重心的高度	跨栏步长度	起跨瞬时速度
1.975±0.12	29.28±1.7436	1.107±0.043	3.337±0.0903	6.4377±0.2068
1.885±0.196	26.99±1.3233	1.065±0.037	3.482±0.126	6.2957±0.2294
＞0.1	＜0.05	＜0.05	＜0.05	＞0.1

表 10 是两组学生起跨攻栏时间的技术指标对照情况，从表 10 中可以看出，实验组起跨前支撑腿膝关节的角度和起跨时重心高度均优于对照组，体现了起跨前较高的身体重心位置，实验组起跨瞬间身体重心投影距与身高之比，跨栏步步长以及起跨角均优于对照组，体现了起跨前身体重心积极前移的要求。实验组起跨瞬间摆动腿大腿高摆的高度和起跨结束两腿最大分腿角也优于对照组，体现了高抬膝的要求，起跨时的瞬时速度实验组高于对照组说明了快速起跨的要求，总之，从表 10 反映出的起跨攻栏时间的技术参数来看，实验组学生的大部分指标与对照组相比较更符合现

代跨栏跑的技术要求。

3.3.2 腾空时间

表11反映了两组学生跨栏步腾空时间的技术情况。从表11中可以看出,实验组与对照组相比,前者的水平速度较大,垂直速度较小,水平速度与垂直速度的比较大(注:世界优秀高栏运动员为4.5∶1),而后者正好相反,两组之间呈显著差异,身体重心上升的高度实验组低于对照组(P<0.1),起跨结束躯干前倾角实验组小于对照组。这种结果表明,实验组的学生在腾空时间增大了过栏的水平速度,控制了向上的垂直速度,从而降低了身体重心腾空时的高度,起跨结束躯干前倾角度较小,有利于躯干继续前倾、前移,为下栏落地做好准备。这种结果与现代跨栏跑增大水平速度,控制垂直速度,降低身体重心腾空高度,躯干继续前倾等合理的腾空动作的要求是一致的。

表11　两组学生跨步腾空阶段部分时间空间技术参数对照

组别 / 内容	实验组	对照组	P
水平速度	6.297±0.325	5.829±0.263	<0.01
垂直速度	1.458±0.528	3.236±0.833	<0.02
水/垂	4.343±0.538	3.236±0.833	<0.01
身体重心上升高度	0.21±0.044	0.252±0.046	<0.1
起跨结束躯干前倾角度	62.84±2.956	65.02±5.068	>0.1

3.3.3 下栏时间

表12是两组学生下栏时间的技术情况。从表12中可以看出,实验组下栏点较对照组近(P<0.01),说明实验学生不仅在栏前保持了较高身体重心,而且在过栏后亦能保持较高重心的支撑,同时也可看出实验组学生在栏前、栏上、下栏身体重心的起伏小。着地瞬时速度两组之间存在非常显著性差异,说明实验组学生较对照组在过栏时损失速度少,下栏时着地腿与地面的夹角虽然两组之间没有显著性差异,但从数字上仍可看出实验组稍佳于对照组。

3.3.4 栏间跑

表13是两组学生栏间跑的技术情况。从表13可以看出三项指标,实验组均优于对照组,并且两组之间存在显著和非常显著性差异,栏间距的实跑距离是用栏间距

减去跨栏步后得到的数字。由于实验组的跨栏步短，所以栏间实跑距离相对较对照组长，从而使实验组在栏间能够利用更长的距离以发挥平跑速度，栏间跑所用的时间实验组明显短于对照组（$p<0.05$），说明实验组在栏间跑时用了较短的时间通过了较长的距离。

3.3.5 跨栏周期的动作节奏（表 14 略）

节奏在跨栏跑运动中占有十分重要的地位，良好的跨栏跑节奏要求周期变化的速度小；各步时间比较适宜，栏间各步步长分配合理；采用高重心的技术，重心上下起伏程度小等。从表 14 中可以看出，按照上述观点，实验组的大部分指标明显优于对照组，步速和步时反映了跨栏周期的空间特征，各步的支撑时间、腾空时间以及两者的比例系数可反映跨栏周期的时、空特征。实验组跨栏周期时值较短，平均速度较大，这些都是良好的节奏标志。

表 12　两组学生跨栏步下栏阶段部分时空技术参数对照

组别 内容	实验组	对照组	P
着地瞬时 V	5.96±0.1163	5444±0.232	<0.001
下栏距离	1.362±0.101	1.637±0.228	<0.01
下栏时身体重心高度	1.092±0.012	1.053±0.024	<0.01
下栏时身体前倾角	73.34±7.444	70.67±2.722	>0.1
下栏时着地腿与地面的夹角	72.09±1.645	70.87±5.188	>0.1

表 13　两组学生栏间跑部分技术参数对照

组别 内容	栏间跑实际距离	栏间跑所用时间	栏间跑平均速度
实验组	5.366±0.000	0.8479±0.048	6.514±0.289
对照组	5.22±0.126	0.9056±0.056	5.860±0.331
P	<0.01	<0.05	<0.001

但是，从表中也可发现，两组学生栏间跑第二步速度最小，与世界优秀运动员的技术参数相比较是一种极不正常的现象。通过分析，笔者认为这种现象是由于学生在栏间跑第三步过分追求步长所致，这是实验教法的缺陷之一，也是我们在以后的进

一步实验研究中应着重加以改进和控制的问题。从以上各时间的比较分析中，除了可以说明实验后实验组大部分技术指标优于对照组以外，我们还可以看出，由于教法不同，不仅产生两种不同的教学结果，而且学生也形成了不同的技术雏形，新教法导致学生形成的技术雏形比较符合现代跨栏跑的一些技术特征和要求，而传统教法造成学生的技术雏形则符合传统跨栏跑的技术特征和要求。

表 15　两组学生跨栏跑技术效率评估对照

内容 \ 组别		实验组	对照组	P
技术效率	系数 1	3.351±0.4845	3.853±0.7474	<0.05
	系数 2	0.8748±0.032	0.9563±0.072	<0.05
	系数 3	0.7359±0.032	0.6548±0.0348	<0.01
	系数 4	1.218±0.0403	1.258±0.012	<0.01
	系数 5	0.0728±0.0334	0.1358±0.0342	<0.01

注：技术效率系数 1＝平跑与跨栏跑时间差

技术效率系数 2＝跑跨结合水平

技术效率系数 3＝速度利用率 1

技术效率系数 4＝速度利用率 2

技术效率系数 5＝过栏速度下降率

3.4 新教法与传统教法在跨栏跑技术效率评估方面的对比分析

前三方面的比较分析，我们着重从学生的学习效果、速度和利用速度、各时间技术参数等方面进行比较，而表 15 的各项指标是从技术效率评估的角度对两组学生技术掌握的总的情况进行比较分析，各项技术效率指标实验组均优于对照组，并且两组之间存在显著性差异。系数 1 是我们评定技术效率优劣的一种常见的方法。世界最优秀的高栏运动员的跨栏成绩与平跑成绩之差仅为 1.6～1.7 秒左右，实验组系数 1 为 3.351 秒，而对照组为 3.853 秒，两组相差 0.5 秒，呈现显著性差异。这直观地说明实验组学生在过栏和栏间跑时由于技术的原因损耗的时间少，实验组比对照组的技术效率高。系数 2 反映了跑跨的结合水平。从理论上讲，系数 2 接近 1 最理想，即运动员在过栏时没有损失速度还保持栏间跑的速度，即：过栏速度＝栏间跑速度，但实际上这是不可能的，世界优秀的高栏运动员系数 2 为 0.88～0.90，然而对照组的系数 2 为 0.9563，非常接近，似乎是极高的水平效率，但他们的栏间跑的平均速度仅为 5.86 米/秒。

这一现象显然是由于过栏后动作停顿，造成栏间跑速度减慢所致，是一种明显的跨跑脱节的现象，而这一现象也正是传统教法的弊端所在。实验组恰好相反，过栏后保持了一定的速度，技术效率也达到较高的水平，反映了栏间跑速度的利用效率。从表 15 中可以看出，实验组明显优于对照组($P<0.01$)，它反映了新教法有利于学生在跨栏跑中发挥和利用速度。系数 4 反映全程栏与 110 米跑之间的总体速度利用效率，实验组不仅有栏间跑中速度利用率优于对照组，而且从 110 米栏成绩与 110 米跑成绩的比中也可得出实验组总体速度利用率高于对照组($P<0.01$)。系数 5 反映了过栏速度速度下降的程度，亦可看作跑跨栏结合的技术效率，表 15 中的实验组系数 5 为 0.0728，而对照组为 0.1358，两组呈现非常显著性差异，说明新教法较好地解决了跑跨结合的问题，使实验组在过栏后速度的下降率远远低于对照组。

4. 讨论

4.1 从以上的结果与分析中可以看出，以现代跨栏跑的理论和技术为依据设计的新的跨栏跑教学方法，突破了传统跨栏跑教学的定式，大胆地吸收和引进了现代跨栏跑理论和技术，尤其是在实验设计和实验过程中，力图使教学能适应现代跨栏跑的技术特点，力图使各种教学手段产生的教学结果符合现代跨栏跑的要求。实验研究表明，其实验教学效果是显著的(见表 7)。笔者认为，产生这种显著性差异的原因是：我们不仅遵循了跨栏跑本身的特点和内在规律，而且也考虑到了现代跨栏跑的新发展和在教学中适应这种发展的要求。

在跨栏教学中，由于新理论与技术的发展，现有的教学内容与教学方法与之不相适应，而解决这种不适应现状的关键，显然在于重新评价和认识跨栏跑教学的现状，改革教学方法，而新教法正是我们对传统教法重新认识和评价之后，为适应教学内容所设计的新教法，经过教学实验，其结果支持了教学实验前的假设，从而证实了新教法能够适应现代跨栏跑技术不断渗入跨栏跑教学这种基本的命题和论点。

4.2 跑栏是目前在世界上最为理想的跨栏技术，但在这里笔者有必要强调指出“跑栏”与平跑是有很大区别的。目前，在一定范围内许多人认为“跑栏”是不可能的，这种观点其根本的错误就在于模糊了“跑栏”与短跑的差异性，而把“跑栏”与平跑等同起来看待，这种观点显然是片面和荒唐的。笔者认为“跑栏”的概念之所以成立，是因为它既吸收了短跑的合理内核，同时又遵循了跨栏跑项目本身的独特性和内在规律，从而为现代跨栏跑的发展提供了崭新的前景，正是在接受这种观点的前提下，笔者大胆地提出“把跑栏作为跨栏跑教学的基本指导”。实验结果表明，用这种基本指导思想所得到的教学效果是显著的，把“跑栏”作跨栏跑教学的基本指导思想不同于传统跨栏跑教法的主要区别在于，重视发展和利于学生的速度，形成良好的跨栏跑节奏。

根据这个指导思想，实验教学法的教学重点有三点：第一发展速度，培养学生从低难度，高速度到中等难度，高速度的运动状态中进行跑跨技术的能力；第二，形成良好的节奏，跨栏跑节奏是一个贯穿于整个跨栏跑技术，具有时、空特征，被许多教练员和运动员称之跨栏跑的灵魂，因此，培养学生良好的跨栏节奏感，是实验教学成败的关键所在；第三，注重各技术环节间的紧密衔接，尤其是跑跨、跨跑间的衔接。

为什么把这三方面作跨栏跑教学的重点呢？首先，世界田径运动自进入七十年代以来，各项技术的改进与发展总是围绕着速度进行的。现代跨栏跑技术也正是在这个大前提下逐步形成的。其次，从目前的跨栏跑教学的实际着眼，长期以来，在跨栏跑教学中大量的练习都是在静态或者慢速中传授和学习的，这种教法忽略了发展学生速度、培养学生利用速度的能力，从而使学生难以建立良好的跨栏跑节奏。第三，在跨栏跑教学中，各技术环节脱节，尤其是跑跨、跨跑的结合不紧密，是传统教法长期存在而又未能有效解决的问题，而我们把这一难点作为新教法的重点，是想通过不同教法来妥善解决这一难题，实验结果表明，其效果是显著的(见表 15)。

4.3 在教学程序方面，我们从“粗线条和框架式”的学习开始，从而构成了“形成轮廓—改进细节—提高完整技术”的教学程序。这种教学程序不同于传统教法的主要区别在于，从教学的开始到结束，教学的全过程均是在具有一定速度的完整练习为主的情况下进行的，教学初期与教学后期的主要区别在于对完成动作难易程度控制，即教学初期难度小(注：我们是从 0.5 米高的简易栏开始教学的)，后期难度较大(注：91.4 厘米高的考试栏架)，一些基本的练习几乎贯穿整个教学过程，实验结果表明，这对于学生更好地掌握跨栏跑技术，形成良好的节奏，建立正确的动力定型是十分有效的。

4.4 从整个教学中，力图保证在教学大纲规定的学时内完成实验教学的内容，并且在实验过程中，新教法在场地、器材、老师、学习对象等其他方面均无特殊要求，因此，笔者认为新教法在跨栏跑教学中具有实际运用的可能性，新教法在学生掌握正确的跨栏跑技术雏形等方面均优于传统教法。所以，笔者认为在跨栏跑教学中具有推广价值。

5. 结论

5.1 以现代跨栏跑的理论和技术为依据设计的跨栏跑教学的新教法，由于符合现代跨栏跑教学的内在规律，有利于学生掌握和接受现代跨栏跑技术，所以能够适应现代跨栏跑的理论和技术，满足跨栏跑教学的需要。

5.2 把“跑栏”作为跨栏跑教学的指导思想，围绕着以速度为核心，建立良好节奏，重视跑跨，跨跑的衔接而进行教法改革，是适应现代跨栏跑技术教学的中心任务和重点内容。

5.3 “形成轮廓—改进细节—提高完整技术”的教学程序，较传统跨栏跑的教学程序更有利于学生掌握现代跨栏跑技术，形成良好节奏，建立正确的动力定型。

5.4 新教法在学生掌握正确的跨栏跑技术，提高成绩等方面明显优于传统教法，并在学时、师资、学习对象、教学条件等方面均无特殊要求，因此，具有实际可行性和推广价值。

参考文献(略)

注：该文发表在《西安体育学院学报》1991 年第 2 期，下载近 100 次，引用 12 次。

世界优秀田径运动员的最佳竞技年龄特征新变化与分析

1. 前言

20 世纪 90 年代以来，在世界田坛上名列前十名的各国优秀运动员的竞技年龄特征在发生显著性变化。及时捕捉、了解和掌握当今世界田坛每一重大变化，对于一个国家修正其田径运动发展中的决策意图，调整运动训练的系统布局、战略步骤以及采用相应的措施和方法，其重要意义是不言而喻的。本文的研究目的旨在探讨 90 年代世界优秀田径运动员的最佳竞技年龄特征的新变化，并从理论上对这些变化进行科学的论证，以期为我国田径运动发展以及决策提供最新的参考信息。

2. 研究对象与方法

2.1 研究对象：1990～1994 年世界田径各项目历年前 10 名运动员。

2.2 研究方法：本文采用比较法、统计法、文献资料研究法以及逻辑方法等。

3. 分析与讨论

3.1 世界优秀田径运动员最佳竞技年龄特征的新变化

为了正确科学地剖析和探讨 20 世纪 90 年代以来世界优秀田径运动员的最佳竞技年龄特征,笔者对 1990～1994 年世界田径各项前 10 名的年龄参数做了统计和处理。我们可以看出有以下特征和新的变化:

3.1.1 与 20 世纪 80 年代相比较,世界优秀田径运动员在这一时期其最佳竞技年龄明显增大。例如,男子 22 个项目中,运动员最佳竞技年龄的均值在 25～26 岁之间有 14 项,占全部男子项目的 63.64%;24～25 岁之间有 2 项,占 9.09%;27 岁以上的有 6 项,占 27.27%。女子 19 项中,25～26 岁有 15 项,占 78.94%;24～25 岁有 2 项,10.53%;27 岁以上有 2 项,占 10.53%。

3.1.2 运动员的最佳年龄离差较大,分布的范围较宽。例如,男子 1990～1994 年期间进入世界前 10 名的运动员中年龄最小者为 18 岁,最大者为 42 岁;女子年龄最小的仅 15 岁,最大的为 42 岁。这一特征表明,90 年代进入世界优秀运动员行列的运动员中其年龄特征具有一定的个体差异,(尽管并不能反映总体趋势)。笔者认为,对成才早的运动员既不能“拔”,也不能“压”,应因势利导,采用正确的训练方法和手段。对于“大龄”运动员的科学训练,将是田径运动训练中未来将要研究的重要课题之一。

3.1.3 从笔者的研究参数中,我们看到男子各项目中 21 岁以前进入世界前 10 名的运动员占总数的 7.92%,22～30 岁(含 30 岁)的运动员占 78.27%,30 岁以上的运动员占 13.81%;女子各项目中 21 岁以前进入世界前 10 名的运动员占总数的 9.53%,22～30 岁(含 30 岁)的运动员占 78.59%,30 岁以上的运动员占 11.88%。上述参数表明,90 年代世界优秀运动员的竞技年龄集中段在 22～30 岁之间;其次为 30 岁以上的年龄段;21 岁以前能够进入世界优秀运动员行列的是极少数具有独特先天才能的运动员。

3.1.4 田径运动大多数项目的最佳竞技年龄的均值比较接近。除男女马拉松、男女直道栏和男子投掷项群外,从总体上看项群竞技年龄的特征不明显。

3.1.5 无论是从田径运动竞技年龄的总参数上看,还是从同一项目的具体参数比较看,男、女运动员 90 年代的竞技年龄十分接近。这与 80 年代“在同一项目中女子比男子达到最佳成绩的年龄要提前 2～3 年”的结论有了根本性的变化。

3.1.6 在耐力性项目中,除超长距离外,“中长跑项目随着距离的延长,达到最佳成绩的年龄相应增大”的特征不复存在,反而有倒向发展的趋势,例如男、女 800 米跑的年龄均值最大,而 10000 米运动员的年龄均值最小。

3.2 对 90 年代运动员最佳竞技年龄新变化的分析和理论探讨

3.2.1 90 年代以来世界优秀田径运动员的最佳竞技年龄与 80 年代相比较呈增大的结果,且从未来的趋势上看还有继续增大的可能。据国内外的有关报道,人类身体各器官系统的完全成熟期在 28～30 岁左右,能够显示人类最大体能的年龄区限为 25～35 岁左右。我国中医理论认为,人类的生长发育过程需要四个周期方可达到成熟,女子的生长发育周期七年为一个周期,男子八年为一个周期,女子大约 28 岁左右、男子 32 岁左右身体各器官系统的生长发育才完全成熟。从西方医学的观点看,认为女子 28 岁左右、男子 30 岁左右体内新陈代谢最为旺盛。世界优秀田径运动员的最佳竞技年龄特征新变化与分析,关于体力峰值,日本学者加贺谷认为:“人类的体力在 20～30 岁的广泛范围内一直都很充沛。根据推测,恐怕一般人的情况,如果充分进行身体活动,体力最充沛的时期是在发育成熟以后到 30 岁左右”。瑞典生理学家 P・O 奥斯特朗等人在《运动生理学》一书中写道:“不同年龄、不同性别、不同肌肉群肌力平均值在 20～30 岁之间最大。”原苏联生物学博士阿・斯・莫兹茹辛认为,人的机能能力是指在最大限度地扩大他的生理机能的情况下,能够被机体所利用的所有的储备能力。他的研究表明,运动员机体的机能储备的形成大致在 25～30 岁左右,结构方面的储备形成为 20～25 岁左右,心理和运动技术的储备到 30～35 岁增加的幅度最大。由此看来,90 年代以来世界优秀田径运动员最佳竞技年龄上的这一新的变化特征是符合人体生长发育规律的,是有科学的理论依据的。

3.2.2 在我们的研究中,我们注意到这一时期世界优秀田径运动员在几乎所有的项目中都有最佳竞技年龄的“特例”。例如,女子 10000 米项目,中国运动员马丽艳 1993 年排名世界第四位,创造 31′10″46 的优异成绩,年仅 15 岁;男子 5000 米跑运动员基鲁伊(肯尼亚选手)以 13′2″75 的优异成绩排名 1993 年世界第一位时,年仅 18 岁。而当俄罗斯女运动员波德科帕耶娃以 3′59″75 的成绩排名 1994 年世界 1500 米跑第二位时,她的年龄已经 42 岁;男子选手中法国运动员费赛利尔在 1992 年以 3:49′23″排名 50 公里竞走世界第六位时,年龄也已 42 岁。笔者认为,在田径运动中,运动员过早或过晚出现或达到优异成绩的情况与运动员的个体特征和先天因素有关,尽管这并不能反映和包容优秀田径运动员的最佳竞技年龄的基本特征和规律,但是亦不能简单粗暴地将这些特殊的运动员表现出的特殊情况—“特例”斥之为“拔苗助长”或“开发过晚”。实际上，随着现代化科技水平的发展和更为先进的科学选材理论、选材手段、选材方法的使用，这些特殊人才和“特例”将会越来越多(但绝不会是主流)。因此，在训练过程中应正视这些“特例”。笔者还认为，优秀田径运动员的“早开发”和“晚利用”将会是未来田径运动训练中的两大课题。这不仅涉及生物学、运动训练学方面的内容，而且与社会、经济、体制、市场等方面的发展密切相关。

3.2.3 本研究还表明，90 年代以来，田径各项群、各项目之间的最佳竞技年龄特征越来越不明显，进入世界最优秀运动员行列的年龄均值水平越来越接近。笔者认为，现代化科学技术的不断发展，各种先进的理论不断渗入体育运动训练过程，各种现代化训练手段、新的更为科学的训练方法的使用，使得田径运动各项群、项目运动员的体能、技术、心理等潜力开发效率越来越高。过去的理论更多的是从人体生长发育阶段性的特征、身体素质的快速发展期特征以及运动技术的难易水平特征来解释当时出现的竞技年龄方面的项群、项目特征，但现在看来，这些解释力是不强的，理论依据和说服力也是欠充足的。因此，笔者认为，田径运动各项群、各项目之间的竞技年龄特征是否存在质的差异，其理论根据如何，科学的解释怎样，还应作进一步的观察和研究。

3.2.4 在我们的研究中，男女运动员最佳竞技年龄特征并没有大的差异，女子运动员的竞技年龄可以说基本上与男子是一致的。近些年来，女子运动潜力的开发效果大大高于男子(这与女子田径起点水平有关)，从而导致了女子运动员最佳竞技年龄的加大，并与男子基本相同。婚后、育后的训练，婚后、育后再创佳绩在今天的世界田坛上已经不再是新鲜事和稀奇事，这些都使女子竞技年龄增大。

3.2.5 世界优秀运动员在 90 年代所表现出的竞技年龄特征的另一重要原因是非训练因素的影响越来越大。自 80 年代中期以来，世界田坛的最重要特征和进展之一就是加快了田径运动的职业化进程，发展体育经济，把运动员推向市场。尤其是 90 年代以来，高额奖金和黄金刺激愈演愈烈，不断使世界田径赛场火爆四起。这不仅激发了众多田径高手的田径竞赛热情和欲望，也使得一些想“隐退”的“大龄”运动员雄心不已，使得田径赛场出现了众多的“常青树”和“不老松”。这在一定程度上促使运动员运动寿命的延长，竞技年龄的增大。同时，随着非训练因素的影响和作用的扩大，将会使科学家对人类生理潜能和运动极限做出新的认识及估价。

4. 结论

4.1 世界优秀田径运动员最佳竞技年龄加大、优秀运动中最佳竞技年龄“特例”

情况、男女优秀运动员最佳竞技年龄的同一发展趋向、各项群、项目方面竞技年龄的差异性日趋减小等新的变化结果，构成了90年代以来世界优秀田径运动员的最佳竞技年龄的新变化和内涵特征。

4.2 90年代以来出现的新的变化特征将引出现代田径训练过程的新的导向和新的亟待研究的课题。例如，在遵循人体生长发育基本规律和运动训练基本原理的前提下，关于优秀运动员的“早开发”问题，关于合理延长运动员的运动寿命的问题、关于保持和利用优秀“大龄”运动员的最佳竞技状态和竞技运动能力的训练问题等。

4.3 非训练因素在90年代以及未来的世界田径运动发展和形成新的优秀运动员的最佳竞技年龄特征中，将会越来越起到举足轻重的作用和影响。

5. 主要参考文(略)

注1:(原文署名:北京体育师范学院李相如、河北师范大学葛青、王朝平)注2:该文发表在《中国体育科技》1996年第9期，下载200次，引用43次。

对刘易斯三次百米比赛的分析与研究

1. 问题提出

纵观世界100米跑的发展历史，无疑美国著名的黑人运动员卡尔·刘易斯的成就最为辉煌和显赫。他自1981年首次以世界短跑天皇巨星的面目展现在人们面前以来(这一年他才20岁)，连续13年保持了很高的竞技状态。笔者对刘易斯1981～1993年各年百米成绩作了统计处理后发现(见表1)，刘易斯13年的百米成绩的平均值 x=9秒992，s=0.0591，其中有六年的百米成绩闯进10秒大关，两年为10秒整。在这期间刘易斯曾两次打破、一次平百米世界纪录，并且他所创造的9秒86的成绩，至今仍为世界纪录。本文试图通过刘易斯百米史上最好的三次比赛情况和有关的技术参数进行比较和分析，以期对刘易斯的百米技术进行综合性的研究，为我国长期处于落后状态的男子百米的振兴提供借鉴和参考依据。

2. 研究对象与方法

2.1 研究对象:卡尔·刘易斯。同时，选用了伯勒尔等四名世界级百米运动员(部分技术参数)作为本研究的参照对象。

2.2 研究方法

①文献资料研究法:查阅和搜集了有关刘易斯百米跑的资料和技术参数进行了科学处理和综合分析。

②数理统计法:对研究对象的有关数据和技术参数进行统计学处理和分析。

③体育比较法:对刘易斯三次百米比赛进行了自身比较,同时也将刘易斯的部分技术参数与其他优秀百米运动员进行了横向比较。

2.3 研究数据的来源:本文研究的数据分别取自于刘易斯 1987 年第二届世界田径锦标赛男子百米决赛,地点是意大利的罗马,成绩 9 秒 93(平世界纪录);1988 年第 24 届奥运会男子百米决赛,地点是韩国的汉城,成绩 9 秒 92(破世界纪录);1991 年第三届世界田径锦标赛男子百米决赛,地点是日本的东京,成绩 9 秒 86(现世界纪录)。

表 1　刘易斯 1981～1993 年百米成绩统计

年	当年最好成绩(秒)	当年世界排名位数
1981	10.00	第一位
1982	10.00	第一位
1983	9.97	第二位
1984	9.99	第二位
1985	9.98	第一位
1986	10.06	第五位
1987	9.93①	第一位
1988	9.92②	第一位
1989	10.05	第六位
1990	10.05	第七位
1991	9.86③	第一位
1992	10.07	第十位
1993	10.02	第六位

备注:①平世界纪录;②破世界纪录;③现世界纪录。

3. 研究结果与分析

3.1 绝对速度(最高速度)分析

从表 2 我们可以看到,刘易斯三次比赛的最高速度均为 12.05 米/秒。笔者的研究发现,这是至今为止人类跑步的最快速度,并且只有刘易斯一个人的绝对速度突破

12米/秒大关(本·约翰逊在1987年第二届世锦赛和1988年奥运会上也曾达到12.05米/秒的跑速,但由于他服用违禁药品,因此,排除在外)。据有关资料表明伯勒尔跑出100米9秒88的成绩时,其最高速度为11.90米/秒。为此,我们认为刘易斯能在世界百米的顶峰上不断创新纪录,惊人的绝对速度是他成功的重要因素之一。从表2我们还注意到,刘易斯三次比赛达到最高速度的时间参数和距离参数均不相同。他跑100米9秒93时,最高速度出现在60～70米,在累计时间上为6秒50～7秒33处;跑9秒92时,最高速度出现在60米处,累计时间为6秒48;跑9秒86时,最高速度出现在80米处,累计时间为8秒13。刘易斯三次比赛只有一次最高速度保持了20米。从这一结果我们认为刘易斯的加速过程较长,尤其是创造9秒86的百米世界纪录时,其加速距离近70米。这一特征在伯勒尔、克里斯蒂、米切尔等世界超级短跑运动员的身上也具有十分相似的表现。我们同时也注意到,刘易斯表现出的这一特征与我国现用的《田径教材》的有关论述不尽相符,应引起有关专家和学者的重视和研究。

表2 刘易斯三次百米比赛的有关参数

比赛时间 地点	反应时(秒)	技术参数	10米	20米	30米	40米	50米	60米	70米	80米	90米	100米
1987年 罗马 第二届世锦赛	0.196	A	1.94	2.97	3.92	4.77	5.67	6.50	7.33	8.23	9.09	9.93
		B	1.94	1.03	0.95	0.85	0.90	0.83	0.83	0.90	0.86	0.84
		C	5.15	9.71	10.52	11.76	11.11	12.05	12.05	11.11	11.63	11.90
		D	42.7	80.5	87.3	97.6	92.2	100	100	92.2	96.5	98.7
1988年 汉城 第24届奥运会	0.196	A	1.89	2.96	3.90	4.79	5.65	6.48	7.33	8.18	9.04	9.92
		B	1.89	1.07	0.94	0.89	0.86	0.83	0.85	0.85	0.86	0.88
		C	5.29	9.35	10.64	11.24	11.63	12.05	11.76	11.76	11.63	11.36
		D	43.9	77.6	88.3	93.3	96.5	100	97.6	97.6	96.5	94.3
1991年 东京 第三届世锦赛	0.196	A	1.88	2.96	3.88	4.77	5.61	6.46	7.30	8.13	9.00	9.86
		B	1.88	1.08	0.92	0.89	0.84	0.85	0.84	0.83	0.87	0.86
		C	5.31	9.26	10.87	11.24	11.90	11.76	12.05	11.11	11.63	11.90
		D	44.1	76.8	90.2	93.3	98.8	97.6	98.8	100	95.4	96.5

注:A——比赛全程每10米段的累计时间;B——分段时间;C——各10米段的平均速度;D——达到最高速度的%

表 3　刘易斯三次比赛各分段指标统计

比赛名称	成绩（秒）	反应时（秒）	分析指标	0～30 米	30～80 米	80～100 米
第二届世锦赛（1987 年）	9.93	0.196	时间(秒)	3.724	4.31	1.70
			平均速度(秒)	8.06	11.60	11.76
			最高速度(%)	66.89	96.27	97.59
第 24 届奥运会（1988 年）	9.92	0.136	时间(秒)	3.764	4.28	1.74
			平均速度(秒)	7.98	11.69	11.49
			最高速度(%)	66.22	96.93	95.35
第三届世锦赛（1991 年）	9.86	0.140	时间(秒)	3.74	4.25	1.73
			平均速度(秒)	8.02	11.77	11.56
			最高速度(%)	66.56	97.68	95.93

备注：0～30 米的指标参数是减去反应时之后的数据。

3.2 分段指标的分析

表 3 是刘易斯三次比赛各分段指标的处理结果。从表 3 我们看到，刘易斯三次比赛的指标数据均不相同，分析如下：

反应时：刘易斯这三次比赛，以第 24 届奥运会的反应时最快。与第二届世锦赛相比较，刘易斯百米起跑的反应时缩短了 0.06 秒。我们知道，1987 年在第二届世锦赛上，刘易斯与约翰逊进行了一场当时被誉为“世纪之战”的较量，结果刘易斯以 0.1 秒之差败北。而导致败北的 0.1 秒中，刘易斯仅在反应时上就比约翰逊慢了 0.057 秒，这也就是说，全部比赛中，刘易斯失败的一大部分就输在了反应时上。这场失败的惨重教训当然给了刘易斯当头一击。痛定思痛之后，刘易斯加强了反应时训练。时隔一年，刘易斯的起跑反应时大大缩短。在第 24 届奥运会上，刘易斯已较约翰逊在第二届世锦赛上的反应时速度略胜一筹了。刘易斯三次比赛反应时的数据变化，给我们提供了两点启示：第一，对于世界超级百米运动员来说，反应时的速度仍然是制胜和创造新的世界纪录的决定因素之一。刘易斯后来两破百米世界纪录，其最重要的因素就是大大提高了起跑反应时的速度。第二，世界级百米运动员的起跑反应仍然具有一定的潜力，例如米切尔的起跑反应时只有 0.090 秒。

0～30 米：为了更为精确地分析刘易斯起跑后加速跑的时间特征，在处理这一段数据时，我们减去了反应时所占的时间(表3)。结合表2的有关数据，可以看到刘易斯三次比赛有以下特点：①三次比赛起跑后的加速跑的平均速度均不相同，跑到30米处的时间也不相同。②与起跑的反应时相对照，起跑反应时最长的一次比赛，其加速跑最优；起跑反应时最短的一次比赛，其加速跑最慢。③从加速跑的后10米分段成绩看，以1991年世锦赛的比赛更为符合加速度的动态规律。这三个特点的原因，笔者将在讨论部分展开论述。

30～80米：如表3所示，刘易斯三次比赛，途中跑最好的一次是第三届世锦赛。在这次比赛中，从30～80米这50米中，刘易斯仅用了4秒25，平均速度达到11.77米/秒。这三次比赛，刘易斯除了加强反应时这一薄弱环节的训练，对自己良好的途中跑能力这一优势环节仍然精雕细刻，使自己的优势得到淋漓尽致的发挥。从表2、表3中我们看到，刘易斯的三次比赛，其途中跑一次比一次好，创造9秒86的百米世界纪录时，刘易斯途中跑的平均速度保持在最大跑速的近98%的水平，这种水平是很高的。

80～100米：从表3中可以看出，刘易斯三次比赛表现出了两种特点。在1987年世锦赛上，刘易斯冲刺速度竟然高于途中跑速度，这种现象在高水平的百米比赛中可以说是绝无仅有的；在1988年的奥运会和第三届世锦赛上，刘易斯的冲刺段的速度略低于途中跑速度。

笔者认为，刘易斯作为世界百米跑的天皇巨星，在他本人最杰出的三次比赛中出现的这两种不同的动态特征，是值得进一步认真思考和研究的。

3.3 速度曲线的分析：为分析刘易斯三次比赛全程跑的特征和动态结果，我们根据表2的有关参数制作了图一。如图，刘易斯三次百米跑的动态曲线均不相同，下面做进一步分析：

3.3.1 1987年第二届世界田径锦标赛的动态曲线，呈现三次上升、两次下落的百米跑全程速度曲线特征。且动态曲线的峰值与低点波动幅度较大。尤其要注意到，刘易斯这次百米跑的次高峰在90～100米处。

3.3.2 1988年第24届奥运会的动态曲线呈现出传统的百米动态曲线特征，即速度曲线上升到最高点，然后随体力下降逐渐下落。

3.3.3 1991年第三届世界田径锦标赛的动态曲线与1987年相似，即呈现三次上升、两次下落的百米全程速度曲线特征。但动态曲线的峰值与低点落差较小，次高峰在40～50米处。

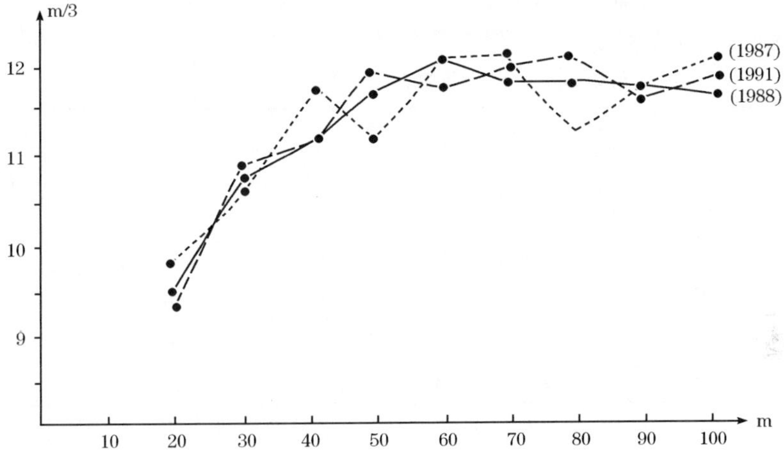

图一

3.4 步态分析：由于笔者掌握的资料有限，只收集到了刘易斯在第三届世锦赛上的步态参数。因此，为便于比较，又将收集到的伯勒尔、米切尔、克里斯蒂的有关步态参数进行数据处理、比较，以反映刘易斯的步态特征。

3.4.1 步频特征：从表 4 我们发现，刘易斯百米全程中步频的顶峰位于 60 米，次顶峰位于 20 米处；而伯勒尔、米切尔以及克里斯蒂的步频最大峰值均在 20 米处，然后在 60～70 米处形成第二步频峰值。我们认为，刘易斯的步频特征具有新的意义。表 5 是刘易斯等五名世界最佳百米运动员和各分段步态统计表。从表 5 我们看到，五名运动员步频平均值均以途中跑为最快。刘易斯、米切尔、弗雷德里克斯的冲刺段步频略高于加速跑段，而伯勒尔和克里斯蒂却相反。这一特征表明，并非所有的优秀运动员冲刺段的步频指数均低于加速段，这应该引起我们的注意。

3.4.2 步长特征：表 4 所示，四名运动员的最大步长参数均在 80～100 米处，其中刘易斯的最大步长位于 80 米处，伯勒尔和克里斯蒂的最大步长出现在最后 10 米处。

3.4.3 达到最大速度时的步态特征：如表 6 所示，当今世界上最优秀的四名运动员达到各自的最高跑速时的步态特征，均以步长为主，尤其是刘易斯，步长最大时，达到最高跑速。但我们同时也注意到，世界最优秀的百米运动员中，其步长与步频之间保持一定的相关关系，即最大步长并不完全等于最大跑速，例如伯勒尔和克里斯蒂步长达到最大时，由于步频过慢，其跑速只有最大跑速的 96.55%和 96.60%。

表 4　刘易斯等优秀运动员第三届世锦赛百米决赛的步态参数

姓名	参数	10 米	20 米	30 米	40 米	50 米	60 米	70 米	80 米	90 米	100 米
刘易斯	步　频	3.83	4.81	4.45	4.41	4.66	4.86	4.76	4.45	4.34	4.53
	最大步频%	78.8	98.9	91.6	90.7	95.9	100	97.9	91.5	89.3	93.2
	步　长	1.39	1.92	2.44	2.55	2.56	2.42	2.50	2.71	2.65	2.57
	最大步长	51.3	70.5	90.0	94.1	94.5	89.3	92.3	100	97.8	94.8
伯勒尔	步　频	3.59	4.81	4.6	4.43	4.41	4.50	4.57	4.50	4.34	4.23
	最大步频%	74.64	100	95.63	92.10	91.68	93.56	95.01	93.56	90.23	87.94
	步　长	1.52	1.96	2.38	2.57	2.61	2.58	2.52	2.64	2.59	2.71
	最大步长	56.09	72.32	87.82	91.83	96.31	95.20	92.99	97.41	95.57	100
米切尔	步　频	4.28	4.96	4.61	4.70	4.92	4.94	4.74	4.60	4.67	4.61
	最大步频%	86.29	100	92.91	94.76	99.19	99.60	95.56	92.74	94.15	92.94
	步　长	1.30	1.88	2.33	2.42	2.34	2.33	2.46	2.53	2.43	2.44
	最大步长	51.38	71.31	92.10	95.65	92.49	92.10	97.23	100	96.05	96.44
克里斯蒂	步　频	3.89	4.95	4.65	4.48	4.54	4.72	4.84	4.75	4.44	4.20
	最大步频%	78.58	100	93.94	90.51	91.72	95.35	97.78	95.96	89.70	84.85
	步　长	4.39	4.91	2.34	2.51	2.59	2.46	2.40	2.48	2.50	2.71
	最大步长	54.29	70.48	86.35	92.62	95.51	90.78	88.56	91.51	92.25	100

表 5　刘易斯等各分段步态统计

运动员姓名	参数	0～30 米	30～80 米	80～100 米
刘易斯	步频	4.363	4.628	4.435
	步长	1.917	2.548	2.610
伯勒尔	步频	4.333	4.482	4.285
	步长	1.953	2.584	2.65
米切尔	步频	4.617	4.784	4.64
	步长	1.837	2.416	2.435

续表 5

运动员姓名	参数	0～30 米	30～80 米	80～100 米
克里斯蒂	步频 步长	4.497 1.880	4.666 2.488	4.320 2.605
弗雷克里德斯	步频 步长	4.427 1.850	4.856 2.364	4.515 2.455

4. 讨论

通过上述的结果与分析，我们看到了刘易斯三次百米比赛的表现特征。为进一步揭示刘易斯百米跑的内在规律，我们从现代百米跑专项理论入手，结合体育运动的基础理论对其特征展开多维立体性深层理论研究和讨论：

4.1 百米专项技术理论讨论

4.1.1 从技术结构上分析

百米跑在技术上分为起跑、起跑后的加速跑、途中跑、终点冲刺跑四个环节。从刘易斯的三次最好百米比赛的技术结构来看，这四个环节是很清晰的，但与传统的百米专项技术理论相对照，刘易斯的加速过程长，终点冲刺速度高，并表现出了一些与传统百米技术理论不尽相同的特征。例如，在现有的田径教科书中，认为加速跑的距离为 30 米左右，其速度可达本人最高速度的 95%，而刘易斯三次百米跑到 30 米左右时，其速度仅为他本人最高速度的 87.3～90.2%(平均值为 88.6%)，跑到 50 米左右时，才达到 95%左右。这一结果表明刘易斯的加速过程长，出现速度曲线的峰值时间也较长(注:这一特征与当代多名世界优秀百米运动员的结果是一致的)。再如，在现有的田径教材中，认为运动员起跑后第五秒钟可达最高速度的 99～100%，大约在 45～50 米处，而刘易斯三次百米跑在第五秒钟时只达到最高速度 92～98%，出现最高速度的地点在 60～80 米处。本研究还表明，刘易斯的终点冲刺跑并非呈直线下降趋势，而在三次中有两次呈先降后升的特征。我们认为刘易斯表现在百米跑专项技术方面的特征，既符合现代短跑技术理论，又表现出了一些新的特点，这是值得有关专家和学者进一步探讨的课题。

4.1.2 从构成跑速因素的理论分析。运动训练学和运动生理学的原理告诉我们，构成跑速的主要因素是步长、步频和协调性。其中步长和步频是两个变量，提高或改进其中任一变量都可提高跑速，同时这两变量之间又呈现一定的函数关系。协调性则是改进步长、步频的桥梁和条件，主要表现为运动技能的巩固程度和肌肉放松能力。在刘易斯的百米跑中，最大步频为4.86步/秒，最大步长为2.71米；他最大步频的最高峰值在60米处，步长的最高峰值在80米处；达到最高跑速时，步长达到最高峰值，步频仅为最大步频的91.60%，说明刘易斯属于保持一定的步频水平，以步长为主变量的百米运动员。

4.1.3 从技战术的角度分析。刘易斯三次比赛中有两次全程跑的速度曲线呈多峰特征(见图一)。从图一我们可以看到1987年和1991年的两条曲线里均有两段下降曲线，且下降的时机均在加速跑和达到最高速度之后。我们认为这两段下降曲线在技术上表现为放松跑或短暂的惯性跑，在战术上表现为体力分配和积累能量的过程。首先，我们知道起跑和起跑后的加速跑主要是依靠运动员快速的反应时，良好的爆发力及高速步频来完成的。这几种素质既需要耗费巨大能量，又易导致大脑皮质运动中枢的疲劳。因此，在完成起跑后的加速跑之后一二步的放松跑或惯性跑对机体能量物质的补充及大脑皮质运动中枢疲劳的恢复是十分重要的。而正是这种机体的调节导致了运动员获得最高跑速。其次，最高速度跑是人体调动各种能力并使其充分集中发挥的体现。它对人体能量的消耗以及神经系统的兴奋最高速度之后，机体实现第二次调节其重要性和必要性同第一次调节具有同等的意义。

4.2 动作反应速度上的讨论。从结果与分析中我们看到，刘易斯的三次起跑反应时相差较大。1987年为0.196秒，1988年为0.136秒，时隔一年刘易斯仅在起跑反应时上就提高了0.06秒，为他后来两破世界纪录奠定了基础。现代心理学和生理学的研究表明，反应速度主要受遗传的影响，实际上是有机体神经系统反射通路的传导时间。运动训练并不能改变人的反应速度，训练的作用只是把受遗传因素影响所决定的最高反应速度表现出来。例如人的本能反应速度应该是0.05～0.09秒。也就是说刘易斯本身的反应速度的潜力是巨大的，经过一系列专门的反应速度训练，使他的反应时大大缩短。

4.3 运动生理学方面的讨论

刘易斯的百米速度变化规律，可以通过运动生理学的理论加以解释。运动生理学的研究表明，人体运动时有三种供能系统：1. 高能磷化物系统(ATP-CP)；2. 乳酸系统(无氧酵解系统)；3. 有氧系统(有氧代谢系统)。高能磷化系统是ATP和CP分解供能，称为非乳酸能；乳酸系统是由糖原无氧分解供能，称为乳酸能。这两种供能形式总称为无氧氧化供能。百米赛跑是短跑的典型项目，强度大，持续时间短，无氧化是百米跑的主要供能形式。在百米跑中，人体运动所需要的能源物质主要是ATP、CP以及糖原酵解。这三种能源物质在人体运动时有一定的供能顺序。以笔者愚见，刘易斯所表现出的百米速度在变化特征中，速度曲线两次下降三次上升可能与这三种供能物质依次补充并发挥最大功效有关。

4.4 系统性与整体性方面的讨论

从系统论的观点看，系统的最佳化应包括“局部最佳化”与“整体最佳化”。整体的最佳化虽然以局部最佳化为基础，但却并非是局部最佳因子的简单组合。在运动实践中，很多情况是整体上尽管基本上实现了最佳化，然而各个局部却不一定也都实现了相同水平的最佳化。根据这一原理，我们认为在刘易斯的三条百米曲线中，以1991年的动态曲线最为理想。原因如下：第一，传统百米跑全程速度曲线，其加速过程呈一次性。这种跑法不仅使运动员的神经系统容易疲劳，运动系统的供能物质消耗较快，而且容易使运动员的技术动作紧张，从而导致后半程速度曲线直线下降，难以达到最佳整体效果。第二，百米跑全程速度曲线富有弹性和节奏性是当今世界一百米跑的重要发展特征，但刘易斯1987年曲线中速度的上升和下落波动差太大，尽管部分段的速度指数高于1991年，但在整体上影响了全程跑的成绩。第三，刘易斯1991年的动态曲线既显示了百米跑良好的全程节奏性，保持了较小的速度落差，又使其全程的整体曲线较为平滑，整体效果达到最佳水平，因此再次创造了百米世界纪录。

5. 结论

5.1 刘易斯百米跑的特点是加速过程长，绝对速度高，属于保持较快步频水平，以步长为主变量的短跑运动员。

5.2 在刘易斯三次最好百米跑动态速度曲线中，以1991年为最佳，符合“整体最佳化”原理。

5.3 刘易斯起跑反应时的大大缩短，表明世界级百米运动员的反应潜力仍然是很大的，并且反应时在现代百米比赛中仍然是制胜“法宝”之一。

6. 对我国百米运动员训练的几点建议

6.1 加强绝对速度的训练和提高。绝对速度是百米跑的灵魂，决定运动员百米水平的等级。世界级百米运动员绝对速度在11.75～12.05米/秒之间，而我国最优秀的运动员仅为11.20～11.35米/秒，差异极大。

6.2 注重百米的整体性训练，使百米的全程跑技术和速度符合“整体最佳化”

理论。

6.3 加强技术和战术的训练，例如，反应时训练，起跑和起跑后加速跑训练，快速跑中放松能力的训练等。

注：该文发表在《田径》1994 年第 10 期，下载 68 次，引用 8 次。

世界与中国优秀运动员竞技年龄特征的比较研究

一、前言

在竞技体育领域的研究中，优秀运动员竞技年龄特征一直是备受关注的重要内容之一。因为竞技年龄特征不仅反映着运动员成才和表现最佳训练成果及运动成绩的基本规律，也是制定运动员多年培养方案，合理地利用运动员人才资源和国家经济投入效率的重要依据。20 世纪 90 年代以来，世界优秀田径运动员的最佳竞技年龄特征正在发生新的变化，已经受到了世界各国田径界有识之士的极大关注。中国优秀运动员的竞技年龄在 90 年代表现出了什么新的特征和动向？与世界优秀运动员竞技年龄上有何异同？中国未来竞技年龄特征走向如何？如何最佳发挥我国现有的田径人才资源，发挥最大的经济投入效率等，是本研究的目的和任务之所在。

二、研究对象与方法

2.1 研究对象：1990～1996 年世界与中国历年田径各单项排名前 10 名，样本总量近 6000 个。

2.2 资料来源：本研究资料参数主要来源于《International Amatuye Athletic Fedevation Almanac》和中国田径协会公布的历年全国田径各项排名前 10 名。研究参数具有较强的权威性和可信度。

2.3 研究方法：文献资料法、数理统计法、比较法和逻辑法等

三、研究结果与分析

3.1 世界田径运动员竞技年龄的特征与新变化

80 年代以前世界众多专家、学者对优秀田径运动员的竞技年龄特征进行过长期的研究，苏联著名学者奥卓林和霍缅科夫的成果最具权威性。90 年代以来世界优秀运动员的竞技年龄呈现出了许多新的变化特征和发展趋向，引起了世界田径训练

界和学术界的关注。俄罗斯《田径运动》、美国《Track and Field News》、日本《陆上竞技》等刊物均对此作过动向性报道。笔者根据这一动向于 1995 年对 90 年代田径优秀运动员的竞技年龄特征进行了初步研究，研究表明，20 世纪 90 年代以来世界优秀田径运动员的竞技年龄特征相对传统的研究结论有了新的变化。

3.1.1 90 年代以来世界田径运动员竞技年龄发展的新趋势是最佳竞技年龄明显增大。男子全部 22 个项目中运动员最佳竞技年龄的均值在 25～27 岁之间的有 17 项，占 77.27%；24 岁以下的仅 1 项，占 4.45%；28 岁以上有 4 项，占 18.18%。女子呈现相似趋向，全部 18 项中，25～27 岁之间的有 14 项，占 77.78%；24 岁以下的有 3 项，占 16.67%；28 岁以上有 1 项，占 5.56%。从 1990～1996 年总的动态发展走向上看，男子呈现基本稳定的状态，变化区间在 26.2～26.9 岁之间；女子的动态变化特征呈稳中有升的状态，变化区间在 25.3～27.2 岁之间。

3.1.2 运动员的最佳竞技年龄离差较大，分布范围较宽。男子 1990～1996 年期间进入世界前 10 名的运动员中，年龄最小的 18 岁，最大 42 岁；女子年龄最小的仅 15 岁，最大的 42 岁。这一特征表明，90 年代进入世界优秀运动员行列的在竞技年龄上具有一定的个体差异性。尽管这并不能反映总体趋势，但这种情况是存在的。笔者认为对成才早的运动员既不能“拔苗助长”，也不能“压苗抑长”，应根据运动员的个体特点，因势利导，采用正确科学的训练方法和手段。

3.1.3 统计结果表明，男子各项目中，23～30 岁的占总体样本的 71.59%，22 岁以下占 13.7%，31 岁以上占 14.35%；女子各项目中 23～30 岁占 72.77%，22 岁以下占 13.11%，31 岁以上占 14.20%。这一结果表明，90 年代世界优秀运动员的竞技年龄集中区在 23～30 岁之间，其次为 31 岁以上的年龄区，22 岁以前能进入世界优秀运动员行列的是极少数具有独特先天才能的运动员。

3.1.4 从研究结果中可以看到，田径运动大多数项目的最佳竞技年龄的均值比较接近。除男子投掷项群和男子马拉松外，从整体上看，群体竞技年龄的特征不明显，这与过去的项群竞技年龄特征的结论有了重要的变化。

3.1.5 研究结果表明，无论是从田径运动员竞技年龄的总参数上看，还是从同一项目的具体参数比较看，男女运动员在 90 年代竞技年龄上十分接近。这与 80 年代“在同一项目中女子比男子达到最佳的年龄要提前 2～3 年”的结论有了根本性变化。

3.1.6 在耐力性项目中，除长距离外，“中长跑项目随着距离的延长，达到最佳成绩的年龄增大”的特征不复存在，反而有倒向发展的趋势，例如，男、女 800 米跑运动员的年龄均值最大，而 10000 米运动员的年龄均值变小。

3.2 中国优秀田径运动员竞技年龄的特征与变化

3.2.1 本研究结果表明，中国优秀田径运动员竞技年龄呈“年轻化”趋势：中国男子在 22 个项目中竞技年龄的均值在 21～23 岁之间有 21 项，占全部男子项目的 95.45%；24 岁以上 1 项，占 4.55%。女子的这一趋势更加明显，在 18 个项目中 21～23 岁之间有 13 项，占 72.22%；21 岁以下 5 项，占 27.78%。从 1990～1996 年 7 年的田径总的动态发展走向看，中国男女均呈现相对稳定的特征，其中男子的动态变化范围在 22.1～23.1 岁之间，女子的变化区间在 21.1～22.3 岁之间。男女相比，男子达到最佳竞技年龄比女子晚近一年。

3.2.2 男子项目中，19～24 岁之间占 74.68%，18 岁以下占 6.23%，25 岁以上占 19.09%；女子各项目中，19～24 岁占 72.77%，18 岁以下占 12.44%，25 岁以上占 14.79%。这一结果表明，90 年代中国优秀田径运动员的竞技年龄集中区在 19～24 岁之间。

3.2.3 除男、女投掷项群的竞技年龄明显高于其他项群外，其他各项群均值比较接近。因此，从整体上看，90 年代中国优秀田径运动员也没有表现出明显的项群竞技年龄特征。

3.2.4 研究结果表明，无论是从田径运动员竞技年龄的特征看，还是从同一项目的具体参数比较看，90 年代中国男子田径运动员比女子田径运动员的“最佳竞技年龄”要大 1 岁左右。

3.2.5 在耐力性项目中，中国优秀田径运动员的竞技年龄尽管日趋接近，但“中长跑项目随着距离的延长，达到最佳成绩的年龄相应增大”的特征仍依稀可见。

3.3 世界与中国优秀田径运动员竞技年龄特征的比较分析

3.3.1 从统计结果中我们看到，在 90 年代世界优秀田径运动员的最佳竞技年龄明显增大，而中国则呈“年轻化”趋向。如表中所示，中国与世界优秀田径运动员相比，无论是平均年龄参数，还是最小或最大年龄参数均比较小，且差异较大。这一结果表明，中国优秀田径运动员普遍成长早，竞技运动寿命短，保持高水平运动的区间小，退出优秀田径运动员行列的年龄也早。

世界与中国总体竞技年龄比较(岁)

指标		平均值	差值	差值率%	最小值	差值	差值率%	最大值	差值	差值率%
总体	世界	26.2			21.5			32.1		
	中国		4.2	22.0		3.2	18.3		5.4	
		17.29			14.8			26.7		
								16.82		
男子	世界	26.5			21.7			32.2		
	中国		4.2	22.3		3.1	18.6		5.1	
		15.85			14.29			27.1		
								15.84		
女子	世界	26.6			21.2			32.0		
	中国		5.0	21.6		3.2	18.0		5.7	
		18.80			15.09			26.3		
								17.81		

3.3.2 世界优秀田径运动员在各项目中所表现出的最佳年龄区主要在25～27岁之间,占全部田径项目的77.53%,其中男子为77.27%,女子为77.78%。其次为28岁以上区间,占据11.87%。25岁以下区间仅占据10.61%。而中国优秀田径运动员几乎在所有田径项目中其值均在21～23岁之间,女子有5项为20岁。这一结果所展现出的差异应该引起我们的极大关注。

3.3.3 从运动员达到最高水平的竞技年龄分布情况来看,世界优秀运动员的主要分布区域为23～30岁,占总样本数的72.36%,其中男子71.95%,女子为72.77%;其次31岁以上的区域,占总样本数14.28%;22岁以下仅13.14%。相反中国优秀田径运动员在23～30岁达到最高水平的仅占36.09%,其中男子为40%,女子32.18%,22岁以下区域是中国优秀运动员达到最高水平的密集区,占63.09%,31岁以上区域仅0.82%。

3.3.4 从男女竞技年龄特征上比较,世界男、女运动员的最佳竞技年龄在总体上基本相同(男子为26.2岁,女子26.5岁),在项群上,女子在短跨、中跑、长跑、跳跃、全能上其竞技年龄还稍高于男子。这一新的变化从根本上推翻了过去"男子比女子的最佳竞技年龄要大 2～3 岁的理论”。相比而言，中国男女运动员的最佳竞技年龄在总体上还存在一定差异(男 22.3 岁，女子 21.6 岁)，在项群上，男子在长跑、竞走和投掷等项群上明显大于女子。

4. 讨论

综上所述，90 年代以来世界优秀田径运动员的竞技年龄特征有了许多新的变化和发展动向，中国与世界相比存在重大差异。那么如何看待世界优秀田径运动员的竞技年龄特征，在理论上能否做出科学的论证，是我们分析和探讨中国与世界优秀田径运动员竞技年龄特征上重大差异原因的前提。

4.1 理论探析

4.1.1 众所周知，田径运动属于高体能类运动，各项运动成绩的发展和提高都是以挖掘人体潜力为主，辅之以技术、技巧。因此，田径运动的高水平时期基本上属于成年人的运动。据国内外有关文献和报道，人类身体各器官系统的完全成熟在 28～30 岁，能够表现人类最大体能的年龄区间在 25～35 岁。我国中医理论认为，人类的生长发育过程需 4 个周期方可达到成熟，女子的生长发育 7 年为一个周期，男子 8 年，女子大约 28 岁、男子大约 32 岁左右身体各器官系统的生长发育才能完全成熟。西方医学认为女子 28 岁左右、男子 30 岁左右体内新陈代谢最为旺盛。关于体力峰值，日本学者贺谷认为：“人类的体力 20～30 岁的广泛范围内一直都很充沛。根据推测，恐怕一般人的情况，如果充分进行身体活动，体力最充沛的时期是在发育成熟以后到 30 岁左右。”瑞典生理学家 P・奥斯特朗等人在《运动生理学》一书中认为“不同年龄、不同性别、不同肌群肌力平均值在 22～30 岁之间最大”“人体骨骼系统 25 岁时才能完全骨化，肌肉系统到 30 岁才能完成发育，肺活量在 30 岁时达到最大值。”原苏联生物学博士阿・莫兹茹辛认为：人的机能能力是指在最大限度地扩大他的生理机能的情况下，能够利用机体的所有储备能力。他把机体所有的储备能力分为生物性储备和社会性储备。生物性储备包括机体的机能储备和身体结构方面的储备，社会性储备包括心理储备、运动技术水平储备、受教育的程度等。他的研究表明，运动员机体的机能储备的形成大致在 25～30 岁，结构方面的储备形成为 20～25 岁，心理和运动技术的储备到 30～35 岁增加的幅度最大。由此看来，90 年代以来世界优秀田径运动员最佳竞技年龄的变化特征是符合人体生理发展规律，是有科学的理论依据的。

4.1.2 本研究表明，与过去的理论不同，90 年代以来，田径各项群、各项目之间的最佳竞技年龄特征越来越不明显，进入世界最优秀运动员行列的年龄均值越来越接近。笔者认为，随着现代科学技术的不断发展，各种现代化的训练手段、新的科学训练方法及训练条件的改善，恢复系统的开发等使得田径运动各项群、项目运动员的体能、技术、心理等潜力开发效率越来越高。过去的理论更多地从人体生长发育的阶段性特征、身体素质的快速发展特征以及运动技术的难易水平特征来解释当时出现的竞技年龄方面的项群、项目特征。但现在看来，这些解释的理论依据和科学说服力是欠充足的。首先，人体发育的阶段和人体素质的快速发展期是人体由不成熟向成熟发展中的一些重要的生理特征，这对青少年运动员的训练是至关重要的，但对人体发育基本成熟或业已成熟的运动员来说就未必十分重要。第二，从运动技术的难易程度上看，在运动实践中，运动员所表现出的重要参数和指标中并没有强有力的佐证，例如一些技术性强的项目的竞技年龄并不比技术性相对简单的项目更大。第三，过去认为耐力性项目和力量性项目的最佳竞技年龄更大些，但当今速度性项目和技术性项目的“大龄”运动员越来越多，在整体上这些项群和项目也没有明显的差异。

4.1.3 本研究表明，男女田径运动员最佳竞技年龄并无大的差异，女子在某些项群或项目上甚至还略高于男子。过去的理论和研究中，普遍认为“在同一项目中，女子比男子达到最高成绩的年龄要提前 2～3 年”，其基本的理论依据是“女子生理特点所决定的”。但在女子运动实践中，这一低估和束缚她们的传统的理论已经完全被突破，对女子人体解剖学和生理适应性及潜力的认识有了新的依据和进展，即：第一，女子解剖、生理特征可以适应所有田径项目。第二，男性田径运动员承受的运动负荷，女性基本也能承受。第三，男性运动员的训练理论、所采用的训练手段与训练方法，女性运动员也能利用。第四，田径运动再也不是未婚或未育的女子运动，在当今的世界田坛，女子运动员婚后、育后通过系统训练再创佳绩再度辉煌已经成为一种基本趋势。由于理论上的突破和观念上的更新，女子田径运动潜力的开发效果日益明显，不仅在运动成绩上不断向男子趋近，而且在竞技年龄上，也是巾帼不让须眉。

4.1.4 世界优秀运动员在 90 年代所表现出的竞技年龄特征的另一重要因素是非训练因素的影响和作用越来越大。自 80 年代以来，世界田坛最重要的特征和进展之一就是加快了田径运动的商业化和职业化进程，发展体育经济，把运动员推向市场。尤其是 90 年代以来，高额奖金和黄金刺激愈演愈烈，不断使田径赛场火爆四起，各种商业性田径比赛此起彼伏。1997 年 6 月初，美国著名短跑明星约翰逊和加拿大百米王贝利的 150 米飞人大战，总奖金达 200 万美金。如此重金不仅激发了众多田径高手的竞争意识和欲望，也使得众多想“功成隐退”的“高龄”运动员雄心不已，欲罢不能。世界田径场的这一新气象，把许多运动员被动训练和竞赛活动变成了完全自觉、主动的活动，从“要我练”“要我赛”到“我要练”“我要赛”的转变，促进了世界田径运动的发展，也使人类生理潜能进一步得到挖掘和开发成为可能。

4.1.5 在探索世界优秀田径运动员竞技年龄新特征之时，对田径运动的热爱、兴趣和献身精神是无可替代的重要原因。例如美国田径巨星卡尔·刘易斯，18 岁进入世界优秀运动员行列，连续 18 年保持很高的竞技水平，使他在田径王国里付出了人生最宝贵的年华，也得到了巨大的回报。支撑他不懈追求的信念就是征服“极限”。英国短跑王子克里斯蒂，32 岁夺得奥运会百米桂冠，33 岁达到个人运动生涯的最高峰。他曾说：“我只是一个心眼，那就是练跑步”。被誉为“星外来客”的美国 200 米、400 米双冠王迈·约翰逊在成功之前屡屡受挫，是对跑步的不可割舍，才在他近 30 岁时迎来了人生的黄金时刻。男子如此，女子亦然。俄罗斯著名中长跑运动员波德科帕耶娃 1997 年在生育两个孩子后，以 45 岁的运动竞技高龄勇夺世界冠军，就是对田径事业的不懈追求获得的。法国 26 届奥运会女子 200 米、400 米双项冠军佩雷克，在年届 30 岁时，并不是急流勇退，而是把目光投向了科赫的 400 米世界纪录。还有奥蒂、德弗斯等等数不胜数。从他们的身上，我们看到的除了诱人的成功光环之外，那就是他们对事业的热爱和追求。

4.2 中国现状的原因剖析

通过上述比较，我们可以把中国目前优秀田径运动员的竞技年龄特征归纳为六小、两少、一大。即平均值小，最小值小，最大值小，同一项目较值小，同一项群较值小，集中区年龄小；与世界优秀田径运动员的集中区相比较，在这一区域的运动员频数少，31 岁以上区间运动员频数少；与世界优秀田径运动员的竞技年龄差异大。那么，为何会出现如此结果，原因何在呢？

4.2.1 笔者认为，田径运动基础理论的研究与指导作用跟不上是造成这一结果的首要原因。80 年代以来，世界田径运动进入新的发展时期，伴随着运动水平和成绩的进一步提高，人们对传统的技术理论和训练理论进行了新的思考和研究。例如训练周期理论，训练负荷安排，专项训练，新技术探索与训练，心理训练，竞技状态的形成，赛前最佳时机的控制，恢复训练等等。其总的特征和趋向是加强了训练全过程的系统观、整体观，同时注重运动员的个人特色。我国自改革开放以来，加强与世界各国的往来与交流，一些新的训练理论和方法手段很快得到传入和采用。但我们看到，这一时期我们总的来说接受的东西多，思考的东西少；照搬的东西多，而创造的东西少。再则，大千世界，信息纷飞，斑驳陆离，眼花缭乱，难以取舍，造成训练指导思想混乱。例如，中周期、小周期训练理论的传入，对于改变过去的训练观念起到了积极的作用，尤其近些年以赛带练、以赛促练的呼声越来越高，大有一统天下之势。但笔者认为，对于不同年龄和不同水平的运动员来说，应该采用更为合理的训练安排。比如 13～16 岁的运动员，以单周期训练为主，更有利于打好基础，全面提高运动适应能力；17～20 岁的运动员采用双周期训练，既有利于保证训练的系统性，又有利于提高专项成绩；高水平运动员选择中、小周期训练，增加比赛次数，有利于突破成绩极限，增加比赛的经验。因此，从深层的因素看，我国田径运动员的运动寿命短与理论的研究和指导作用不够是有很大关系的。

4.2.2 观念陈旧、敬业精神欠佳是导致我国运动员竞技年龄偏小的又一原因。当今世界田坛堪称老将驰骋纵横，夕阳无限好。本研究表明世界优秀运动员中，30 岁以上的占 21%以上。而我国田坛却是一派“青春”景象，30 岁以上的运动员仅占 1.5%左右，反差极大。据有关研究表明，我国男子在 26～29 岁退役的约占 80%，女子 25～28 岁退役的占 77%，而这一年龄段正是世界优秀田径运动员的黄金时期。其实这是一个观念问题，在我国 25 岁左右就可以谓之“老将”，剩下的时光只是发挥“余热”。女子结婚就意味着告别田坛，生育后再披战袍简直是稀奇事。笔者认为，改变旧的观念，关键在于科学理论的指导和宣传，在我国当今田坛，37 岁的李梅素就是成功的典范。只要具有坚定的信念，充满对事业的热爱，加上科学和系统的训练，老将老而不衰，依然大有可为。

4.2.3 基础训练不扎实，急功近利也是影响运动员运动寿命的一大原因。运动员的成才有成才的规律，违背规律往往适得其反。从科学的角度看，一名优秀运动员的成才期为 8～10 年，而这 8～10 年的基础扎实与否，对于成人后向竞技高峰冲击至关重要。然而，从我国目前的青少年训练现状看，这一情况令人担忧，许多不错的苗子，往往由于基础不扎实而“昙花一现”或是“功败垂成”，给人留下许多遗憾。前不久我国著名中长跑教练员马俊仁曾说过一段话令人深思：“姜波在 1995 年城运会上过早出成绩，这两年一直没有恢复状态，运动员成才需要 8～10 年，心急是不行的。”从另一方面看，我国目前的竞赛制度和训练体制也存在一些不合理的问题。竞赛是训练的指挥棒，运动员的输送要看专项成绩，教练员晋职和奖惩要看输送的人数多少和运动员的比赛名次、成绩。因此，在强化运动员基础训练的同时，加大竞赛制度和训练体制的改革力度，刻不容缓！

4.2.4 缺乏对大龄运动员训练和再创佳绩的理论研究和训练、比赛方法的研究。从田径训练体制上看，我国目前基本属于国家投资、政府拨款行为。我国目前财政还不宽松，经济还不富裕，而培养一个运动员需要十年甚至几十年，其投资是相当大的。因此一名运动员能否保持和最大限度地延长高水平的运动寿命，不仅对我国田径运动水平的提高至关重要，而且也关系到国家投资效率的高低。从目前的状况看，随着运动员、教练员思想观念的改变，许多优秀大龄运动员已开始恢复训练，有的已经取得了斐然的成就。例如李梅素、金玲等均在婚后、育后投入训练，并都表现了很高的运动水平，为祖国赢得了新荣誉。但总的看来，我国目前对于大龄运动员的训练还缺乏以系统的科学的理论研究作为指导，还没有形成比较成熟和行之有效的训练方法、训练经验，致使部分运动员不能尽快恢复状态和达到一定水平而灰心丧气，最后不得不再度在无奈中退身田坛。因此，把握时机，及时总结经验教训，组织专题研究，形成我国大龄运动员训练的科学理论和方法，是摆在我们面前的重要课题之一。

5. 结论

5.1 世界优秀田径运动员最佳竞技年龄特征有了重大变化，其主要特征是最佳竞技年龄明显增大，77.53%的项目最佳竞技年龄区为25～27岁；优秀运动员最佳竞技年龄集中区为28～30岁；男女田径运动员最佳竞技年龄基本一致，与过去理论有了根本性变化；除个别项群和项目外，各田径项群最佳竞技年龄无明显差异。

5.2 中国优秀田径运动员最佳竞技年龄特征是六小、二少、一大。即：平均值小、最小值小、最大值小、同一项目较值小、同一项群较值小、集中区年龄小；与世界优秀运动员集中区相比，在这一区间的运动员的频数少、31岁以上区间运动员频数少；与世界优秀田径运动员的竞技年龄差异大。

5.3 世界优秀田径运动员运动最佳竞技年龄特征的新变化，符合人体生理和训练规律，有其科学的依据。

5.4 非训练因素和对田径运动的热爱、兴趣与献身精神，是导致新的竞技年龄特征的重要原因。

5.5 造成中国与世界最佳竞技年龄特征上较大差异的主要原因是田径基础理论研究跟不上，观念陈旧；科学、系统训练的基础不厚实，急功近利；缺乏对优秀大龄运动员训练和再创佳绩的系统指导和方法研究等。

参考文献(略)

注：该文发表在《田径》1998年第10期，下载167次，引用21次。

第二篇　全民健身与社会体育篇

我国城市社区实施全民健身工程的现状与对策研究

全民健身路径锻炼方法与游戏竞赛规则的研制

关于我国两种社会体育指导员制度的比较研究

——兼论构建中国社会体育指导员制度体系的设想

我国社会体育指导员发展的动力与平衡机制探讨

如何科学地看待“体育人口”

我国社会体育指导员的发展历程与未来走向

我国经常参加体育锻炼人数的研究——以北京市为例

我国职工体育协会发展的历史回望与研究

中国全民健身工程发展的现状与特征研究

我国城市社区实施全民健身工程的现状与对策研究

1. 研究目的

我国城市社区全民健身工程是国家体育总局在进一步落实全民健身计划中的一项重大举措，从目前的文献和研究动态上看，还缺少成熟的、大规模的调研成果报道。因此，本项目的研究旨在为进一步搞好我国城市社区全民健身工程提供理论依据和咨询，对全民健身计划有其重要的现实和理论意义。

2. 研究对象和方法

2.1 研究对象

我国城市社区全民健身工程设施的配建状况和资金的投入状况，以各个省、自治区和直辖市为单位进行调查。对我国城市社区（街道办事处）和普通百姓的调查情况见表 1。

表 1　调查城市社区数和调查人数

城市	北京	天津	广州	杭州	南昌	太原	南京	济南	乌鲁木齐	合计
社区数	50	50	21	10	26	33	15	10	15	210
个人数	1700	500	710	1100	1200	930	1300	700	860	9000

2.2 研究方法

研究采用调查法、访问法、文献资料法、数理统计法。

3. 实施全民健身工程的调研结果与分析

3.1 实施全民健身工程以来，产生的社会效果和群众健身的状况

3.1.1 社会效果与分析

自 1995 年实施全民健身工程以来，我国城市社区的群众对全民健身工程的认识和了解逐步得到加深，健身意识和健康要求得到广泛加强，利用健身工程进行体育锻炼的次数增加，健身效果和生活质量大为提高。与 1997 年相比，群众对全民健身工程的了解程度调查表明，了解程度较深的由 5%上升到 23.02%，知道有其事的有 43.84%，从未听说过的由原来的 65%下降为 11.65%。其中北京市民对全民健身工程了解程度较深的达到 31.29%，乌鲁木齐市达到 24.54%，最低的城市南昌也达到

了 18.7%；从未听说过的，北京市为 9.65%，乌鲁木齐市为 9.2%，杭州市为 12.59%，南昌市从未听说过的最高，也只有 16.49%，其余城市均在 10%左右。这说明经过几年的广泛宣传，人们的体育意识得到广泛加强。对人们的健身健康意识是否加强，调查结果得到肯定回答的为 80.02%，没变的为 14.99%，否定回答的为 4.99%。通过对那些回答没变的人进行座谈和访问了解到，这部分人 90%以上都为全年进行锻炼者，所以没有变化。这也充分说明了群众的健身健康意识确实得到了加强。实施全民健身工程后，人们的锻炼次数有所增加的达到了 60.12%，没变的为 36.30%，这 36.30%中约有占总人数的 20.90%是一年四季都参加锻炼的。所以总数的 81%以上是有所增加或没变的，这也从另一个方面说明人民群众的健身健康意识得到广泛加强。

3.1.2 全民健身工程的配建，改善了群众的锻炼条件，深受广大群众的欢迎，群众的身体状况明显得到提高。

这次调查中平均有 40.6%的人认为，配建全民健身设施以后大大地改善了群众的锻炼条件，其中最高的北京市有 74.71%的人认为大大地改善了群众的锻炼条件，最低的南昌市只有 26.91%人，其差别是比较大的。分析原因在于不同省份健身设施的多少不同，人们利用设施的机会不等，所以人们认识上产生差别也是很正常的，但这也从另一个侧面反映了有些城市的健身设施太少，还不能满足人们的需要。有 34.47%的人认为与以前差不多，还有 13.33%的人认为没有解决群众的实际问题，这说明我们的健身设施还不够多，有些地方甚至没有健身设施，不能满足人民群众日益增长的健身健康的需求。

这些健身设施受到广大群众的欢迎，其中很受欢迎的占被调查人数的 34.23%，受欢迎的占 39.12%，二者合计达到 73.35%，说明群众对全民健身工程设施的态度是积极的，反映是良好的，但还有 26.65%的人反映不大。根据我们在现场调查和访问中得到的资料分析，主要有以下原因：第一，有些社区还没有全民健身设施，人们不能体会到通过这些设施锻炼身体得到的好处；第二，有的地方设施较少，人们在锻炼时等待的时间较长，不能很舒心地进行锻炼。由于以上原因造成人们的反映不大，并不是不受人们的欢迎。

调查表明，人们参加健身活动后的身体状况达到精力充沛和得到明显改善的合计达到 73.69%，有所改进的为 25.23%，没有变化的只有 1.07%，有所下降的没有，这充分证明全民健身工程在人们健身、健康方面所起的重要作用。

从对全国9座城市192个社区(街道办事处)的调查结果表明,每天利用全民健身工程进行锻炼的总人数约为23万人,占被调查社区(街道办事处)总人数的约2.41%(被调查社区的总人数约为954.97万人),那么全年利用全民健身工程设施进行锻炼的将达到8395万人次,由此推算全国每天利用全民健身工程设施进行锻炼的人数将是一个非常庞大的数字,而全国各个省、市的全民健身工程设施的数量与参加锻炼的人数相比就显得严重不足。对社区进行调查的结果看,有71.35%社区(街道办事处)认为居民对全民健身工程的反映很好,这与对个人进行调查的结果相吻合,同样反映出这些设施深受群众的欢迎。但同时也反映出全民健身工程设施的数量不足、分布不均的问题,还不能满足人们健身的需求。有98.44%的社区认为实施全民健身工程有利于扩大我国的体育人口,只有1.56%社区的回答是否定的,这说明绝大多数社区(街道办事处)的领导干部对全民健身工程在扩大体育人口方面的认识是统一的、积极的。

3.2 实施全民健身工程的资金投入与场地、器材的配建情况与分析

3.2.1 实施全民健身工程以来资金的投入情况

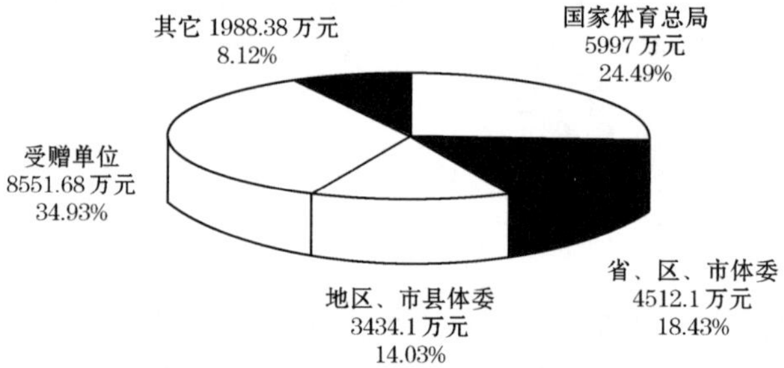

图1　全民健身工程资金总体投入情况

图1是实施全民健身工程以来资金的总体投入情况。全国全民健身工程总投入情况为1996～1999年国家体育总局和各级地方政府先后投入两批资金,总数将近2.45亿元,其中国家体育总局和省、市、区、县体委的资金总投入为13943.2万元,其投资比例为56.9500,受赠单位和其他投资为10540.06万元,约占整个投资的43.05%,其中第1批和第2批资金的投入状况如图2和图3所示。投资前10位的省、市分别是湖南3020.5万元、北京2590.5万元、上海1517.7万元、山东1434.1万

元、浙江 1195.29 万元、安徽 992 万元、四川 966.6 万元、江苏 944.9 万元、天津 886.96 万元和广东 824.13 万元；前 10 名的投资总和达到 14372.55 万元，占全国总投资的 58.7％。国家体育总局的投资为 2151 万元，只占这 10 个省市资金总投入的 14.97％；投资后 10 位的省、市分别是西藏 105 万元、海南 204.45 万元、青海 23 万元、内蒙古 295 万元、宁夏 296 万元、江西 330 万元、广西 376.86 万元、重庆 390 万元、云南 392.8 万元和福建 450.37 万元，后 10 位的省、市资金投入总量为 3084.52 万元，占全国总投资额的 11.35％。其中国家体育总局的投资为 1476 万元，占其投资额的 47.85％，省市体委和国家体委投资总和达到 73％。

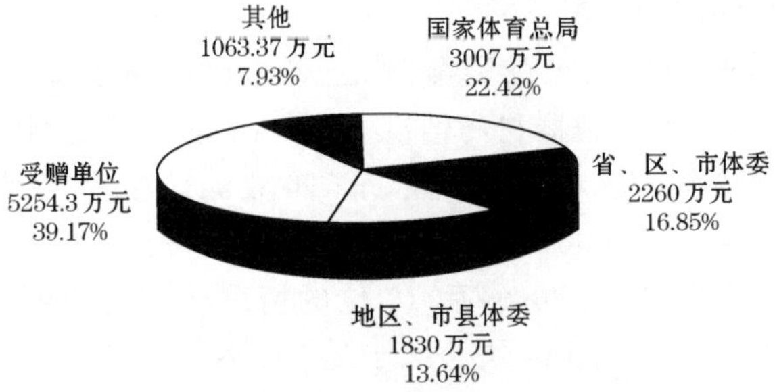

图 2　第 1 批全民健身工程资金投入情况

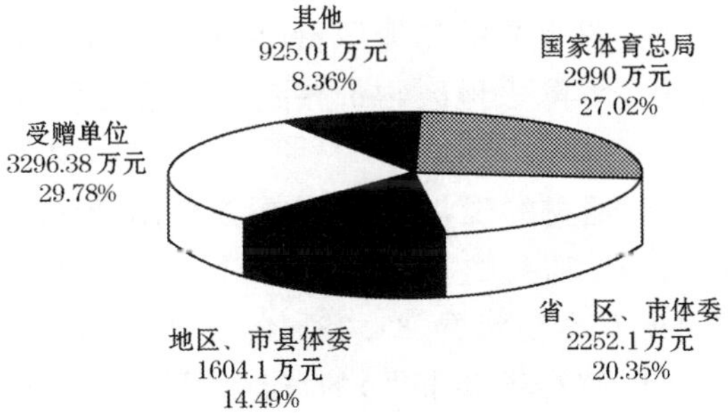

图 3　第 2 批全民健身工程资金投入情况

从全国全民健身工程的投资情况看，存在如下状况：第一，全民健身工程的建设以政府行为为主；第二，经济相对发达地区资金投入的相对较多，资金的投入以地方投入为主，经济相对落后地区的资金投入相对较少，并且以国家和省市投入为主，地方投入只是很少的一部分；第三，资金投入只有 11 个省市按照既定的 1∶1∶2 的投资比例去执行了，它们是资金投入前 10 位的省市和第 11 位的河北省，其余省市均没有按此比例执行。

建议：第一，对有些有经济能力去投入资金，而不去认真执行的省市，应当建立一定的法规制度来督促其认真执行，以确保《全民健身计划纲要》切实落到实处。第二，对经济相对较为落后的地区，应当加大对其投资的力度，来帮助其改善锻炼环境，提高这些地区人民的健身意识。

3.2.2 场地器材的配建情况

国家和各级地方政府投入大量资金，修建了全民健身工程设施，总数达 11089 块、套的场地器材。从建设场地器材的情况看，前 10 位分别是湖北省 882 块、套，北京 765 块、套，湖南 669 块、套，山东 563 块、套，四川 541 块、套，天津 539 块、套，甘肃 494 块、套，陕西 461 块、套，河北 452 块、套，江苏 429 块、套，前 10 位场地器材的总数为 5795 块、套，占总数的 52.26%；后 10 位的情况分别是西藏 7 块、套，江西 139 块、套，内蒙古 143 块、套，云南 144 块、套，宁夏 148 块、套，重庆 152 块、套，海南 157 块、套，青海 161 块、套，广西 176 块、套，贵州 224 块、套，后 10 位场地器材的总数为 1451 块、套，占总数的 13.09%。总计建设室内场地面积为 279741 平方米，室外场地面积为 2077818 平方米，各省市之间同样存在着较大的差距。为什么有些省市在资金投入量不大的情况下能建设大量的场地器材，而有些省市在投入大量资金的情况之下场地器材配建的那么少？除去地区物价差别的因素之外，这是一个值得进一步探讨的问题。

3.2.3 目前使用的场地器材的现状、配建位置及使用情况

3.2.3.1 目前使用的场地器材的基本现状

从使用的场地、器材的基本现状看，61.38%的社区（街道办事处）是 1996 年以后全部新建的，有将近 1/3 社区（街道办事处）的场地、器材是部分修复、部分新建的，只有 7.41%的社区（街道办事处）是在 1996 年以前的基础上修复的。这说明国家和各级地方政府为贯彻落实全民健身工程的实施，1996 年以来把群众的健身之事落到了实处。但从设施的状况看，有 4 个被调查社区的设施完全受到损坏，有 66.49%社区的设施部分受到损坏，设施保存完好的仅占被调查社区的 31.38%，由此不难看出设施的受损情况较为严重。分析其受损的主要原因有以下几个：(1)自然磨损是第 1 位

的，是由于设施的使用率过高造成的。(2)使用者使用不当是其受到损坏的第2位的因素，这也说明我们需要加强对群众健身的指导，延长器材的使用寿命。(3)人为破坏是设施受到损坏的另一个原因，我们应当加强对设施的管理与维护，以减少人为的破坏。

3.2.3.2 全民健身工程的配建位置

全民健身工程的配建位置以小区内和公园、广场为主，学校内和街道边为次。59.64%群众认为首选位置应该是居民小区的空地上，其次是公园广场(29.47%)。通过二者比较我们发现，目前所配建设施的位置基本上符合人民群众的要求，但要认真考虑人民群众的需要。

3.2.3.3 全民健身工程设施的使用状况

对全国9座城市192个社区(街道办事处)的调查结果表明，每天利用全民健身工程进行锻炼的总人数约为23万人，占被调查社区(街道办事处)总人数的约2.41%(被调查社区的总人数约为954.97万人)，那么全年利用全民健身工程设施进行锻炼的将达到8395万人次，由此推算全国每天利用全民健身工程设施进行锻炼的人数将是一个非常庞大的数字，而全国各个省、市的全民健身工程设施的数量与参加锻炼的人数相比就显得严重不足。研究表明，只有4.54%群众认为健身设施比较多，另有11.23%的人认为够用，有24.38%的被调查者认为设施不够用，有34.99%的被调查者认为设施太少，还有24.86%被调查者的社区内没有健身设施。在被调查的城市中群众认为比较多和够用的，杭州市最高也只达到17.77%，最低的南京市则只7.78%。这说明全民健身工程设施的数量还远不能满足人们健身的需求并且缺口较大；对社区的调查结果看，较为拥挤和很拥挤的之和达到68.23%，这也同样地反映了全民健身工程设施的严重不足。

3.2.3.4 社区内全民健身工程设施的使用是否应当收费

全民健身工程设施有54.69%是无偿使用的，39.06%是象征性收费(收费只用于场地器材的维修)使用的，只有6.25%的场地器材是按市场价收费的。其中以天津市的收费率最高(象征性收费使用的比例达到64%，按市场价收费率为16%，而无偿使用率只有20%)。北京市72.73%是无偿使用的，象征性收费为27.27%，按市场价收费的没有。有56.97%的被调查者认为使用全民健身工程设施不应该收费，39.10%人认为应少量收费，只有3.93%的人认为应当按市场价收费。从该项调查我们可以看出，目前人们的体育消费意识还比较淡薄，市场观念尚未形成。从天津市的做法看(天津市的场地器材的完好率全国最高,为72%,但其设施的收费比例同样最高),适当收费有好处:1,有利于增强人们自觉爱护场地器材的意识;2,有利于培养人们的责任感,自觉地去协助管理场地器材;3,有利于减轻国家负担,使国家和各级地方政府把资金投入到建设新全民健身设施;4,有利于全民健身设施的良性运转。至于按市场价收费对大多数人来说,就目前的状况而言还不宜采用。

3.3 全民健身工程的管理工作

3.3.1 社区(街道办事处)是否有专人负责管理全民健身工作

调查表明,81.15%社区(街道办事处)是有专人负责全民健身工作的。从此不难看出、基层政府把全民健身工作作为一项日常工作来做是非常重视的,但还有一小部分的社区对此还不够重视,基层全民健身工程的管理系统已初步建立。

3.3.2 社区(街道办事处)全民健身设施是否有专人负责管理与维修

调查表明,有56.84%的社区全民健身设施是有专人负责管理与维修,有31.05%的社区的设施是部分有,而另外还有12.11%的社区是无人负责管理与维修的。我国城市社区全民健身设施是有专人或部分有负责管理与维修的,这一结果表明全民健身工作的内容的落实情况良好。但我们在实地调查中也发现不少负责全民健身工作的人员缺少必要的专业知识和工作的目标定位。因此为了保证这些设施的正常使用,应当加强对管理人员业务能力的培训和思想教育工作,使其树立起高度的责任感和事业心。

3.3.3 群众建议采取的管理形式

从现场调查访问的结果看,群众建议采取的管理形式主要有以下几种:

(1)社区(街道办事处)和锻炼者共同参与,尽量不收取锻炼者的任何费用。(2)社区(街道办事处)和锻炼者共同参与管理,以专人管理为主,锻炼者协助其管理和维修,可以适当收取少量的费用,用于场地器材的维修。(3)有专人负责管理与维修,可以收费使用。这3种形式以第2种形式为最受欢迎,建议在以后的管理中采用该种形式。

3.3.3 社区(街道办事处)全民健身活动经费的来源、经费的多少、组织群众体育活动的次数和组织形式

3.3.4.1 社区(街道办事处)全民健身经费的来源

经费来源有4个,即上级政府拨款、自筹资金、社会捐赠和其他来源,其中上级政府拨款的社区有97个,占总数的54.80%,社区自筹一部分资金的有131个,占总数

的74.01%，有社会捐赠的社区为57个，占总数的32.20%。其中有59个社区主要以靠上级政府拨款，有101个社区主要靠自筹资金来开展，其他来源5个，占2.72%，另有19个社区以社会捐赠为主要来源。从表20不难看出，单纯依靠上级政府拨款开展社区全民健身活动的社区只占不到总数的1/3，而以自筹资金为主的则达到一半以上。这说明随着全民健身工程的不断深入落实，负责该项工作的基层干部的思想观念已经发生改变，不再等、靠、要，而是自己去积极主动的筹集资金来开展社区全民健身活动，这是一个可喜的变化。

3.3.4.2 社区(街道办事处)每年用于全民健身活动经费多少和组织活动次数

每年用于全民健身的活动经费低于5000元的有48个社区，低于1万元的有26个社区，二者合计达到41.81%。这些社区的全民健身的活动经费平均每人每年不到3.5分钱。就那些每年投入2万元以上的社区来说，其活动经费也只达到每人每年5角钱的水平。这说明我国城市社区开展全民健身活动的经费过少。不举行活动和每年只举行一次的社区约占被调查总数的一半。那些举行活动在4次以上的社区以北京市最多，其次是乌鲁木齐市。由此可以看出，有些城市对社区群众体育活动还不够重视，还没有真正地去落到实处。

3.3.5 社区群众体育活动的组织形式

社区群众体育组织有4种形式，分别是：(1)有专人负责、有活动经费、有举办活动的街道办事处一级的社会体育组织；(2)分布于各处的晨晚练辅导站点；(3)营业性的体育健身场所；(4)其他形式。其中有28个社区是以第1种形式为主，有150个社区是以分布于各处的晨晚练辅导站点为主，占被调查社区79.37%，以营业性的体育健身场所为主的只有5.82%。这充分说明目前我国城市社区开展全民健身活动的组织形式是以分布于各处的晨晚练辅导站点，而有专人负责、有活动经费、有活动内容的街道办事处一级的社会体育组织只是很少一部分。分析出现这种情况的原因在于：(1)社区体育经费较少，管理该项工作的人员也较少。(2)受地区经济发展的制约，个别经济不发达地区根本没有能力来组织群众活动。

3.3 参加全民健身活动的参与主体和活动的基本状况

3.3.6.1 社区群众体育活动参与者的性别情况

在被调查的8380人中，男性为4072人，占48.59%；女性为4308人，占51.41%。女性人数略多于男性，其可能的原因是女性比男性长寿，中老年人口中女性比例高于男性所造成的。

3.3.6.2 社区群众体育活动参与者的年龄状况

社区群众体育活动参与者的年龄状况。调查表明，参与活动者的年龄在 19～45 岁者最多，约占 56%；中老年(46 岁以上者)约占 40%。由此我们可以看到一个可喜的变化，就是青年人自觉参与锻炼健身健康意识得到较大提高，中老年人更是主动参加锻炼。

3.3.6.3 参加锻炼者的职业与学历情况

调研表明，参加锻炼者的职业以工人最多，将近总人数的 40%，这部分人最多的可能原因是这部分人的收入偏低。随着医疗制度改革的进行，迫使这一部分人去积极主动地锻炼。公务员占总人数的 20%，这也从侧面说明全民健身工程的实施密切了干部与群众的关系。科教医人员约占总人数的 15%，说明知识分子的健身意识同样得到加强。从参与健身者的学历来看，大学以上学历者约占 40%，大学以下学历者的人数约占总人数的 60%，这也从侧面说明全民健身工程的最大受益者是基层的人民群众。

3.3.6.4 群众每周锻炼的次数和锻炼时间

从参加锻炼的次数看，每周参加锻炼 3 次以上的占总人数的约 65%以上，每周参加锻炼 1～2 次的人数约为 28%，不参加锻炼的人数占 7.59%。每次参加时间的长短。每次活动时间在 30min 以内的占总人数的约 25.7%，每次在 30min～1h 为 38.27%，每次活动在 1～2 h 的人数约占总人数的 28%。综合来看，我国城市社区体育人口比例占被调查者的 65%多，全民健身活动经过几年的推广，城市社区体育人口比例已大幅度提高。

3.3.6.5 群众进行健身时是否需要指导，对社会体育指导员是否应当给报酬

群众进行锻炼时约有 35%的人认为需要有人指导，而另外有将近 2/3 的人认为不需要指导。但在对是否应当给予社会体育指导员一定的报酬方面意见还比较一致，有 72.15%的人认为应当给予一定的报酬，只有 27.85%的群众认为不应当给。对其分析和调查发现主要有以下几个原因：(1)一部分群众害怕增加经济负担，(2)部分群众科学健身的意识还比较淡薄；(3)还有一部分人认为作用不大；(4)一部分群众的体育消费意识比较淡薄；(5)全民健身的宣传还不够深入，(6)有相当一部分群众还是希望得到指导的。

3.3.6.6 对社会体育指导员的指导工作状况是否满意

只有 17.78%的人在锻炼时有人进行指导，而另外有 82.22%的锻炼者是在无人

指导下进行的。这说明存在以下问题：第一，社会体育指导员的数量可能严重不足；第二，社会体育指导员的作用还未发挥出来；第三，社会体育指导员的管理还未走向规范化。从被调查者对社会体育指导员指导工作的满意度看，比较满意的为85.21%，比例还是相当高的。在现场调查中我们对那些选择无人指导的群众进行了现场调查，群众在健身时对缺乏技术指导是不满意的。

3.3.6.7 社区群众每天进行体育锻炼的时间

社区群众每天进行体育锻炼的时间一般是在早晨和晚上，其中早晨进行锻炼的人数达到被调查者的57.58%，晚上约有20%多的人参加锻炼，并且约有4%的人每天锻炼两次。

3.3.6.8 社区群众体育锻炼人数的季节变化

我国城市社区群众参加体育锻炼的人数随季节的变化而变化。春季参加锻炼者最多，占调查对象的60.13%，夏季参加锻炼者的人数为48.27%，秋、冬季逐渐减少，分别占45.5%和34.73%，全年都参加锻炼者为20.9%。

3.3.6.9 群众喜欢的锻炼项目

群众喜欢的项目依次是散步或跑步、小球、综合练习器、骑自行车、游泳、大球、健身路径、太极拳、养生气功和健美操。分析群众喜欢这些项目的原因有以下共同点：这些项目都是花钱相对较少，场地器材比较简单，易于开展，有些项目甚至不用任何器材就可开展。例如，健身路径和设施是国家和地方政府投资兴建的，个人只是去锻炼即可，并且这些设施简单、实用、安全，所以深受中老年人的欢迎。

3.3.7 社区全民健身工程中存在的问题和群众的愿望

3.3.7.1 社区（街道办事处）组织体育活动存在的主要困难

社区组织体育活动存在的主要困难依次是经费匮乏、场地拥挤，得不到保证、缺乏技术指导、缺乏统一管理和其他原因。

3.3.7.2 社区体育组织存在的问题

社区体育组织存在的主要问题是辅导站点缺乏有计划的布局和统一管理、社区体育组织较为薄弱、辅导站点分布不均、社区体育指导员的管理体制不健全、缺乏科学有效的锻炼健身方法。分析存在这些问题的原因有：(1)社区缺乏专人负责全民健身工作。(2)社区对全民健身工作不够重视。(3)社区体育指导员的管理工作还不健全。(4)负责全民健身工作的同志的业务还不熟练。

3.3.7.3 群众的愿望

3.3.7.3.1 群众希望全民健身工程设施的配建位置

群众希望全民健身工程设施的配建位置以居民小区的空地上为首选，其次为公园或广场。分析被调查者之所以首选居民小区的空地上，是因为建在此处便于居民随时进行锻炼，特别是方便了中老年人进行锻炼。其次选为公园或广场，是因为此处地方比较大，环境比较优美，人们在此进行锻炼的效果更佳，不便之处在于有部分人距离较远。而后才是专门的体育馆和街道边，选此两项人相对较少。

3.3.7.3.2 未来全民健身工程的主要对象

通过调查发现，有 68.15%的被调查者认为未来全民健身工程的主要对象应该是中老年人，认为是青年人和少年、儿童的，比例差不多。其原因在于：第一，中老年人绝大部分已退休在家，有充分的时间去锻炼身体；第二，子女由于工作或其他原因不能经常陪伴老人，中老年人出去锻炼增加与他人交流的机会，避免了孤独感；第三，中老年人经常锻炼保持身心健康能够减轻儿女的负担。从此看出我国人民重视关心中老年人的身体健康，使他们有一个幸福的晚年，也体现出中国人民尊老爱幼的传统美德。

3.3.7.3.3 群众是否希望每年举行几次健身游戏

对于群众来说，他们 74.40%的人希望社区每年举行几次趣味健身游戏，另外有 19.84%的人认为是无所谓。从此不难看出大多数群众是希望社区每年举行几次趣味健身游戏的，这样做有许多好处：一是可以丰富群众的业余文化生活，二是对全民健身工程工作进行宣传的一种很好的方式，其辐射面较宽，三是可以激发群众自觉参加健身活动的热情。

3.3.7.3.4 群众建议进行全民健身工程宣传时采用的方式

群众建议采用的方式有以下几种：(1)全民健身公益广告牌(40.19%)；(2)全民健身宣传画(28.02%)；(3)全民健身咨询(21.36%)；(4)全民健身知识丛书(15.27%)；(5)全民健身宣传小册子(10.28%)；(6)其他形式(广播电视互联网等媒体，5.37%)。

4. 总体评价与发展对策

4.1 总体评价与问题

我国城市社区全民健身工程为我国城市社区的精神文明建设和健康向上的文化休闲活动增添了新的内容和载体，利国利民。但由于涉及的面积大，面对的人群多，配建过程中还有不尽人意的地方。

4.2 发展对策

4.2.1 确定我国城市社区全民健身工程的发展目标

按照国家体育总局的计划，到2000年将完成全民健身一期工程，并将开始布置全民健身二期工程。从目前全民健身工程的配建现状看，一期工程的第3批设施正在建设之中，其资金总投入将超过1亿元。那么第3批全民健身工程设施配建完成之后，即一期工程结束时，我国城市社区的全民健身工程将达到近2000个，总的资金投入将达3.5～4亿元。根据全民健身一期工程的基础，我们建议在全民健身二期工程终了(即到2005年)，我国城区社区全民健身工程的发展目标可定为：总资金投入10亿元，工程数量4000～5000个。如果达到这一目标，利用全民健身工程进行身体锻炼的群众人数将达到城市人口的10%～20%，也就是说经常利用全民健身工程进行身体锻炼的群众数量将达到2～2.5千万人，基本上可以满足城市社区群众的锻炼设施问题。

4.2.2 加快全民健身工程相关政策法规的建设

进一步建立和完善全民健身工程的配建，使用、管理、建后服务的政策法规建设，尤其是要加大对国家投入资金的匹配规定的落实情况的监督、检查和相应的督促执行和奖罚对策。同时要总结一期工程的经验、教训，逐渐建立健全全民健身工程资金投入的科学渠道。在中央政府和地方政府为资金投入主渠道的前提下，鼓励和引导各方面资金流入全民健身工程的建设，加强和发挥社会办公益体育设施的补充作用。

4.2.3 加强全民健身工程相关软件与活件的同步建设

在全民健身工程硬件建设的同时，要加强、加快相关软件与活件的建设。从我们的调研中发现，在政府花大力气投入巨资修建全民健身工程的过程中，相关软件(如锻炼方法、组织形式、游戏竞赛活动等)和活件建设(如社会体育指导员等)严重滞后，从而导致了修建的健身工程不能最大限度地发挥应有的作用。因此，应该进一步加快建设城市社会体育组织，提高体育组织管理人员的素质，利用健身工程设施开展内容丰富的游戏和竞赛活动。同时，加强城市社区体育指导员的培养、培训的力度，在数量和质量上都应该有一个大的发展，以适应全民健身活动的不断发展的需要。

4.2.4 针对目前我国全民健身工程建设中出现的东西部发展不平衡的问题

逐步转移部分资金，加大对西部和经济落后地区的投入，重点帮助西部或经济相对落后的地区修建一批健身设施，并在政策上给予较为优惠的待遇。

4.2.5 加快完善社会基层体育组织，引入资金开展丰富多彩的全民健身工程的游戏竞赛活动。以活动促进群众锻炼的积极性、自觉性，以活动扩大锻炼的人群和体育人口，在组织群众性活动之中，要动员全社会的力量来筹措资金，使之向科学、有序、合理的方向发展。

4.2.6 加强全民健身活动宣传的力度。

参考文献（略）

该文发表在《体育科学》2001 年 2 期，人大复印报刊资料《体育》2001 年第 05 期全文转载，下载 1775 次，引用 362 次。

全民健身路径锻炼方法与游戏竞赛规则的研制

1. 前言

1.1 全民健身路径产生的背景

1994 年 3 月，经国务院批准，原国家体委向全国发行体育彩票，以支持我国体育事业的发展。1995 年 6 月，国务院颁布了《全民健身计划纲要》，表明了我国政府对于全民健身、健体的高度重视。随着政府的积极支持，各种新闻媒体的大力宣传报道，近几年在全国各地各级体育主管部门的组织下，全国掀起了全民健身的热潮，拥有一个健康的身体已经成为人们的共识。为了贯彻、落实《全民健身计划纲要》，充分发挥体育彩票“取之于民，用之于民”的公益作用，原国家体委决定，将 1996 年度体育彩票公益金（原国家体委提存部分）的 60％用于实施“全民健身计划”，主要在城市社区中配建一批群众体育活动场地、设施（简称为“全民健身工程”），这是我国全民健身路径产生的历史背景。

1.2 研究的目的与意义

资料表明，近几年全民健身路径对城市社区体育的发展，对城市居民开展健身活动起到了良好的推动作用，老百姓可以在不花钱或少花钱的前提下进行户外趣味健身活动。随着健身路径的建立和积极推进，吸引了不同年龄、不同性别、不同身体状况的练习者参加体育锻炼，既锻炼了身体，又丰富了老百姓的业余文化生活，并正确引导广大群众进行积极向上，有益于身心健康的体育锻炼，减少或避免了老百姓一些无益于身心健康，不利于社会主义精神文明建设甚至伪科学的活动，同时又培养了新的体育人口。通过调查和群众反映，健身路径对大多数群众来说还是陌生的，很多器械不能充分使用，从而影响了健身路径的多种使用价值和群众的锻炼效果。因此，研究和开发健身路径的锻炼方法，研制出容易操作的简易游戏竞赛规则，是群众锻炼和健身活动中的迫切需要，也是本研究的目的所在。

1.3 我国全民健身路径发展现状

全民健身路径是近几年来才在我国兴起的一种健身活动设施和与之相适应的锻炼方法。在某些国家称“室外健身设施”“健身径”“健身路径”或“多功能健身路径”等，所以，目前统称“全民健身路径”。在我国，全民健身路径是指修建在室外，占地不多，因地制宜，简单易建，投资不大，美观实用，方便群众，老少皆宜，具有科学性、趣味性、健身性的群众公共体育设施，一般由数站（5～20 站不等）组成。从历史上看，我国的群众体育，多是开展传统武术（太极拳）、篮球、乒乓球、羽毛球、游泳、台球、溜冰、网球、保龄球等运动项目，这些运动项目虽然有良好的健身作用，但是它们往往需要一定的条件，如他人的技术辅导及场地、器材，经济上有较高消费的限制，这从一定程度上难以使全民健身锻炼在群众中得到更大范围的普及和推广。全民健身路径一般安装在居民生活小区或距小区较近的地方，老百姓锻炼身体方便、易到，健身路径具有站位多、练习方法多，可以利用不同器械锻炼身体的不同部位且简单易学的特点，同时，健身路径集练习的科学性、趣味性和竞争性于一体，能够吸引更多的老百姓参加健身运动。这些特点可以很好地弥补以上锻炼方法的不足，使老百姓的健身活动更加丰富多彩，从而也使健身路径成为人民群众较便利、科学地锻炼身体的有效措施之一。

全民健身路径在国外已开展多年，并且有较好的社会效果。我国的全民健身路是 1996 年开始修建的。1996 年 9 月在广州天河体育中心建成我国第一条健身路径（当时称“多功能健身路径”），投入使用以后，收到了良好的社会效应。以北京市为例，从 1998 年第 1 条健身路径修建至今，已有 130 余条健身路径在各机关大院和社区及公园建立起来。根据国家体育总局的规划，2001 年还有 20 余条健身路径将延伸到北京市各城区。自 1999 年 8 月在北京建国门健身乐园安装了健身路径后，每天来这里健身、锻炼的人数超过 3000 人次。

1997 年，随着全民健身活动的蓬勃发展和实际需要，国家体育总局开始实施“全民健身工程”。截至 1999 年 12 月，全国建成了全民健身工程近千个，其中，全民健身路径近 2000 条。随着全民健身路径在广大群众中迅速普及与发展，不仅密切了体育部门和人民群众之间的关系，而且使得广大群众知道了体育彩票的用途，即“取之于民，用之于民，取之于社会，用之于社会”。1999 年，全国已有部分省（市）开始组织和举办全民健身路径的比赛，例如天津市于 1999 年 6 月举办了“特利普杯”健身路径家庭运动会；山东省于 1999 年 6 月举办了“英派斯杯”全省城市先进社区健身路径比赛等等。尽管比赛的规模不大，但社会影响很好，吸引了许多群众，也对全国其他省（区、市）产生了良好的示范效应。

2. 研制方法及研制过程

2.1 研制方法

本文采用了文献资料法、实验研究法、调查访问法以及专家访问法。

2.2 研制过程

整个研制过程分为 4 个阶段：

第 1 阶段的主要任务：(1)组成研制小组，制定和确定研究方案。(2)收集和查阅有关资料；通过因特网查阅国内外有关信息；了解全民健身路径的器械特点、功能；进行理论设计。(3)现场调查，现场设计，小样本试验，整理和统计实验数据，形成探索性研究成果。

第 2 阶段的主要任务：全民健身多条路径的方法与规则研制，较大样本试验，完成第 2 研究成果。

第 3 阶段的主要任务：征求有关专家和部分省（区、市）体委群体处的意见，修订锻炼方法与游戏竞赛规则。

第 4 阶段：请有关专家审定，报送有关主管部门审批。

3. 结果与分析

3.1 全民健身路径各站锻炼方法及各种路径的设计原则

全民健身路径由不同站组成，各站均有其不同的特点。在对各站锻炼方法和路径设计时，我们根据器械和不同群体的特征制定了以下原则：

1. 科学性原则。所有练习均有明确的锻炼目的和锻炼的理论依据。

2. 实用性原则。所设计的动作与路径都使得老百姓在实际锻炼过程中感到简单、易学，并能很好地锻炼身体。

3. 趣味性原则。所有练习既要能起到锻炼身体的作用，又要求练习的器材及方法具有一定的新意和多样性，能够吸引老百姓参加锻炼。

4. 安全性原则。所有练习方法及练习负荷都要符合各个锻炼群体的生理、心理特点，以避免做不切合实际的练习而受伤。

5. 锻炼群体的差异性原则。锻炼身体的人存在着年龄、性别、身体状况等方面的差别，因此，在所有练习动作及路径设计当中，要充分考虑不同人群的特点。

3.2 全民健身路径各站的锻炼方法研究

根据以上原则进行了健身路径各站动作的设计。首先，在每一站动作的设计过程当中，根据锻炼群体的差异性原则，按不同年龄、性别分组，有针对性地进行动作设计。根据年龄的科学分组法，17 岁以下为青少年组，18～35 岁为青年组，36～55 岁为中年组，56 岁以上为老年组；性别为男性和女性。每一站我们尽可能地挖掘其基本的锻炼功能和方法，充分利用有限的健身器材以满足不同性别、不同组别锻炼者的需求，尤其是对一些使用率较高的器材有重点地进行了功能的开发。动作设计完毕之后，在已安装了健身路径的小区进行实地实验和调查研究，并在北京体育师范学院培训了一部分学生，分派到部分安装有健身路径的公园和小区进行现场实验、指导和问卷调查。调研数据经统计整理，制定了路径各站不同锻炼方法的评价标准。

3.3 各种全民健身路径的锻炼方法的研究

所谓健身路径，就是由不同站组成的较系统的锻炼身体的方法，其中，每一站是 1 种器械。我们根据以上几项原则并从群众的实际情况出发，依据不同的年龄、性别、身体状况制定了不同的锻炼路径，尤其是对老年人和妇女进行了有针对性地路径研究，以满足这两个群体的特定要求。我们还根据人体身体素质的分类，制定出发展不同身体素质的路径，如速度素质路径、力量素质路径、柔韧素质路径、协调素质路径以及综合性路径，这样，就使得老百姓不仅懂得应该怎样练，而且知道练什么，从而使练习的目的更加明确。

表 1　各组路径练习强度

	小强度（20%）	中等强度（40%）	中上等强度（60%）	大强度（80%）
男子少年组	4 站	6 站	8 站	10 站
女子少年组	3 站	5 站	6 站	7 站
男子青年组	5 站	7 站	10 站	12 站
女子青年组	4 站	6 站	8 站	10 站
男子中年组	5 站	6 站	8 站	10 站

续表 1

	小强度 （20%）	中等强度 （40%）	中上等强度 （60%）	大强度 （80%）
女子中年组	4 站	5 站	6 站	7 站
男子老年组	3 站	4 站	5 站	6 站
女子老年组	3 站	4 站	5 站	6 站

表 1 中判定各路径强度的依据是心率值（表 2）。

表 2　不同人群心率与强度关系　（单位：次/min）

		小强度 （20%）	中等强度 （40%）	中上等强度 （60%）	大强度 （80%）
青年	男	84～87	108～114	133～141	157～168
	女	81～85	102～110	123～136	144～161
中年	男	82～84	103～108	125～133	146～157
	女	77～81	94～102	112～123	127～144
老年	男	80～82	100～103	121～125	141～146
	女	75～77	90～94	106～112	121～127

对于不同组别的锻炼群体设定的路径站数不同，如老年人的锻炼强度不宜过大，以中小强度为宜。在设计老年人的各站安排时，安全性应放在首位，如果安排强度过大的路径，则易发生伤害事故，应多以发展柔韧、协调和中小强度的力量素质为主。中年人的锻炼强度可适当加大，以中等强度为主，在各站的安排上，可适当增加站数，以增加锻炼的量，对中年人同样也要把安全性放在首位，仍以发展柔韧、协调素质为主，适当增加力量素质和速度素质。青年组则可增加到大强度，以发展力量、柔韧、协调、耐力、速度等素质为主，可在路径设计中增加趣味性和竞争性的内容，以更好地吸引青年人参加健身路径的锻炼。少年组应把发展协调、柔韧素质放在首位，适当发展力量素质，要在路径设计中增加锻炼的趣味性和多样性。青少年早期身体各器官正处在生长发育时期，此时不宜进行大强度的力量训练，而多进行协调、柔韧、耐力等素质的锻炼对青少年早期身体发育有较大的好处。在设计路径时，我们充分考虑到男、

女性别差异,以及女性和老年人这两个特殊锻炼群体,根据各自不同的生理及心理特点,设计了不同的路径,以满足其锻炼的需要。我们在实地调查中发现,路径锻炼方法比较受老百姓欢迎。竞争是人们的天性,无论老人或小孩,而成年人和青年人更是如此。因此,在健身的同时,也融进一定程度的竞争,使得健身路径更具魅力。在制订评价标准时,我们考虑到群众健身的实际情况,根据问卷调查的结果,制定了弹性范围较大的评价标准,即锻炼效果的上限和下限,供老百姓锻炼时参考。

3.4 现场调查研究

在研制过程中,在部分公园、小区和国家机关对参加锻炼的群众进行了现场实验和问卷调查。共发出问卷 8450 份,回收 8148 份,回收率 96.43%,有效问卷 8053 份,有效率 95.3%。调查结果发现,参加全民健身活动的人群以老、中、青三个年龄段为主体;参加路径锻炼的中老年人居多(90.67%),青年人占 9.33%,其中,男子 51.92%,女子 48.08%。

表 3 参加全民健身路径锻炼的群体基本情况调查

	性别(%)		职业(%)						文化程度(%)			每周	每次
	男	女	职员	工人	教师	医生	军人	其他	大专	中专	中学	(次)	(min)
青年	9.23	9.43	52.14	25.23	13.29	2.37	2.63	4.34	57.14	14.29	28.57	3.3	36
中年	33.41	33.94	51.44	21.12	9.42	8.57	4.29	5.16	55.71	24.29	20.00	5.0	90
老年	57.36	56.63	68.41	11.05	6.40	3.45	4.17	5.54	63.79	12.07	24.14	5.3	96

表 4 参加全民健身路径锻炼群体的年龄调查

	男(人)	女(人)	(%)
青年(18～35 岁)	386	365	9.33
中年(36～55 岁)	1397	1314	33.66
老年(56 岁以上)	2398	2193	57.01
总计 8053 人	4181	3872	100%

我们认为,参加路径锻炼的中老年人明显多于青年人的主要原因有以下几点:(1)随着人的年龄的增长,人体机能会逐渐下降,身体就会受到疾病或潜在的疾病侵害,因此,大多数的中老年人健康意识较强。(2)中老年人对健身要求不太苛刻,以锻

炼方便及练习方法简单、实用、易学,同时花费较少为原则,而健身路径的特点基本能满足中老年人对健身的要求。(3)老年人的闲暇时间较多,而青年人的保健意识较中老年人差。此外,由于现在娱乐方式的多样性,青年人对体育锻炼的要求也不同于中老年人。青年人往往是把体育健身、社交、娱乐融于一体,这也是影响青年人参加室外路径锻炼的一个主要原因。

从职业上分析,三个年龄段中职员人数最多,这与职员长期坐办公室工作,平时缺少身体锻炼尤其是室外锻炼有关。其他职业的工作人员也存在不同程度地缺乏室外锻炼身体的情况。从表3可以看出,参加路径锻炼的大专以上学历的人数较多,其次是中学文化程度的人,再其次是中专学历的人。我们认为,高学历和较高学历人群的健身意识较强,这与这些人受教育的程度、对体育的认知态度养成的体育健身习惯有关;而中学和中专学历文化程度的人群参加锻炼的人数比例相对较低,说明在中、小学时期形成的正确的体育价值观和终身体育的习惯还需要进一步加强。

通过上述的调查分析可以看到,人们对健康的认识已不再局限于被动的,即有病才去医院看病的层次,而是采取更加积极的方式,即注重平时科学的身体锻炼甚至花钱买健康,这相对于以往的有病吃药的认识已有了根本性的变化。通过现场的调查可以看出,坚持平时参加路径锻炼的老百姓日渐增多。有关资料表明,随着全国各地掀起健身热潮,现有的健身路径设备已不能满足老百姓的需要,因此,加快这方面的工作,对推动全民健身工程在全国的顺利开展有着积极而重要的意义。

在现场调查中,我们也征求了广大练习者对健身路径设备、练习方法、比赛规则等方面的意见,归纳如下:(1)器材少,场地少且地面硬;(2)厂家对器材的维修不到位;(3)器材的表面是油漆制成的,比较滑,具有一定的危险隐患;(4)政府对全民健身路径的宣传力度不够大;(5)没有专业人员的指导;(6)器材、设备的开发仍显不足,有些器材老百姓想到了,但厂家却没有开发、生产。在现场调查中还了解到,群众非常欢迎锻炼时有专人进行指导,但目前我国的社会体育指导员无论是数量上还是质量上均不能满足人民群众日益增长的健身需要。

3.5 全民健身路径各种规则的研究

在制定全民健身路径的各种规则时,应充分考虑到健身路径的特点,即站多,每一站的锻炼方法多,路径多,而老百姓对于各种锻炼方法及各种各样的路径又知之甚少,这无疑都增加了制定规则的难度。在制定各站的锻炼方法时,我们查阅大量的文献资料,又根据实验数据得出各站的每一种锻炼方法的评价标准及动作的评价方法。

我们从时间、规格、次数、强度方面来衡量锻炼的效果。在制订每一条路径的规则时，首先根据路径的目的来确定。如对于速度性路径，采取以时间的多少为胜负的评判标准，其中的某一站犯规，则扣除相应的时间，最后以时间多少论胜负。而对于力量性路径来讲，主要是以次数的多少为胜负评判标准，规则主要是动作的规格要符合要求。对于综合性路径，我们根据实际经验，本着简单、实用的原则，一般以时间多少为判定胜负的标准。值得注意的是，涉及到动作的规格，必须按照要求严格执行，作为裁判员必须注意这一点。在研制规则时，我们综合和吸纳了许多来自群众性竞赛的实用性和可操作性强的经验，同时，还考虑到实施对象的不同，规则也应具有一定的灵活性。因此，本规则的弹性较大，重要的是在比赛中为群众提供基本的规则依据。由于规则的制定应根据器材的实际需要及锻炼方法的不同进行，而目前全民健身路径的竞赛很难有统一的器械。因此，在使用过程中可以根据不同器械、不同情况做出相应的调整和变化。

4. 结论与建议

4.1 结论

1. 本研究探索了全民健身路径科学的锻炼方法及其理论依据，并在实践中进行了验证和总结，对建立全民健身路径的科学理论体系具有一定的参考价值。

2. 研制开发的各种锻炼方法及规则具有较强的科学性和良好的可操作性，具有实践和推广价值。

3. 通过本项研究，可以了解到我国全民健身路径在各地的开展情况，对于预测其未来发展趋势具有参考价值。

4. 在本研究过程中发现了全民健身路径发展中存在的一些问题，如有些器械的设计有待改进；器材损坏和维修；器材的更新换代；社会体育指导员的数量和质量跟不上全民健身活动的快速发展等。因此，必须加快全民健身工程的理论、实践以及相应和相关领域的研究。

4.2 建议

1. 政府体育主管部门应进一步加强资金投入，从客观条件上满足广大群众日益增长的体育锻炼需求，还要加大各种新闻媒体对全民健身活动的舆论宣传，以提高全民族的健身意识。

2. 健身器材生产厂家应密切结合广大老百姓锻炼身体的实际需要，生产出更多品种规格的健身器材。

3. 加大全民健身活动的宣传力度，强化人们的健身意识，组织体育专业人士深入社会广泛宣传健身知识，不断提高人们的自觉健身意识。

4. 各站、各种路径的锻炼方法是我们根据现有的健身器材的功能而研制开发的，并在实践中吸收和采纳了群众的建议，受到好评。但由于群众健身器材的不断变化和发展，其健身方法必定会愈来愈多，我们希望以上研制开发的各种锻炼方法能为全民健身路径的发展和推广提供可行的思路。

参考文献（略）

注：该文发表在《中国体育科技》2000 年 6 期.（原文作者：李相如，凌辉，王庆伟，刘建通，王宏，晓敏，高元义。下载 569 次，引用 92 次。

关于我国两种社会体育指导员制度的比较研究
——兼论构建中国社会体育指导员制度体系的设想

1. 研究目的

我国的《社会体育指导员技术等级制度》（以下简称《制度》）是 1994 年 6 月 10 日开始施行，截至 2003 年底，我国社会体育指导员人数达到 325502 人。2001 年 8 月国家劳动与社会保障部颁布了《社会体育指导员国家职业标准》（以下简称《标准》），标志着我国社会体育指导员的职业化进程迈入了实质性发展阶段。但自《标准》颁布后，在实际的运行中出现了诸如处理《制度》和《标准》之间的关系、《标准》是否取代《制度》、两者概念界定和思想认识、实际操作和实施中的交叉和分界等一些问题，在社会体育指导员发展中出现了一些认识上的分歧和混淆，使社会体育指导员发展工作受到一定的影响，亟待理清认识，统一思想。本文就此问题进行研究。

2. 研究方法

本研究主要采用文献资料法、比较分析方法、逻辑分析方法等。

3. 研究结果与分析

3.1 建立我国两种社会体育指导员制度的背景与意义

我国现有的社会体育指导员制度包括《制度》和《标准》两个部分。《制度》是在我国改革开放和开始建立社会主义市场经济条件下，为适应全民健身事业的发展由原国家体委颁布的。《中华人民共和国体育法》和《全民健身计划纲要》对实施《制度》已给予明确的确认，在实施《全民健身计划纲要》的工程中，始终把实施《制度》作为一项重要工作。

《制度》建立的历史背景是改革开放带来的我国经济的快速提升、人民群众生活水平大力改善、生活方式转变以及我国社会发展力量的必然推动，要求社会体育向提高群众体育活动和锻炼的科学化方向迈进。而当群众体育活动和锻炼的热情高，但缺乏具有体育科学知识和熟练掌握、运用体育运动技术技能的人员进行指导，呼唤“一大批掌握体育科学知识和熟练体育运动技术技能，能够组织开展群众体育活动的志愿者和指导者”，是时代的迫切需要和最强烈的声音。

通过《制度》的有效实施，我国的社会体育指导员队伍从无到有，从小到大，数量逐渐壮大。同时国家和各级体育部门一手抓社会体育指导员数量的生产，一手抓社会体育指导员思想品质和专业素质的提高，使我国广大社会体育指导员的总体质量和指导水平日益增进。《制度》的有效实施，使我国社会体育指导员作为发展我国体育事业、增进公民身心健康、提高生活质量、建设社会主义精神文明的一支重要力量走向了社会，走进了群众性体育活动的各个场所，开始承担起指导人民群众进行科学、向上、健康的体育锻炼和活动的重任。《制度》的有效实施，顺应了时代发展的潮流，提高了群众体育发展的质量，适应了社会体育实践工作提出的新的要求，对促进我国全民健身事业的发展起到了十分重要的作用。

进入 21 世纪以来，随着我国社会主义市场经济改革的深入和全民健身工作的快速发展，现有的社会体育指导员等级制度的内涵已经难以完全满足社会发展的需要。为此，国家劳动和社会保障部于 2001 年 8 月颁布了《标准》。《中华人民共和国职业分类大典》将我国职业分为 8 个大类，66 个中类，413 个小类，1838 个细类（职业）。“社会体育指导员”的职业编码为：4-04-03-01，属于第四大类、第四中类、第三小类。“大典”的建立为我国职业标准化工作的开展奠定了基础，并为我国各行业制定职业标准提供了理论依据。

《国家职业标准制度技术规程》（劳动和社会保障部颁布）要求职业的定义依照《中华人民共和国职业分类大典》的规定进行确定。因此，《标准》中“社会体育指导员”的职业定义、从事的主要工作范围都有其自身的特征和要求。

《标准》是对《制度》中从事经营性指导活动的社会体育指导员职责标准的具体规范，是对《制度》的进一步发展、补充和完善，同时《标准》中的社会体育指导员属于国家认定的职业大典中的一个工种。《标准》的颁布与施行，标志着我国的社会体育指导员工作向职业化和正规化迈出了可喜的重要一步，使社会体育指导员成为国家正式职业之一，并将《标准》中“社会体育指导员”纳入国家职业体系统一管理，从而使我国社会体育指导员体系更为完善，更具社会发展的适应性要求。

《标准》的颁布与施行有如下重要意义：标志着我国的社会体育指导员工作向职业化和市场化迈出了重要一步，使社会体育指导员成为国家正式职业之一，把社会体育指导员工作推上了一个新的台阶；职业标准是衡量劳动者技术水平和工作能力的重要尺度，是职业培训的依据，是劳动管理科学化和提高劳动者素质的重要基础、措施；标志着我国所开展的社会体育指导活动由过去相对单一的公益性工作，变为了公益性和职业性共同服务社会体育的工作；标志着国家丰富社会体育人力资源、加快与市场经济接轨起到了积极的推动作用，同时也为保障人们从事健康、有益的体育活动提供了法律依据；《标准》是体育系统由国家颁布的职业标准，它的颁布必将积极促进体育从业者的专业素质，提高服务的质量，促进社会体育指导员工作走向规范化、法制化，同时，也将为体育系统从业人员走向职业化提供借鉴与促进作用。

3.2《制度》与《标准》的区别与关系

3.2.1 两种社会体育指导员的不同概念界定

《制度》对社会体育指导员的定义：指在竞技体育、学校体育、部队体育以外的群众体育活动中从事技能传授、锻炼指导和组织管理工作的人员。社会体育指导员是我国体育事业和体育产业中的一个重要人才类型，他们与体育教师、运动员、教练员、裁判员、体育管理人员、体育科技工作者一样，承担着一部分体育工作。社会体育指导员技术等级称号分为：三级社会体育指导员、二级社会体育指导员、一级社会体育指导员、国家级社会体育指导员。

《标准》对社会体育指导员的定义：社会体育指导员是指在群众性体育活动中从事运动技能传授、健身指导和组织管理工作的人员。从事的工作主要包括：指导社会体育活动者学习、掌握体育健身的知识、技能和方法；组织人们进行健身、娱乐、康复等活动；协助开展体质测定、监测、评价等活动；承担经营、管理及服务工作。社会体育指导员国家职业标准等级分为：社会体育指导师（国家职业资格二级）、高级社会体育指导员（国家职业资格三级）、中级社会体育指导员（国家职业资格四级）、初级社会体育指导员（国家职业五级）四个级别。

两种社会体育指导员的主要性质区别是：《制度》中的社会体育指导员主要从事

社会体育活动的公益事业，其性质主要是义务从事社会体育的指导工作（也可进行适当的有偿服务），不进入国家系列的劳动管理体系，《制度》在《中华人民共和国体育法》中得以确认，属于国家认定的体育部门法规；《标准》中的社会体育指导员主要从事社会体育的有偿指导工作，其性质是纳入国家劳动服务管理体系，进入社会体育产业市场，主要从事社会体育和全民健身的经营和指导服务。是由国家体育总局依据《中华人民共和国劳动法》进行研制，由国家劳动和社会保障部颁布，属于国家劳动法规。

3.2.2 两项制度的作用和相互关系

《制度》中的社会体育指导员的社会作用，概括起来主要有以下几方面：第一，推动体育事业的全面发展。日前我国社会体育已经成为维护群众身体健康，优化生活方式，提高生活质量的重要内容与方法，是全面建设小康社会的重要组成部分。社会体育指导员是社会体育中重要的人力资源，是落实《全民健身计划纲要》不可或缺的保障因素之一。第二，增进公民身心健康，提高生活质量。社会体育指导员开展的各项社会体育指导工作，直接作用于广大社会群众，为公民增强体质、增进健康、愉悦精神、善度余暇服务，从而在全社会建立科学文明健康的生活方式，不断提高生活质量等方面，都发挥着重要的作用。第三，促进社会主义精神文明的建设。体育是综合性的社会文化活动，是社会主义精神文明的重要内容。社会体育指导员在进行现代体育观念的传播和科学健身知识的普及中，不但能够帮助广大群众强身健体，而且对陶冶群众情操、增进友谊、提高文化修养、树立道德风尚、消除社会体育中的伪科学、积极促进社会主义精神文明建设方面发挥着重要的作用。

《标准》是在市场经济改革不断深入，体育产业日益发展的前提下进行制订的，是对《制度》内容的发展与补充。《标准》的作用：第一，是制定社会体育指导员职业鉴定规范的基础依据；第二，是衡量社会体育指导员职业能力的重要依据；第三，是确定社会体育指导员劳动报酬水平的重要参考依据；第四，为社会体育指导员职业教育培训工作提供依据；第五，为合理利用社会体育指导员劳动资源提供依据。《标准》中的社会体育指导员的作用除了《制度》中社会体育指导员的内容之外，还具有推动体育产业的发展、扩大劳动力市场、增加就业渠道、提升社会体育指导员的职业规范和工作质量等。

21世纪以来，我国社会体育指导员进入了一个新的发展阶段，从目前的情况看，《制度》和《标准》各有其自身的作用和价值，两者之间既有联系又有其自身的发展目的和方向。《制度》和《标准》在新形势出现的一些碰撞，属于社会体育指导员制度建设和发展中的问题。

3.2.3 关于《制度》和《标准》关系的不同观点的分析

目前其观点主要有三种：第一种观点是并轨论。持这种观点的人认为，把《制度》的社会体育指导员逐步并入《标准》的社会体育指导员系列，使我国社会体育指导员合二为一，有利于统一认识，全部推向市场，集中发展，但这种观点在实际操作上很难实现。第一，国家劳动和社会保障部不同意把现有的《制度》中的社会体育指导员正常转为到《标准》之中，必须通过重新培训和考试，进行资格的重新认证。第二，这就会导致现有的社会体育指导员的数目锐减，前些年的社会体育指导员的建设和发展付诸东流，造成巨大的社会体育指导员人力资源和政府、社会的人力、财力、精力和时间的浪费。第三，容易使社会体育指导员的发展受挫。第二种观点是重点论。持这种观点的人认为，保持《制度》的社会体育指导员现有状态，着重发展《标准》的社会体育指导员，在发展中根据全民健身的实际进程逐步解决两者之间最后走向。第三种观点是双轨论。持这种观点的人认为，让《制度》和《标准》的社会体育指导员按其自身的规律和方向分别发展，在发展中根据我国社会体育发展的实际进程逐步解决。从目前的情况看，这三种观点各有利弊。笔者认为建立我国社会体育指导员制度体系，把《制度》和《标准》纳入到一个整体的系统中是可行的。

3.3 建立我国社会体育指导员制度体系的构想与分析

3.3.1 现阶段可以《体育法》《劳动法》《中共中央、国务院 8 号文件》为依据，由国家体育总局会同国家劳动和社会保障部构建“中国社会体育指导员制度体系”，制订相应的实施办法和管理细则。“中国社会体育指导员制度体系”包括《社会体育指导员等级制度》和《社会体育指导员职业资格标准》两大部分，在“中国社会体育指导员制度体系”的框架内按不同的目标、性质、服务对象、运行规律、发展速度和规模以及管理模式进行发展。

3.3.2 构建“中国社会体育指导员制度体系”的条件已经逐步成熟。一方面在人民群众广泛兴起的健身活动中，社会体育指导员的公益服务的社会形象已经树立，发挥他们的社会价值，使他们的无偿报酬成为一种能赢得社会认可的无形价值。在这一方面《制度》将起到主要的作用。另一方面，随着我国社会主义市场经济的快速发展和日益深入，社会体育指导员进入劳务市场的时机已经逐步成熟，在市场经济的发展中，探索我国社会体育指导员在职业性道路上的规律、途径、方法和措施已经是摆在我们目前的紧迫任务。《标准》的颁布和实施将为社会体育指导员的职业发展创造条件和机遇。

3.3.3 建立中国社会体育指导员制度体系，整合《制度》和《标准》，将对加快我国社会体育指导员数量的发展和质量的提高起到重要作用。一方面可以加快《制度》社会体育指导员工作的步伐。目前我国拥有各级社会体育指导员约 325502 人，与总人口之比约为 1∶4000，在数量上相对值差距很大（2010 年我国社会体育指导员建设的发展目标为 60～65 万名）；另一方面《标准》颁布和实施后，其试点和推广工作相对滞后，与日益发展的体育健身市场对职业社会体育指导员的需求不相适应。

3.3.4 我国自 1994 年公布《社会体育指导员等级制度》至今，已经在社会体育实践中有了 10 年的发展经历，社会体育指导员的人数已达 325502 人，应该说在较短的时间内取得了重大成绩，并且已经形成了在群众体育活动中不可或缺、赖以支撑的一股十分重要的力量。但目前获得社会体育指导员资格者缺乏相应组织机构的管理，在体育指导员的使用、再培训和提供新的信息资料等方面都缺乏一种自我发展、自我完善的组织网络。因此，需要在建立中国社会体育指导员制度体系的基础上，在适当的时机建立中国社会体育指导员协会，各省、市、地、县亦可成立相应协会，动员社会力量，吸纳多方人才，建立社会体育指导员组织，引导群众体育沿着科学、健康、积极的人生态度向前发展，推动我国社会体育指导员事业的进一步兴旺发达。从目前我国社会体育指导员发展的实际看，建立中国社会体育指导员协会的条件已经具备，时机基本成熟。

3.3.5 构建中国社会体育指导员制度体系，有利于加大对社会体育指导员队伍建设的资金投入，达到加强对现有社会体育指导员的培训和培养力度。建议由政府体育部门每年拨出一定数目的专项经费（建议把体育彩票的部分公益金）用于对现有社会体育指导员（《制度》）的培训、知识更新和再培训工作，提高我国社会体育指导员的体育知识水平、专业技能和群众体育活动的组织管理能力。同时建议由国家体育总局申请一定数量的体育彩票公益金作为《标准》试点的启动资金和推广初期的扶持资金，加快我国职业社会体育指导员的发展步伐，满足体育健身市场对专业和职业社会体育指导员的需求。

4. 结论

4.1 我国现有的社会体育指导员制度体系包括《制度》和《标准》两大部分。在社会体育指导员制度体系内，这两项制度各有其自身的发展目标、性质、服务对象、运行规律、发展速度、规模以及管理模式。《制度》和《标准》在我国社会体育发展进程中都发挥重要作用。

4.2《制度》与《标准》对社会体育指导员的主要性质区别是:《制度》中的社会体育指导员主要从事社会体育活动的公益事业,其性质主要是义务从事社会体育的指导工作,不进入国家系列的劳动管理体系;《标准》中的社会体育指导员主要从事社会体育的有偿指导工作,其性质是纳入国家劳动服务管理体系,进入社会体育产业市场,主要从事社会体育和全民健身的经营和指导服务,进入国家系列的劳动管理体系。

4.3 由政府体育部门申请一定数目的体育彩票公益金,来加快发展我国社会体育指导员的数量和提高质量;同时建议由国家体育总局申请一定数量的体育彩票公益金作为《标准》试点的启动资金和推广初期扶持资金。

4.4 社会体育指导员无偿服务在我国现阶段的全民健身活动中应该是主流的。随着我国社会主义市场经济的快速发展和日益深入,在市场经济的发展中,探索我国社会体育指导员在职业性道路上的规律、途径、方法和措施已经是摆在我们目前的紧迫任务。

4.5 组织相应专家对我国社会体育指导员制度体系进行专项研究,以形成具有中国特色的社会体育指导员制度体系,为我国社会体育的跨越式发展提供政策和法规保障。建立中国社会体育指导员协会的条件已经具备,时机基本成熟。

注:该文发表在《体育科学》2005 年第 3 期,下载近 1440 次,引用 137 次。

我国社会体育指导员发展的动力与平衡机制探讨

我国目前的社会体育指导员在性质上可以分为两种,即公益型和职业型,公益型社会体育指导员又可分为两类,即组织管理类和技能指导类。十余年来,我国社会体育指导员快速发展,积极服务社会,取得了重要的成果。但我们也看到,社会体育指导员发展中既显示出了强劲的推动群众体育发展的动力优势,也表现出了诸多失衡的弊端以及由于平衡机制缺失而显现出的问题。因此,本研究采用文献资料法、逻辑分析法等方法进行研究,以建立我国社会体育指导员适度的动力和平衡机制,处理好发展动力与平衡协调的相互关系，为我国社会体育指导员进一步健康、科学、和谐的发展提供理论依据和实践参考。

1. 我国社会体育指导员发展的动力机制探讨

动力机制是事物赖以运动、发展、变化的不同层级的推动力量，是它们产生、传输并发生作用的机理和方式。社会发展的动源在于经济力、政治力、文化力三个动力子系统的内部矛盾及其相互作用。我国社会体育指导员能够得到快速的发展，主要的原因，在于具有良好的动力机制的推动。

1.1 经济推动力是社会体育指导员发展的核心动力

我国社会体育指导员十余年来得以快速的发展，其根本原因和核心动力是我国社会经济力推动的结果。

改革开放以来，我国生产力水平提升很快，2007 年人均 GDP 已经突破 2400 美元，全民健身的需求显示出越来越迫切的时代呼唤。我国 1994 年开始施行《社会体育指导员技术等级制度》(以下简称《制度》)，2001 年国家劳动与社会保障部颁布了《社会体育指导员国家职业标准》(以下简称《标准》)，社会体育指导员从无到有，规模从小到大，据国家体育总局相关统计结果表明，目前我国社会体育指导员已经拥有近 50 万人的规模。社会体育指导员遍及祖国的大江南北、城市社区和乡镇村庄。经济水平发展越快的地区，对社会体育指导员的需求量越大，要求越高。据统计，仅北京、上海、江苏、广东、浙江的社会体育指导员就近 15 万名。目前我国经常参加体育锻炼的人数占总人口(7～70 岁)的 33.93%。在一些经济发达地区，全民健身活动已经融入了市民生活起居当中，成为人们追求的一种崭新的生活方式。崇尚健身，广泛参与体育活动，已经成为新世纪、新生活的标志和社会时尚。经济的快速发展，为社会体育指导员走社会化和市场化相结合的道路创造了条件和实际可能性。从 2005 年开始，职业社会体育指导员开始走向群众体育健身市场，而且受到各种健身市场的极大青睐和健身群众的热切期盼。社会体育指导员的运行机制也在向社会化和市场化的方向发展。我国社会经济的发展，尤其是社会主义经济力的不断增强，也加速了群众体育从福利型向消费型转轨的步伐，同时也为社会体育指导员积极向职业化方向迈进提供了可能。近几年来，为数不少的社会体育指导员勇于探索市场经济条件下的群体指导规律，受到了市场经济大潮的洗礼，取得了宝贵的实际经验，更为重要的是，他们代表着我国社会体育指导员改革的前进方向。

1.2 政治推动力规定了社会体育指导员发展的基本方向

政治结构作为社会的上层建筑，主要有国家权力、政治法律制度和实施机构等。政治，特别是作为政治核心的国家权力、制度与结构设施，是经济的集中表现，它应当以促进经济和社会各项事业发展、维护人民的生存与发展权利为总体目标。为了达成这样的总体目标，不仅要对社会实施控制、管理、整合，还要为经济、社会的发展提供政治资源和政治动力。

我国社会体育指导员之所以快速发展，其政治推动力首先表现为这项工作是由具有行使国家权力的体育主管机构——国家体育总局来实施控制、管理、执行和推动的。各省市区也是由行使地方权力的体育主管机构——各省(市、区)体育局来实施控制、管理、执行和推动的。其次，社会体育指导员工作之所以快步有序的发展，是因为国家以法律法规的形式和具体条款给予了社会体育指导员以明确的地位。《中华人民共和国体育法》(以下简称《体育法》)和《全民健身计划纲要》(以下简称《纲要》)是推行《制度》重要的法律法规依据。《体育法》规定："国家实行社会体育指导员技术等级制度。社会体育指导员对社会体育活动进行指导"。《纲要》指出："实施《社会体育指导员技术等级制度》，加强社会体育骨干队伍建设"。全民健身二期工程规划指出："加快培养社会体育指导员的步伐，不断扩大队伍，对在营利性体育健身场所从事体育组织和指导工作的人员，逐步实行职业资格证书制度。"中共中央8号文件指出：健全群众体育活动组织，建立社会体育指导工作队伍和社会化的群众体育网络。继续实施《全民健身计划纲要》。党的十六大报告指出：健康素质和构建全民健身服务体系。国家制定社会体育指导员的相关法律法规，为社会体育指导员的发展提供了强有力的权威力、法制力、加速力和道德力。第三，目前我国已有十余个省、直辖市成立了社会体育指导员协会，从而使我国社会体育指导员管理工作机构完成了国家政府主管机构(群众体育司)宏观调控和规划、社会体育指导管理中心和体育行业职业鉴定中心(政府派出的事业机构)实施规范和推动、社会体育指导员协会进行具体管理和执行的基本框架。

1.3 文化推动力对社会体育指导员具有持续长久的发展作用

文化力是社会发展的精神动力。文化对于社会发展的动力作用，是通过影响人的思维方式、价值观念和情感态度得以实现的。我国实施《制度》和《标准》以来，伴随着全民健身活动的日益兴起，群众对科学健身的观念和意识大为改变，科学健身成为当今中国人的重要共识。提高认识、加强领导是我国社会体育指导员发展的重要保证。社会体育指导员诞生以来，得到了各级政府和体育部门领导的高度重视。他们从发展群众体育事业的战略高度，充分认识社会体育指导员的时代价值，把培养社会体育指导员工作作为实施全民健身计划的重要内容和任务来抓，从而保证了《制度》和《标准》的顺利推行。

这一时期群众健身的一个重要特征之一是锻炼者人数多，热情高，但缺乏相应的科学锻炼的知识和方法，十分需要大批有体育锻炼专业知识，能够提供科学指导和技术服务的社会体育指导员。在这种形势下，快速为社会体育培养大批量的社会体育指导员，是群众体育市场的迫切要求。因此，在各级社会体育指导员的培训、审批过程中，坚持既保证培养质量，严格考核和审批制度，又加强培训和组织工作的力度，使我国各级社会体育指导员规模发展和质量提高并举。同时，社会体育指导员在群众健身过程中，用真情感化健身群众、用高超的运动技能折服健身群众、用科学的知识和道理指导健身群众，社会体育指导员与健身群众建立起了良好的互动关系，社会体育指导员不仅成为群众健身的良师益友，而且作为科学健身知识的传播者、技能的指导者积淀了影响久远的大众健身文化。

1.4 社会体育指导员动力机制的运行过程

以适度为目标的社会发展动力机制的运行过程大致有动力源开发、动力转化、动力培育、动力分配、动力反馈 5 个主要环节。社会体育指导员动力机制的运行过程也具有相同的发展规律。

1.4.1 动力源开发。合理需要是社会良性运行的深刻动源。改革开放以来，随着社会经济的快速发展，人们追求更高生活水平和生命质量的需求日益强烈，这种强烈而广泛的需要促使人们参与体育活动和健身强体热情持续高涨。开发社会体育指导员发展的动力源，就是不断激发人民群众的各种健身需要，并将这些需要引导、塑造为合理需要。这种需要是通过激励手段、利益手段和文化手段来实现的。社会体育指导员动力源的开发应当是全面的，表现为引导、培养各个层面的需要，在保证满足群众健身指导层面需要的基础上，引导人们形成持久、健康、科学的高层次的健身需要。

1.4.2 动力转化。我国的社会体育指导员是由于社会发展和群众体育发展的现实需要产生和发展起来的。动力转化环节的功能就是将潜在的动力转换成现实的动力，变成人们为满足需要而从事的社会活动。我国的社会体育指导员由作为社会体育发展的重要因素，在群众健身过程中承担着把科学、健康的运动健身理念和方法传递到群众的健身活动之中。这种把社会体育指导员自身掌握的科学、健康的运动健身理念和方法传授给参与健身和锻炼的群众,实际上是一种把潜在动力的需要转化为群众健身的实际需要,这便构成了需要—行动的转换过程。

1.4.3 动力培育。社会运行和发展的动力不仅需要开发和转换,而且需要培育和维持。动力培育在不同的层面上是有所差别的。社会体育指导员的动力培育主要通过两个层面进行实施的。第一,通过对公益型社会体育指导员的科学培训、技术开发以及教育训练,使其掌握针对群众体育健身的一般性的原理、方法和手段。这一部分的社会体育指导员可以通过一般的培训取得社会体育指导员等级证书;第二,通过对职业型社会体育指导员的科学培训、技术开发以及教育训练,使其掌握针对群众体育健身中的一些特殊的人群和特殊的要求,掌握特殊的方法和手段。这一部分的社会体育指导员必须经过专门的培训,并具备社会体育指导员职业资格证书。

1.4.4 动力分配。社会作为一个系统,不仅要产生、培育和导引出适度的动力,还要将适度的动力配置到社会的每一个领域和部门,充分发挥其推动社会进步的作用。我国社会体育指导员目前在性质上分为公益型和职业型两种,公益型分为三级、二级、一级和国家级;职业型分为初级、中级、高级和指导师级。从目前的情况看,公益型社会体育指导员发展的时间长、人数多,是我国社会体育指导员的主体力量;相对而言,职业型社会体育指导员发展的时间短、人数少,在群众体育指导过程中还没有发挥出应有的作用。因此,加大职业型社会体育指导员发展的步伐,是社会体育指导员未来发展的重点。

1.4.5 动力反馈。动源开发、动力转换、动力培育和动力分配是否为社会体育指导员的发展提供了适度的动力,这些动力是否推进了社会体育指导员事业的良性运行和健康发展,需要通过反馈环节获得信息,进而为动力运作过程输入新的信息。通过这些反馈信息来调整社会体育指导员的动力方向、动力强度以及动力的结合方式,从而最大限度地实现社会体育指导员发展的总体目标。

2. 构建我国社会体育指导员发展的平衡机制的探讨

动力机制与平衡机制,既是对立的,又是统一的。没有动力机制,社会就会陷于僵化、停滞状态;没有平衡机制,社会就会杂乱无章。一个社会的成熟程度,不仅要看这两大机制是否各自都具有良好的性质和功能,而且关键是要看这两种机制能否有机地结合起来,互相配合,协调稳定地发挥其总体的功能。

2.1 我国社会体育指导员发展的不平衡性分析

我国社会体育指导员快速发展的事实是毋庸置疑的,但同时也看到社会体育指导员的发展存在着许多显性和隐性的问题和弊端。其主要的根源在于发展的不平衡性和平衡机制调控的缺失。

2.1.1 社会体育指导员的发展有八个方面的显性不平衡

社会体育指导员各级别之间的比例发展不平衡。目前我国各级别社会体育指导员的构成情况是：国家级社会体育指导员为 0.51%，一级为 8.45%，二级为 31.29%，三级为 59.76%，高级与较高级别的比例过小，还占不到 9%，两种社会体育指导员的发展不平衡。目前，我国公益型社会体育指导员近 50 万人，而职业型社会体育指导员不足 0.3 万人，比例严重失调；公益型社会体育指导员中管理类和技能类两类社会体育指导员的发展不平衡。组织管理类占 36.57%，技能指导类为 63.43%，理想的比例应为 2∶8，比例失调；指导员的现有数量与全国总人口，与城乡体育指导站发展速度不平衡；城乡社会体育指导员发展不平衡。据统计，我国 90% 的社会体育指导员在城市和城镇，农村只有 10%。但中国是一个农业大国，70%的人口在农村，10%的社会体育指导员要指导 70%的农民，几乎是不可能的，这个缺口很大；各省市间发展不平衡，例如江苏、广东各有 40000 余名，青海、海南分别 1000 名左右；东西部发展不平衡，仅东部地区就约占 2/3；少数民族地区的发展不平衡，宁夏仅有 1000 余名、西藏不足千名。

2.1.2 社会体育指导员的发展规模和速度，滞后于全民健身计划的总体进程

《纲要》实施以来，全民健身计划在总体上进程发展很快。据国家体育总局 2004 年对 26 个省(市、区)调查统计，省以下的各级体育社会团体有 6 万余个，团体会员 30 万余个，个人会员近千万个，与 1995 年比，无论是数量还是团体种类都有明显的增长；据不完全统计，到 2004 年我国城乡的体育指导站点超过 20 万个；在健身设施方面，仅健身路径一项国家体育总局和各省市区投资建设的达到 40000 余条；在政策法规建设方面，国务院和国家体育总局出台了一系列法规性文件，各省(区、市)颁布的地方法规较 1995 年前增加约 5 倍。相比而言，社会体育指导员尽管发展较快，但无论从规模上，还是递增的幅度上，还明显滞后于全民健身计划的总体进程。在许多调查和群众反馈上的意见、建议中，几乎都感到社会体育指导员匮缺。有的专家在对全民健身一期工程的调查和相关研究之后，提出“社会体育指导员的数量、规模和质量已经是影响下一步实施全民健身计划二期工程的瓶颈。”

2.1.3 社会体育指导员的培养渠道还不多样，规模发展的潜力还没有发挥

尽管我们已经建立了以八大体育学院为龙头的八个国家级培训基地和各省(市、

区)培训基地、站(点),发挥了培训各级社会体育指导员的主渠道作用,但动员社会的力量,发挥各运动管理中心和单项体育协会培训潜力的能力还很弱。据有关资料报到,日本政府在社会体育指导培训中,充分发挥了不同属性、不同类别、不同级别、不同运动项目的体育社会团体的作用,取得了良好的效果。所以,在这一方面,我们应该还有很多的文章可以做。另一方面,社会上的具有广泛挖掘的潜在社会体育指导员资源还没有开发出来。例如,全国的大、中、小学体育教师有几百万人,全国体育院校、中等体育学院的在校学生至少也有几十万,如果把这部分人群发动起来,那么我国社会体育指导员的规模发展、质量提高都是具有广阔前景的,可以说潜在人力、物力资源很大,问题还是在于要解放思想,要更新观念,要跳出老框框,要解决新问题。

2.1.4 队伍结构还不尽合理,指导率还不够高

从最近的调查结果看,我国的社会体育指导员队伍的内在结构不尽合理,在年龄结构上,40 岁以下的占 37.77%,41～60 岁占 49.89%,61 岁以下占 12.34%。这个数据与 1997 年相比,年龄偏高的问题更为严重。如 40 岁以下下降了近 5 个百分点,61 岁以上的上升了近 3 个百分点;在学历结构上,大专以上文化程度的比例下降了近 10%,中学文化程度所占的比例最高,为 54.56%;在职业构成上,拥有 9 亿农民,真正在农村指导的社会体育指导员只占 10%,农民出身的社会体育指导员只占了 7.08%,这个缺口大得很。要提高社会体育指导员的整体质量,内在结构上要下大力气。我国社会体育指导员的指导率,与 1997 年相比上升了近 17%,达到了 76.85%,这是令人欣喜的。但这一数字与日本的 98%的指导率相比差距还是很大的。在目前我国社会体育指导员数量还远远满足不了社会体育的现状的时候,如果指导率再上不去,就会导致"短缺性资源"的浪费。

由此可见,我国社会体育指导员发展中存在较大的动力与平衡之间的矛盾,也就是说,我们注重了发展的动力机制,但忽视了发展的平衡机制。从而使社会体育指导员的发展出现了问题,遇到了发展的瓶颈。建立我国社会体育指导员发展的平衡机制是当务之急。

2.2 建立我国社会体育指导员发展的平衡机制

平衡机制是事物的各个组成要素和部分之间如何协调相互关系,保持平衡,以有序、稳定状态运行的机理和方式。我国社会体育指导员的发展,只有与社会的经济、政治、文化、生活等各个领域和部分紧密联系、互相协调,才能始终保持有序和稳定的状态。动力机制与平衡机制既相互对立,又相互统一。需要正确把握动力与平衡两

种运行机制之间的关系，既要坚持用发展和改革的办法解决前进中的问题，不断激发社会活力；又要注意发展中各个方面的平衡，做到统筹兼顾。当前，我国社会体育指导员正处在发展的十分重要时期，应当把建立动力与平衡相结合的新机制作为体制创新和深化改革的突破口，从而达到社会体育指导员内部和外部的稳定和谐。

2.2.1 处理好社会体育指导员的动力与平衡的关系

近几年，我国社会体育指导员发展的势头突飞猛进。例如 2003 年底，我国社会体育指导员总量为 32 万，2004 年底突破了 40 万，2006 年近 50 万。这一结果表明，国家和各省市区着重展开优先发展数量的战略，并且取得了重要成果。在这种情况下，应该着重解决上述出现的不平衡问题。应该优先解决社会体育指导员各级别之间的比例发展不平衡、两种社会体育指导员的发展不平衡、公益型社会体育指导员中管理类和技能类两类社会体育指导员的发展不平衡问题，还要特别处理好社会体育指导员数量发展与质量跟进的协调关系。

2.2.2 处理好社会体育指导员发展的宏观调控与分级管理的平衡关系

国家体育总局群体司全面负责对全国两种类型社会体育指导员工作的行政调控和行业指导，制定发展规划和政策法规，协调各种工作和管理关系，对工作过程与结果实施监督检查，并对实施《制度》的公益型社会体育指导员和推行《标准》的职业型社会体育指导员工作进行宏观调控和发展规划的确定。总局社会体育指导中心设立专门部门负责公益社会体育指导员的培训和各项日常管理工作。总局职业技能鉴定管理中心根据劳动和社会保障部《体育行业特有工种职业技能鉴定实施办法(试行)》的规定，综合管理和指导社会体育指导员等体育行业特有工种职业技能鉴定工作。正确处理两种社会体育指导员发展的不同方向、模式、规模、速度和相互关系。

2.2.3 正确处理社会体育指导员发展的内部问题和群众体育需求的外部矛盾之间的关系

2003 年的一场“非典”，在客观上唤醒了更多的群众主动走进体育健身的行列。随着群众体育活动的蓬勃开展，多元化的健身需求使得一般性的健身指导已经难以满足不同阶层和群体的健身和指导要求。群众要求社会体育指导员提高指导的技能水平、现场指导的频数。同时，群众体育健身市场呼唤社会体育指导员职业进程加快步伐。这一时期，职业健身俱乐部、专业健身中心发展的速度很快，对社会体育指导员的需求很大，形成了强大的外部供给失调的压力。因此，一方面要整体提高公益型社会体育指导员的指导水平，一方面要加快职业型社会体育指导员的发展进程。

2.2.4 强化社会体育指导员市场运行规范，理顺发展需要与健身市场无序局面的关系

目前，各类体育指导人员的培训和资格认证工作纷纷展开，地方体育部门、协会以及境外机构都成为发证的主体。证出多门，五花八门，水平良莠不齐，导致社会体育指导员市场运行无序、混乱。由国家相关部门制定出的统一技术标准来规范和考量从业人员，同时建立起有效的监督机制。处理好发展需要与健身市场规则的关系，逐步建立起社会体育指导员市场的准入制度，进一步规范体育健身市场秩序，变“证出多门”到“一证统一”，从而达到保护体育健身消费者和体育服务相关从业人员权益的内在需要。

4. 结语

我国社会体育指导员快速发展的根本原因是发展的动力机制作用的结果。社会体育指导员发展的动力机制包括经济推动力、政治推动力和文化推动力；社会体育指导员发展动力机制的运行过程大致有动力源开发、动力转化、动力培育、动力分配、动力反馈五个主要环节；我国社会体育指导员快速发展的事实是毋庸置疑的，但其发展存在着八个方面的显性问题和三个方面的隐性弊端。这些问题和弊端的主要根源在于社会体育指导员发展的不平衡性和平衡机制调控的缺失。本研究提出了建立我国社会体育指导员发展的平衡机制要处理好的四个关系，即：处理好社会体育指导员的动力与平衡的关系，处理好社会体育指导员发展的宏观调控与分级管理的平衡关系，正确处理社会体育指导员发展的内部问题和群众体育需求的外部矛盾之间的关系，强化社会体育指导员市场运行规范，理顺发展需要与健身市场无序局面的关系。

参考文献（略）

注：该文发表在《天津体育学院学报》2008 年第 6 期，下载近 777 次，引用 34 次。

如何科学地看待“体育人口”

体育人口不像“工业人口”“农业人口”那样，意味着社会职业，准确地说应该是经常参加体育锻炼的人口，这一词最先出现在日本池田胜的《日本、欧美国家体育人口的动向》中。依据日本《体育白皮书》的研究结果认为，西方国家对体育人口的判定标

准有着一定的差异性。日本依据人们参加体育锻炼的频率、持续时间和强度来确定评价人们的参与程度，并用“绝对体育人口”作为名称，其标准是指每周参与 2 次以上，每次活动超过 30 分钟，并且运动强度较强，能坚持一段时间。韩国对参加体育锻炼的人称为“锻炼人群”，不锻炼的人称为“非锻炼人群”。锻炼人群中分为大强度锻炼（即每周≥3 次，每次 20 分钟以上大强度运动）和中等强度锻炼（即每周≥5 次，每次 30 分钟中等强度运动）两个等级。苏格兰将国民每周至少 4 次，每次至少 30 分钟参加体育锻炼称为“锻炼充足”，其余为“锻炼不足”。英格兰，每周至少三天参加 30 分钟中等强度的体育锻炼。美国，每周 5 天以上，每次 30 分钟以上中等以上强度的体育锻炼。由于各国的文化背景不同，所推崇人们参加体育锻炼，评价锻炼的标准是有着一定的差异性的。1997 年我国提出的判定“经常参加体育锻炼”标准是：每周身体活动频度 3 次以上、每次身体活动时间 30 分钟以上、每次身体活动强度中等程度以上（奥运会关于体育人口的解释）。关于这个标准是否合理，本文暂不评论，因为这个标准目前仍然是我国官方和众多学者对“经常参加体育锻炼”的基本评定指标。

体育人口发展的三个阶段

体育人口是社会经济发展到一定阶段的人口现象和体育现象，是一项重要的社会体育指标。体育人口的数量、结构和质量是衡量一个国家社会体育发展水平、社会文明程度和人口素质的重要标志，因此，发展体育人口意义重大。一般来说，一个国家体育人口的发展大致可以分为三个阶段：

第一阶段的重点是发展体育人口的数量。体育人口的数量衡量着一个国家或地区体育事业的发展状况，是大众体育的外在表现形式。一般来说，体育人口数量越多，国家越发达，文明程度越高，科技水平越先进。据 2007 年中国城乡居民参加体育锻炼现状调查公报数据显示，2007 年全国有 3.4 亿城乡居民参加体育锻炼，“经常参加体育锻炼”（每周参加 3 次及以上，每次锻炼持续时间 30 分钟以上，每次锻炼的动强度达到中等及以上）的人数比例为 28.2%（含在校学生）。就以这样的比例与西方发达国家体育人口相比还相差甚远。教育程度偏低，工作压力大，参加体育锻炼时间的缺乏，体育锻炼设施器材的缺失，居民参加体育锻炼缺乏科学的指导，是体育人口数量偏低的主要原因。因此，要发展体育人口数量，这些问题亟待解决。

第二阶段是当体育人口数量达到一定的程度之后应该保持一个基本的常量。体育人口不仅反映一个国家或地区的经济、社会状况，另一方面，经济繁荣与社会进步反过来促进体育人口的发展。随着知识经济时代的到来，科学技术的日益革新，基础设施的日趋完善，国民对健康认识的转变以及社会变革等促使国民有更多的时间，更好的条件从事体育锻炼，从而使那些没有参加体育锻炼而有意愿参加体育锻炼的群体或准体育人口成为标准“体育人口”，体育人口数量将持续增长。但是体育人口数量的发展不是高无止境的，当社会达到高度繁荣，大众体育发展到达成熟期，终身体育得到进一步的振兴时，体育人口数量是保持一个基本的常量的。

第三阶段是提高体育人口的质量，理顺体育人口的结构，发挥体育的社会功能。体育人口，不仅可以作为居民体育参与的计量标准，还包含了参与质量、结构的含义。从某种意义上说，体育人口质量关系到整个民族身体素质和健康状况。目前我国的体育人口结构有三个主要特征：一是体育人口的性别结构。据群众体育现状调查结果显示，2000 年我国 16 岁至 70 岁的城乡居民中，体育人口的性别结构男性占 62.5%，是全国总人口的 11.4%；女性占 37.5%，是全国总人口的 6.9%。男性体育人口占男性总人口的 20.2%，女性体育人口占女性总人口的 15.8%。由此可见男性体育人口明显高于女性。二是年龄结构。年龄结构呈现两端高中间低的“马鞍型”，年龄段为 16～25 岁、26～35 岁、36～45 岁、46～55 岁、56～65 岁的体育人口数量，分别占该年龄段总数的 33.4%、14.4%、12.8%、15.3%、21.7%、22.2%。由上面数据可以看出，青少年与老年人群体构成我国体育人口的主题，而处于中间位置的中年人群体明显低于其他年龄。三是城乡与区域结构。2001 年群众体育调查统计显示：“城镇居民参加体育活动的人数占城镇人口的比例为 50.8%，而农村仅为 26.90%”“在 2000 年，我国东部地区体育人口为 21.5%，中部体育人口为 21.4%，西部体育人口为 8.1%”。由此可以看出，人们参与体育锻炼的积极性从西部、中部到东部呈现依次递增趋势，同时，城乡间体育的差异显著。

从整体上看，提高体育人口质量，理清体育人口的结构，有利于提高国民的身体素质，改善健康状况，有利与弥补体育人口结构的不合理之处，有利于又快又好地发展体育人口，从而发挥体育的健身、教育、社交以及政治、经济等社会功能。从我国目前的情况看，由于社会经济发展的不平衡性，所以总体上虽然还处于第一阶段，但部分先发达地区已经进入第二、甚至第三阶段。

关于体育人口，我国目前存在两大误区。

第一，对大众体育发达国家的体育人口的信息和判断有误。

体育人口是一个国家、地区应掌握的基本人口事实，准确地把握好这个事实对体育社会学研究有着重要的意义。然而，我国早期对国外体育人口的介绍，其许多信息的来源和数据的真实性、科学性都十分不可靠，对我国体育人口的研究和发展产生了诸多负面和盲目追长的影响。例如20世纪80年代就有论文或文献介绍日本的体育人口已经达到总人口的“60%以上”，美国、欧洲的体育人口已经达到总人口的“60～70%”。这是一个误导，甚至可以说是一个谎言！

本人2002年随中国体育社会体育指导员代表团去日本访问时，在日本体育协会看到由日本文部科学省颁布的《终身体育振兴基本计划》。在这个计划中，日本截至2001年，其体育人口只有总人口的35%，发展目标是到2010年把体育人口提高到50%（注：日本体育人口的界定标准为每周参加一次体育锻炼或活动的人，比我国要低得多）。

2007年国家体育总局社会体育指导中心组织考察团去欧洲部分国家和美国、加拿大等国进行考察，由于是国家体育总局的考察团，得到了相关国家体育部门的对口接待，所以得到的信息和数据应该是较为准确的。国家体育总局社会体育指导中心赴丹麦、挪威考察团和加拿大、美国考察团的考察报告关于体育人口的数据如下：

世界大众体育开展的最广泛，在世界影响很大的欧洲国家丹麦和挪威，体育人口分别约为40%和45%，加拿大体育人口约为40%，美国的纽约州约为43%、加利福尼亚州约为45%。所以，从目前世界大众体育发展最好的国家的情况看，体育人口的区间为40～45%，而且这个数据基本上是一个常态性数据。

第二，有盲目追长“体育人口”的倾向。

体育人口是经济和社会发展程度的一个标志，也是制定社会发展规划和进行发展战略研究的一个重要依据。因此增加体育人口成为各个国家和地区工作的重点。值得高兴的是，进入“十一五”发展时期以来，许多省市区的体育政府部门都把“体育人口”作为发展规划的重要内容，说明各地注意到了发展群众体育需要有一支较为稳定的群众体育健身队伍。但同时我们也发现，出现了不少不切实际地过度追求“体育人口”数据的情况，部分地方的“体育人口”规划的数据越来越高，每年都要增长，像追求GDP等经济数据一样，出现了“体育人口泡沫现象”。还有部分地方进行的“体育人口”调查有明显的漏洞，调研人员的素质不够，或采用的方法不当，缺少独立公正的调查机构或研究团队，获取的数据不可能是“真材实料”。

目前出现的盲目追长“体育人口”的倾向，实际上是一种不正确的政绩观作祟。政绩考核的标准主要是所在地方GDP数字，体育人口的发展状况也作为考核内容之一。因此各地官员争相奉行“体育人口主义”，即以增加体育人口为至上目标。

“体育人口”的宏观价值

“体育人口”主要是作为国家群众体育的宏观指标，地区性的“体育人口”指标只是参考性指标。首先，随着改革开放的不断深入，我国人口的流动性越来越大，地区性的体育人口数值也应该是流动或变化的。我国实施改革开放以来，我国的经济开始逐步地从计划经济向市场经济转变，我国的社会、经济、文化和教育等发生了巨大的变化，其中从内地到沿海省份或从农村到城市，人口流动出现了前所未有的高潮。2005 年全国流动人口已达 14735 万人，其中，跨省流动人口 4779 万人。与第五次全国人口普查相比，流动人口增加 296 万人，跨省流动人口增加 537 万人。体育从来都不是游离于社会而孤立向前发展的，社会的每一重大变化，几乎都可以在体育中找到它所带来的“产物”。同样，社会在发展过程中所出现的社会问题，也将会以不同的方式折射到体育中来，巨大的流动人口潮流带给体育的正是区域性体育人口的流动或变化。

第二，体育人口不是高无止境的，发展到一定的阶段后，实际上是一个常态性数值。

作为 21 世纪的社会和体育的关键词，列举为：少子高龄化、信息化、全球一体化、环境、共生社会、地方分权和生活方式多元化。当社会发展到高度文明阶段，体育运动的倾向将从竞争到共生的转移，体育运动不再是青年人的专利，被认为是弱者的残疾人、女性、老年人、低收入者、身体多病者等也都加入到体育锻炼的体系中来。但是体育人口的数量并不是高无止境的，部分人由于思想观念或身体的原因不能或很少参加体育锻炼，例如 70 岁以上的老人比例、残疾人的比例，身体多病不适宜进行体育锻炼的人的比例等。另外，在我国还有相当的倡导“生命在于静止”理念的人的比例等，都限制了体育人口的发展比例。

第三，“体育人口”不仅是个数量问题，而且更重要的还有一个“体育人口”的质量水平和结构合理性的问题。

体育人口质量作为评价体育人口的一个重要指标，其水平的高低主要取决于参加锻炼的内容是否合理，锻炼方法是否科学，通过体育锻炼是否发展体质，提高身体素质等。通过参加合理的、科学的体育锻炼，可以改善运动系统、呼吸系统、消化系统等的功能，从而达到增强体质，预防疾病的目的。另外，通过体育锻炼可以排遣精神、散发心中郁闷，打发闲暇时间。由此可见高质量的体育人口在身体体质上表现得更为强壮，心理上更为健康。

“体育人口”结构主要表现为年龄结构、性别结构、职业结构、城乡结构、地区结构，它是描述体育人口的一个重要内容。体育人口结构的合理性主要体现在各个年龄阶段体育人口的比例、男女体育人口的比例、各个职业体育人口的比例、城市和乡镇体育人口的比例以及各个地区体育人口的比例基本保持一致并相对合理。

从我国当前社会经济发展的情况来看，其基本状况是农民人口依然很多，大量的农民工进城、现代文明病的猖獗、老年化社会的提前到来、基础设施缺乏等都是“体育人口”发展的不利因素。况且，三次大规模的群众体育现状调查的结果都表明，我国“体育人口”存在着明显的结构性问题。

小结

我国“体育人口”的发展，要因势利导，循序渐进。加大政府对群众体育工作的公益性投入，多渠道筹集资金，增加体育场馆的数量及多方位开发健身场地，大力发展国民经济，提高人们生活质量，缩小地区经济差，动员和引导更多的群众参与到全民健身活动之中，扎扎实实的组织和开展丰富多彩的群众体育活动，才能真正提高我国“体育人口”的数量和质量，调整体育人口结构。

参考文献（略）

注：该文发表在《体育文化导刊》2009 年第 5 期，下载近 352 次，引用 14 次。

我国社会体育指导员的发展历程与未来走向

体育是社会发展与人类文明进步的一个标志，体育事业发展水平是一个国家综合国力和社会文明程度的重要体现。改革开放 30 余年来，中国社会经历了由解决温饱问题向全面小康社会发展的历史变革，中国人也由解决基本生存问题向提高生活水平和生命质量的新的时期发展。改革开放改变了中国，中国人的生活方式发生了重大变化，对生命质量的关注也日益密切。中国社会的变革，呼唤中国体育的发展必须适应这种波澜壮阔的经济社会的发展需求，以推动中国体育的变革和发展。我国社会体育指导员正是在中国社会大变革的背景下应运产生的。

1993年12月我国颁布《社会体育指导员技术等级制度》(以下简称《制度》)，1994年6月开始施行，1995年国家体委和各级地方体委授予了首批社会体育指导员；2001年8月国家劳动和社会保障部为顺应体育产业化和体育健身市场快速发展的需要，颁布了《社会体育指导员国家职业标准》(以下简称《标准》)。《标准》的实施是对《制度》中从事经营化指导活动社会体育指导员职责标准的具体规范，是对《制度》的进一步发展和完善。社会体育指导员制度是我国群众体育在改革开放的前提下，为适应全民健身事业的发展需要所进行的一项重要基础性建设。在法规上，《中华人民共和国体育法》和《全民健身计划纲要》均对社会体育指导员予以明确的确认。15年来，《制度》和《标准》的实施使我国的全民健身活动中拥有了50余万名各级各类体育指导员，他们的诞生、存在与发展对我国全民健身事业的发展起到了前所未有的积极推动作用，产生了巨大的社会稳定影响与经济推动作用。

一、我国社会体育指导员的发展历程

如果说15年前，社会体育指导员对中国人还是一个前所未有的新名词，那么15年后，社会体育指导员已经成为我国开展群众体育工作的生力军，是开展全民健身活动的一支重要力量。回顾我国社会体育指导员的发展历程，大致可以分为以下四个阶段：

(一)我国社会体育指导员的酝酿与准备阶段(1983～1994年)

我国建立社会体育指导员制度的策划实际上早在1983年就开始酝酿。1983年经国务院批转的国家体委《关于进一步开创体育新局面的请示》中，便已提出要“为群众体育活动培训大批骨干，提高社会的体育水平”，1984年国家体委主任李梦华在体委主任汇报会中提出大力加强技术辅导和健身咨询工作。同年，国家体委提出了建立体育辅导中心、辅导站，配备专、兼职工作人员，开展体育技术辅导工作的要求。1986年国家体委又进一步提出加强群众体育骨干和积极分子的培训工作，更明确地规定了“国家实施社会体育辅导员技术等级制度”。20世纪80年末期至90年代初期，在我国改革开放之后迎来的又一次群众体育高潮的过程中，伴随着人民群众生活水平的日益提高而带来的群众体育健身需求的增长，人们对群众体育的科学指导的要求越来越强烈，推动了全国各地体育部门开始探索群众体育科学指导的专业队伍建设问题。同时，我国社区体育兴起，群众体育回归社区，这是我国社会结构变迁的必然结果。群众体育回归社会这种社会结构的变迁，必然带来社会内部的重新调整，社会体育指导员体制正是在这种社会变革中，为了适应社会发展的需要而产生的。社区体育的发展也推动了群众体育科学指导队伍的发展，社会体育指导员制度建设呼之欲出。《制度》于 1991 年开始立项研制，1993 年完成起草并通过决策程序予以发布。这一阶段的特点，是群众体育实践和人民群众的要求推动了社会体育指导员制度的建设。

（二）我国社会体育指导员的产生与快速发展阶段（1995～1999 年）

1993 年 12 月我国颁布《社会体育指导员技术等级制度》（以下简称《制度》），1994 年 6 月开始施行，1995 年国家体委和各级地方体委授予了首批社会体育指导员；1995 年至 1999 年五年间，我国社会体育指导员的发展经历了快速发展和相对稳定发展两个时期。1995～1997 年是快速发展期，这一时期，我国社会体育指导员从无到有，1996、1997 年分别以 155％和 63.39％的速度递增（以 1995 年为定基数），1998～1999 社体指导员的平均年发展规模为约 4 万名。我国社会体育指导员自产生以来快速发展的特征，展示出了群众体育对社会体育指导员的社会需求和社会体育指导员强大的生命力和市场活力。

《制度》的建立是改革开放带来的我国经济的快速提升、人民群众生活水平大力改善、生活方式转变以及我国社会发展力量的必然推动，要求社会体育向提高群众体育活动和锻炼的科学化方向迈进。而当时群众体育活动和锻炼的热情高，但缺乏具有体育科学知识和熟练掌握、运用体育运动技术技能的人员进行指导，呼唤“一大批掌握体育科学知识和熟练体育运动技术技能，能够组织开展群众体育活动的志愿者和指导者”，是时代的迫切需要和最强烈的声音。同时国家和各级体育部门一手抓社会体育指导员数量的生产，一手抓社会体育指导员思想品质和专业素质的提高，使我国广大社会体育指导员的总体质量和指导水平日益增进。《制度》的有效实施，使我国社会体育指导员作为发展我国体育事业、增进公民身心健康、提高生活质量、建设社会主义精神文明的一支重要力量走向了社会，走进了群众性体育活动的各个场所，开始承担起指导人民群众进行科学、向上、健康的体育锻炼和活动的重任。《制度》的有效实施，顺应了时代发展的潮流，提高了群众体育发展的质量，适应了社会体育实践工作提出的新的要求，对促进我国全民健身事业的发展起到了十分重要的作用。

我国社会体育指导员的诞生，填补了中国群众体育无专业健身人员科学指导的空白。我国的社会体育指导员队伍从无到有，从小到大，数量逐渐壮大，标志着我国群众体育和全民健身步入了一个新的发展时期。

（三）我国社会体育指导员曲折发展阶段（1999～2004 年）

1999 年开始，国家体育总局组织相关专家在国家劳动和社会保障部的指导下开始研制《社会体育指导员国家职业标准》（以下简称《标准》），并于 2001 年 8 月由国家劳动与社会保障部颁布了《社会体育指导员国家职业标准》，标志着我国社会体育指导员的职业化进程迈入了实质性发展阶段。《标准》的出台标志着我国社会体育指导员工作开始走向规范化、制度化和职业化，为进一步规范社会体育指导员资格认证制度提供了政策依据。但自《标准》颁布后，在实际的运行中出现了诸如处理《制度》和《标准》之间的关系、《标准》是否取代《制度》、两者概念界定和思想认识、实际操作和实施中的交叉和分界等一些问题，在社会体育指导员发展中出现了一些认识上的分歧和混淆，使社会体育指导员发展工作受到一定的影响，导致了社会体育指导员发展出现了曲折。

这一时期，由于认识上的分歧，出现诸多不同的观点。其主要观点有三种：第一种观点是并轨论。持这种观点的人认为，把《制度》的社会体育指导员逐步并入《标准》的社会体育指导员系列，使我国社会体育指导员合二为一，有利于统一认识，全部推向市场，集中发展。但这种观点在实际操作上很难实现。第二种观点是重点论。持这种观点的人认为，保持《制度》的社会体育指导员现有状态，着重发展《标准》社会体育指导员，在发展中根据全民健身的实际进程进行逐步解决两者之间最后走向。第三种观点是双轨论。持这种观点的人认为，让《制度》和《标准》的社会体育指导员按其自身的规律和方向分别发展，在发展中根据我国社会体育发展的实际进程逐步解决。由于观点的分歧，在社会体育指导员的发展实践中导致了社会体育指导员发展方向难以选择，致使部分省市区的社会体育指导员工作陷于停滞或减速状况。

（四）我国社会体育指导员开始进入科学有序发展阶段（2005 年至今）

2005 年 7 月国家体育总局下发了《关于进一步加强社会体育指导员工作的意见》（以下简称《意见》）的通知。《意见》明确将“形成比较完善的全民健身体系”纳入全面建设小康社会的奋斗目标，从国家政治、经济、文化发展的高度，赋予“全民健身体系”以十分重要的战略地位。明确提出加强社会体育指导员队伍的建设，是构建全民健身体系要着重抓好的一项基础性工作和重要内容。同时，《意见》也明确了《制度》与《标准》的关系，要求各级体育行政部门对社会体育指导员工作要进行统一管理与协调，并按照公益与职业社会体育指导工作的规律、特点和需要，分类制定工作规划，分别进行政策法规的引导与规范，采取不同的培训考核与任用管理方式，富有特色地建设和发展两类社会体育指导工作模式和队伍体系。《意见》的出台统一了认识，明确了关系，从而使我国社会体育指导员进入到了科学、有序、空前活跃的发展阶段。

这一阶段社会体育指导员的特点是抓组织、抓规模、抓质量、抓特色，推动了社会体育指导员事业的发展。《意见》出台以来，全国20余个省市区相继成立了社会体育指导员协会，社会体育指导员有了自己的组织；截至2008年，我国社会体育指导员的人数已经超过50万名，队伍得到了快速发展；国家体育总局群体司和社会体育管理中心进行社会体育指导员培训基地建设、社会体育指导员管理干部培训班、农村社会体育指导员培训班、社会体育指导员技能大赛等，使我国社会体育指导员的整体质量和指导技能上了新的台阶。与此同时各省市区也开展了一手抓数量、一手抓质量的战略。同时，中央政府和各地方政府的体育主管部门积极加强社会体育指导员实践经验和特色的总结，开始对社会体育指导员的理论建设进行探索。2007年新体育《社会体育指导员》杂志的诞生标志着我国社会体育指导员有了自己的理论阵地，国家体育总局建立“中国社会体育指导员协会”的工作也进入到了最后的报批阶段。

二、我国社会体育指导员发展的动力机制探讨

我国社会体育指导员发展的内在动源在于经济力、政治力、文化力三个动力子系统的内部矛盾及其相互作用。我国社会体育指导员能够得到快速的发展，主要的原因，在于具有良好的动力机制的推动。

（一）经济推动力是社会体育指导员发展的核心动力

我国社会体育指导员十余年来得以快速地发展，其根本原因和核心动力是我国社会经济力推动的结果。改革开放以来，我国生产力水平提升很快，2008年我国人均GDP已经突破3200美元。从国际发展经验来看，人均GDP达3000～5000美元将是消费结构向发展型、享受型升级的时期。就是说，过去的奢侈品将转化为居民的

必需品，而且人们的生活方式开始由物质形态向精神形态转轨。所以，经济水平的提高必然带来人们价值观念的转变。人们劳动生活方式、消费生活方式、社会交往方式、闲暇生活方式等方面都会随之发生变化。我国社会经济的发展，尤其是社会经济力的不断增强，加速了政府体育部门的群众体育工作向服务型转轨的步伐。全民健身的需求显示出越来越迫切的时代呼唤，对政府服务范围和服务效能提出了新的要求，同时也为社会体育指导员的高质量快速发展提供了十分有利的条件和社会要求。

(二)政治推动力规定了社会体育指导员发展的基本方向

党的十七大以来，我国加快了服务型政府的转变。服务型政府的核心在于坚持公民本位、以人为本、主权在民、服务公共利益。重点在于保障公民的自由与权利，促进社会和谐，维护社会公正，捍卫公民的尊严，促进经济的发展，推动社会的繁荣。我国社会体育指导员之所以快速发展，也体现了政府的职能由管制型、发展型向服务型转变带来的机遇与成果。我国社会体育指导员制度是由具有行使国家权力的体育主管机构——国家体育总局来实施控制、管理、执行和推动的。各省市区也是由行使地方权力的体育主管机构——各省(市、区)体育局来实施控制、管理、执行和推动的。社会体育指导员工作之所以快步有序地发展，是因为国家以法律法规的形式和具体条款给予了社会体育指导员以明确的地位。同时，实施“管”“办”分离，目前我国已有二十余个省、直辖市成立了社会体育指导员协会，从而使我国社会体育指导员管理工作机构完成了国家政府主管机构(群众体育司)宏观调控和规划、社会体育指导管理中心和体育行业职业鉴定中心(政府派出的事业机构)实施规范和推动、社会体育指导员协会进行具体管理和执行的基本框架。表现出来强有力的政治推动力。

(三)文化推动力对社会体育指导员具有持续长久的发展作用

文化力是社会发展的精神动力。文化对于社会发展的动力作用，是通过影响人的思维方式、价值观念和情感态度得以实现的。我国实施《制度》和《标准》以来，伴随着全民健身活动的日益兴起，群众对科学健身的观念和意识大为改变，科学健身成为当今中国人的重要共识。提高认识、加强领导是我国社会体育指导员发展的重要保证。社会体育指导员在群众健身过程中，用真情感化健身群众、用高超的运动技能折服健身群众、用科学的知识和道理指导健身群众，社会体育指导员与健身群众建立起了良好的互动关系，社会体育指导员不仅成为群众健身的良师益友，而且作为科学健身知识的传播者、技能的指导者，积淀了影响久远的大众健身文化。

三、我国社会体育指导员发展中的问题与影响要素

我国实施社会体育指导员等级制度以来，社会体育指导员快速发展的事实是毋庸置疑的，取得的成绩是主要的。但同时也看到社会体育指导员的发展存在着许多显性和隐性的问题和弊端。其主要的根源在于发展平衡机制调控的缺失。

(一)社会体育指导员的发展有九个方面的显性不平衡

社会体育指导员各级别之间的比例发展不平衡；两种社会体育指导员的发展不平衡；公益型社会体育指导员中管理类和技能类两类社会体育指导员的发展不平衡；指导员的现有数量与全国总人口、与城乡体育指导站发展速度不平衡；指导员的现有比例中城乡比例不平衡，农村社会体育指导员严重不足；各省市间发展不平衡；东西部发展不平衡；少数民族地区的发展不平衡。

(二)社会体育指导员的发展规模和速度，滞后于全民健身计划的总体进程。《纲要》实施以来，全民健身计划总体进程发展很快。相比而言，社会体育指导员尽管发展较快，但无论从规模上，还是递增的幅度上，还明显滞后于全民健身计划的总体进程。在许多调查和群众反馈上的意见、建议中，几乎都感到社会体育指导员匮缺。有的专家在对全民健身一期工程的调查和相关研究之后，提出“社会体育指导员的数量、规模和质量已经是影响下一步实施全民健身计划二期工程的瓶颈。”这种情况目前仍然没有得到实质性改变。

(三)社会体育指导员的建设和发展经费匮乏，在培训的机制和经费上也缺少相对刚性的政策和相关规定。例如，公益性社会体育指导员具有社会公益事业的志愿者性质，这些人的培训费用应该由政府通过专项经费或政府拨款的方式进行规划和实施。近些年来，政府注重了对体育公共设施、场地的建设力度，取得了十分显著的成效，也得到了老百姓的拥护和赞誉。但社会体育指导员的发展，其经费的匮乏是主要的瓶颈之一。社会体育指导员的培养渠道还不多样，规模发展的潜力还没有发挥。尽管我们已经建立了以八大体育学院为龙头的八个国家级培训基地和各省(市、区)培训基地、站(点)，发挥了培训各级社会体育指导员的主渠道作用，但动员社会的力量，发挥各运动管理中心和单体体育协会培训潜力的能力还很弱。

(四)队伍结构还不尽合理，业务能力不足，培训不够规范，再培训学习欠缺，指导率还不够高。在目前我国社会体育指导员数量还远远满足不了社会体育的现状的时

候，如果指导率再上不去，就会导致“短缺性资源”的浪费。据相关调研结果表明，社会体育指导员业务能力还不高，还难以适应群众的体育健身需要。具体表现为教学方法不够灵活，组织管理能力较弱，部分基层社会体育指导员业务知识陈旧，新理论新知识充实性较差，专项技能水平还达不到较高质量指导的程度。

（五）我国社会体育指导员的培训和审批的机制不够灵活，缺少与时俱进和适应现实情况的创新活力和调节能力。许多长期活跃在全民健身站点的骨干和实际健身指导者得不到培训的机会，吸收不到社会体育指导员的队伍中来。在全国部分城市的相关调研中，许多基层干部和群众反映社会体育指导员“门槛”过高，尤其是国家级社会体育指导员和三级社会体育指导员的条件较高，不符合现阶段我国社会体育指导员发展的实际，在机制上也缺少竞争机制和奖励机制。例如，对那些在全民健身活动中热心健身指导，成绩突出，技能超群的骨干，不能通过一条有效的途径把他们吸收到社会体育指导员队伍中来。在国家和省市级评先争优模范或技能大赛优胜者缺少破格晋级的机制。

（六）随着社会体育指导员事业的快速发展，部分先发地区已经开始探索社会体育指导员工作劳务补偿制度和相关机制。例如：上海闵行区设想按照社会体育指导员签约的健身团队的多少，给以奖励性报酬。常州、苏州、天津等也提出了以奖代补等设想。但总体来看，社会体育指导员的工作劳务补偿制度和相关机制尚未建立。尽管我国绝大多数社会体育指导员属于公益性或志愿者的性质和范畴，但给予社会体育指导员工作一定的劳务补偿（例如交通补贴、服装补贴、简易器材补贴等），有助于现阶段社会体育指导员队伍稳定发展。

由此可见，我国社会体育指导员发展中存在较大的动力与平衡之间的矛盾，也就是说，我们注重了发展的动力机制，但忽视了发展的平衡机制，从而使社会体育指导员的发展出现了问题，遇到了发展的瓶颈。建立我国社会体育指导员发展的平衡机制是当务之急。

四、我国社会体育指导员未来发展的方向与对策

（一）我国社会体育指导员未来的发展主要有两个突破方向：一是进一步加快社会体育指导员数量的发展。从我国群众体育和全民健身发展的现状看，社会体育指导员数量发展仍然是当务之急。根据我国社会体育指导员发展规划，到 2010 年，我国社会体育指导员数量要达到 65 万名，达到 2000∶1 的门槛标准。从目前的情况

看，达到这一目标还需要全国共同努力，也需要在机制上和考核审批的机制和方式上进行新的探索；二是要加强社会体育指导员质量的提升，要把现有社会体育指导员的培训和再培训提到一个新的认识高度。我国现有社会体育指导员的指导水平、组织能力、体育健身基本知识水平都远远不能适应当今全民健身发展水平和群众健身的期望。提高社会体育指导员的总体素质和科学健身的组织水平、指导能力需要政府拿出专门的经费对各级社会体育指导员进行社会体育指导的新观念、新知识、新技能和组织能力进行再培训。

（二）创新我国社会体育指导员培训和审批的新机制，在培训和审批的程序、标准上既要严格把关，也要因地制宜，实事求是。建议打开一条社会体育指导员的“绿色通道”。在未来相当长的一段时间内，我国社会体育指导员的培训和审批要兼顾到“三个优先”，即：优先培训和审批长期活跃在城乡社区体育健身站点的骨干；优先培训和审批农村社会体育指导员；优先培训和审批少数民族地区的社会体育指导员。

（三）提高社会体育组织化的程度，采用有效的管理措施和激励机制提高社会体育指导员的现场指导率。目前由于我国公益型社会体育指导员激励机制和福利保障机制不健全，大大影响了社会体育指导员的积极性，造成实际指导率较低。创新管理机制和激励机制，建议由政府主管部门建立和完善社会体育指导员的注册和奖励机制。社会体育指导的现实经验表明，尽管公益性社会体育指导员是一种志愿行为，但如果通过岗位津贴制度，或精神、物质相匹配的激励机制，或对优秀社会体育指导员提供福利津贴与相应奖励，不断改善其工作环境，调动其积极性等，对于更大程度地调动和激励社会体育指导员工作，是十分有效的手段。建议相关政府部门制定相关政策，鼓励城市企、事业单位等社会力量资助城市社区社会体育指导员事业，加大政府对农村和小城镇该方面的资金投入，鼓励农村教师、体育爱好者加入社会体育指导员队伍中进行指导，促进农村、小城镇全民健身活动的落实和社会体育事业的发展。

（四）体育彩票是取之于民、用之于民的体育公益基金。管好、用好体育彩票公益金，以“公共的、公用的、公众的”利益原则，来最大限度地发挥体育彩票公益金的社会效益是科学发展观要求，也是服务型政府必须面对的基本问题。国家实施《全民健身计划纲要》以来，通过国家发行体育彩票，利用体育彩票公益金发展体育事业，取得了巨大的经济和社会效益。尤其是利用体育彩票公益金建设了大量的体育公共设施，极大改善了群众体育健身的环境和场地设施条件。但在硬件建设和社会体育指导人才建设之间呈现出了比例极不协调的结果。体育彩票公益金用于培养、宣传、激励和养护社会体育指导员的经费数量不仅太少，而且缺少相对刚性的政策支持或社会融资机制。近些年来，国家体育总局和各级地方体育部门用少量的体育彩票公益金支持社会体育指导员的培训工作，取得了有效的成果，但总体上经费投入比重太少，杯水车薪，远远满足不了市场巨大的社会体育指导员快速发展的需要。建议国家政府体育主管部门创新体育彩票公益金的使用机制，确立适度的比例，设立社会体育指导员质量提升工程和专项发展基金。同时，发挥社会和市场功能，建立社会融资机制，双管齐下，推动我国社会体育指导员事业再上新的台阶。

（五）大力开展社会体育指导员的交流活动、技能展示活动和科学研究活动。我国实施《制度》以来，各省市区体育部门都积累了大量的先进经验，群众中也蕴藏了大量好的做法，相互之间的交流活动可以加速社会体育指导员的发展步伐。2008 年国家体育总局社会体育管理中心在江苏举办了首届社会体育指导员技能大赛，不少的省市也开展了类似的技能展示活动，不仅极大调动了广大社会体育指导员的创新热潮，而且发现了许多群众喜爱、隐于民间的健身项目好方法。2009 年“全民健身科学大会”把社会体育指导员科研论文作为一个独立的分会场，激发了广大体育科学学者研究和关注社会体育指导员的科学研究问题，都对我国社会体育指导员的未来发展起到了重要的作用。

（六）有效地解决政府体育部门管办分离的问题。世界发达国家的经验是政府体育部门出政策、建场地、配设施、为社会体育指导员提供业务和技能培训，以及提供大众健身的基本保障。运行由社会团体或社区相关部门具体管理和操作。建议国家体育总局加快成立“中国社会体育指导员协会”的步伐，充分发挥群众体育社团的作用，组织和培养一批高水平的社会体育指导员专家队伍，进行社会体育指导员的政策研究、发展方向的探索、指导技能的培训、指导模式和方法的整合推广以及社会体育指导员自身结构的研究等，从而进一步推动我国社会体育指导员事业的发展。

参考文献（略）

注：该文发表在《体育文化导刊》2009 年第 11 期，下载 1583 次，引用 46 次。

我国经常参加体育锻炼人数的研究
——以北京市为例

1. 研究目的

经常参加体育锻炼人数，是反映一个国家或地区群众体育活动状况的一项重要的判断指标。当前我国各个省市区的体育事业发展规划都明确提出要努力构建完备的全民健身服务体系，要提高经常参加体育锻炼人数，使市民充分享有科学、普及、生活化的体育健身服务的群众体育发展目标。本文以北京为例，探讨北京市经常参加体育锻炼人数的现状，掌握其经常参加体育锻炼人数的基本特征，以及分析所提出的经常参加体育锻炼人数目标是否科学、合理，从而为我国群众体育事业的进一步发展提供相关的理论支持与实践依据。

2. 研究方法

本研究主要采用文献研究法、调查法(问卷调查法和专家访谈法)、数理统计法和逻辑分析法。

3. 研究结果与分析

3.1 北京市参加体育锻炼基本现状与分析

3.1.1 参加与不参加体育锻炼及每次锻炼时间的结果与分析

研究结果表明，接受调查的12078人中，参加体育锻炼的人数为8749人，占总调查人数的72.44%，而不参加体育锻炼的人数3329人，占27.56%。这一数据与2000年北京群众体育现状报告中的有32.54%的人群不参加体育锻炼的人数相比，不参加体育锻炼的比例下降了约5个百分点，参加体育锻炼的人数明显增多。

每次参加体育活动时间的长短是判断经常参加体育锻炼人数的重要标准。判断是否是经常参加体育锻炼人数，其中一个标准就是每次活动要在30分钟以上。在参加体育锻炼的人数中(见表1)，每次活动时间在30分钟以上的占了56.15%，30分钟以下为15.74%。这与2000年北京群众体育现状的报告达到经常参加体育锻炼标准的51.76%的人群相比有所提高，提高的幅度约为5%。

表 1　每次参加体育活动的时间

时间	频数	百分比
30 分钟以下	1862	15.74
31～60 分钟	4623	39.07
61 分钟以上	2018	17.06
未参加锻炼	3329	28.13
合　计	11832	100.0

3.1.2 每周参加体育活动的次数与活动强度的结果与分析

每周参加体育活动的次数是判断经常参加体育锻炼人数的重要标准。判断是否是经常参加体育锻炼人数，其中一个标准就是每周要活动 3 次以上。通过调查分析(如表 2)可以看出，每周参加一次体育锻炼的人数约为 71.95%，每周达到参加体育活动三次以上(含三次)的总共占 49.06%。

表 2　每周参加体育活动的次数

次数	频数	百分比
一次	924	7.78
两次	1793	15.11
三次	1657	14.17
三次以上	4143	34.89
未参加锻炼	3329	28.05
合计	8517	100.0

参加体育锻炼的强度水平是判定体育锻炼的有效性的重要因素，其中中等强度的运动量是国际和我国衡量经常性参加体育锻炼人数的标准之一。从表 3 的调研数据可知，在参加体育锻炼的 71.11%的人群中(剔除未填写此项问卷的人，未参加锻炼的比例为 28.89%)，达到中等强度的人群占 57.60%，较大强度的人群占 5.22%。符合经常参加体育锻炼的标准的人群占 62.89%，这说明北京市参加体育活动的人群基本上符合经常参加体育锻炼人数的要求。需要特别说明的是，由于每次活动强度的自我感觉在实际参加体育活动中是一个难以掌控的指标，一般地说，中等强度的

运动量是练习者体育锻炼时心率达到120次/分以上，但由于我国群众体育健身知识和习惯的限制，绝大多数并没有测量心率的相关知识和习惯，所以，每次活动强度的自我感觉是有一定不确定因素的。

表3　每次活动强度的自我感觉

次数	频数	百分比
较大	601	5.22
适中	6637	57.60
较小	955	8.29
未参加锻炼	3329	28.89
合计	11522	100.0

由上分析可知，在参加体育锻炼的72.44%人群中，每次锻炼时间在30分钟以上人群占56.2%，每周锻炼3次以上(包括3次)人群占49.06%，锻炼强度上在中等以上的人群占62.8%。因此，我们可以初步判断2008年年底北京市经常参加体育锻炼的人数约为49%。与2000年41.8%的比例相比，北京市经常参加体育锻炼人数增加了7个百分点。

3.1.3 北京市参加调查人数基本结构与分析

人口结构包括人口的自然结构和社会结构。人口的自然结构是指性别和年龄构成状况，本研究主要分析其自然结构。

性别结构：从被调查的11830人中，男性人口为总人口的45.5%，女性人口占被调查总人数的54.5%，比例基本合理。

从表4调查数据来看，被调查北京市人口比例最高的年龄段为25～45岁之间，占总数的39.4%；其次是46～59岁，占该年龄段总数的37.7%；比例最低的年龄段为16～24岁，占该年龄段的7.8%，这说明在这次调查中主要以中青年人为调查对象，25～59岁占被调查人数的77.1%。中青年人口将是未来参加体育锻炼人数的主力军。

表 4　北京市经常参加体育锻炼人数的年龄构成

年龄	频数	百分比(%)
16～24 岁	935	7.8
25～45 岁	4706	39.4
46～59 岁	4500	37.7
60～75 岁	1790	15.0
合　计	11931	100.0

3.1.4 经常参加体育锻炼的动机与体育活动项目分析

在本次调查中参与体育活动动机前三位依次是增强体质和健康、消遣娱乐、提高运动能力。在其他中选频率中，结交朋友所占比例较大，占了 23.1% 的比例。参加体育锻炼表现出强烈的健身动机，在运动中消遣娱乐，结交朋友。与 2007 年调查结果相比较，选择“增强体质和健康”的人的比例明显增加，达到了 80.1%，体现了人们对健康的重视在提高(见表 5)。

表 5　参加体育锻炼的动机调查

动机	频数	百分比	排序
增强体质和健康	7010	80.1	1
消遣娱乐	3018	34.5	2
提高运动能力	2240	25.6	3
调整情绪，结交朋友	2018	23.1	4
减肥	1658	19.0	5
生活习惯	1013	11.6	6

参加调查人对体育项目的选择排序中走步、跑步排位最高，羽毛球、爬山、乒乓球、自行车排在前五位。走步、跑步由于不需要器械，对场地要求不高，运动方式灵活，运动量易于控制掌握，锻炼效果也不错，故深受人们特别是中老年人的欢迎。较 2007 年的统计结果看，羽毛球、爬山、自行车等有氧运动项目受到的关注增加，选择这些项目的人数也大量增加(见表 6)。

表 6　进行体育锻炼的项目内容分布情况

项目内容	频数	百分比(%)	排序
走路、跑步	2247	66.99	1
羽毛球	214	6.83	2
爬山	87	2.59	5
乒乓球	230	6.68	4
足篮排球	179	5.34	9
跳舞	166	4.95	8
健身器械	120	3.58	6
游泳	49	1.46	10
自行车	167	4.98	3
其他	37	1.10	14
太极拳	63	1.88	12
跳绳	71	2.12	7
健美操	35	1.04	13
地掷球、门球	7	0.21	16
民间舞蹈	41	1.22	11
武术	9	0.27	15

3.1.5 参加体育活动的组织形式与健身场所分析

北京市经常参加体育锻炼人数在参加体育活动时表现出相对较高的自发性，多为个人行为。参加体育活动的人群中，与朋友、同事在一起健身的人占 40.6%，而在单位锻炼仅占 8.2%，辅导站俱乐部锻炼仅占 6.4%。这从另一个方面说明，在一个现代化的大都市里，其群众性的体育俱乐部、辅导站活动还没有形成规模，真正的职能还没有发挥到位，另一方面，个人活动占的比例是 67.7%。这两方面明显反映出北京市群众性体育社团组织的薄弱。

北京市经常参加体育锻炼人数对活动场所的选择偏重公共福利的场所。公共活动场所、社区活动中心、公园广场、单位体育设施等的选择排序靠前，分别是 9.1%、33.6%和 33.4%。一方面表明北京市经常参加体育锻炼人选择无费用需求的场所是主要条件,另一方面也反映了北京市近年来全民健身工程建设取得了的良好成效。

3.2 北京人口结构的特别情况分析与讨论

3.2.1 北京市残疾人数量和所占比例情况分析

2006 年北京市第二次全国残疾人抽样调查领导小组和市统计局公布了“北京市第二次全国残疾人抽样调查主要数据”。截至 2006 年 4 月 1 日零时,北京市各类残疾人的总数为 99.9 万人,残疾人占全市总人口的比例为 6.49%(推论北京市总人口为 1540 万)。调查结果显示,各类残疾人的人数及各占残疾人总人数的比重分别是:视力残疾 6.7 万人,占 6.71%;听力残疾 22.7 万人,占 22.72%;言语残疾 0.6 万人,占 0.60%;肢体残疾 35.5 万人,占 35.53%;智力残疾 5.0 万人,占 5.01%;精神残疾 7.1 万人,占 7.11%;多重残疾 22.3 万人,占 22.32%。60 岁及以上残疾人 61.7 万人,占残疾人总数的比例为 61.81%。

从上述数据可以推论,视力残疾、肢体残疾、智力残疾、精神残疾、多重残疾的人群属于不可自主参加体育锻炼的人群。这一部分的人数达到北京残疾人数量 76.6 万人,占北京市残疾人总比例的约 76.5%,约占北京市总人口的 5%。

3.2.2 北京市老年人数量和所占比例情况分析

北京市人大常委会副主任柳纪纲在北京市十三届人大常委会第 12 次会议上公布:截至 2009 年 6 月,北京市老年人口数量已达到 254 万。根据预测,到 2020 年,北京市老年人口数量将达到 350 万,到 2050 年,这一数据将达到 650 万的峰值。按照国际标准,60 岁以上老年人口在总人口中比例超过 10%,即称为老龄化社会。由北京市人口老龄化发展趋势可以看出,目前北京老年人口数量已占人口总数的 15%,到 2020 年,老年人口占全市人口总数的 20%,到 2050 年,这一数据将突破 30%。北京老年人口年平均增长率为 4.9%,高于总人口年均增长率,呈现人口老龄化发展速度快的特征。

从参加体育锻炼的人群分析,超过 70 岁的老年人,属于谨慎或不宜参照经常参加体育活动标准进行活动的人群,尤其是这一部分人群的体育活动强度和时间都应该保持在身体活动安全的基础之上,选择体育活动项目的原则应强调强度小、动作慢、时间不长的特点,例如太极拳、健身气功、保健体操、步行等。因此,本研究调研统计的人群不包括此类人群。

3.2.3 北京奥运会对北京市经常参加体育锻炼的人数特殊效应

2008 年北京奥运会被国际奥委会誉为“一次无与伦比的奥运会”。在这个极高荣誉的背后，北京的群众体育做出了十分重要的贡献。尤其是北京首先提出了“全民健身与奥运同行”的口号之后，北京市政府和相关团队在群众体育工作发动、地毯式的群众健身宣传、政府组织的各种健身活动、群众体育健身竞赛和技能展示等活动，极大地调动了全北京社区、乡镇组织的群众体育健身活动，从而极大地调动了群众参与体育活动健身锻炼的积极性。由于此次调查是在奥运会结束后进行的，所以北京经常参加体育锻炼人口数量的增加在很大程度上受北京奥运会的这种良好氛围和政府一定程度的直接干预的作用和影响，也使北京市经常参加体育锻炼的人数达到了极限的水平。

一方面，北京申奥的筹备和举办过程中，绝大多数北京市民把奥运会、体育运动同国力、国民体育意识、国民精神面貌、国民对奥运会的支持态度联系在一起，所以健身活动成了北京人当时的一种时尚，一种即时的文化现象；另一方面，政府以奥运为契机大力倡导健身，以及奥运期间大量体育赛事带给人们的娱乐和兴趣，使越来越多的人以极大的热情投入到体育运动中。此外，在筹备、举办奥运会期间，北京建设了大量的健身路径和体育场馆，完善居民的锻炼环境，为居民的健身提供了便利的器材、设备。受这种奥运热的影响，北京经常参加体育锻炼的人口数量发展很快，达到了即使是群众体育发达国家也没有达到的高度。

但是，我们也必须清醒地看到，经常参加体育锻炼人口数量并不是一个高无止境的指标，种种迹象表明，北京市 2008 年经常参加体育锻炼的人数已经达到极限，在今后一段时间，由于奥运所带来的渗透力逐渐减小，参加体育锻炼人口的数量也会随之在一定范围的下落。国际经验表明，世界大众体育开展的最广泛，在世界影响很大的国家，例如欧洲国家丹麦和挪威，体育人口分别约为 40％和 45％，加拿大体育人口约为 40％，美国的纽约州约为 43％、加利福尼亚州约为 45％，所以，从目前世界大众体育发展最好的国家的情况看，体育人口的区间为 40～45％，而且这个数据基本上是一个常态性数据。本研究认为，北京作为我国经常参加体育锻炼人数领先的城市，未来经常参加体育锻炼人数保持在 45～49％的水平是既可靠又现实的常态水平。

3.3 北京经常参加体育锻炼人数发展的对策

“经常参加体育锻炼人数”在我国原称为“体育人口”。体育人口一词最先出现在日本池田胜的《日本、欧美国家经常参加体育锻炼人数的动向》中。经常参加体育锻炼人数指经常从事身体锻炼、身体娱乐，接受体育教育、参加运动训练和竞赛，具有统计意义的一种社会群体。它是以体育为重要特征的、具备人口规模、人口结构、人口空间分布三要素的一种特定类型的亚人口。按照《中国群众体育现状调查与发展》一文中所阐述的观点以及专家的认识，我们将经常参加体育锻炼人数的评定标准界定为：每周身体活动频度3次（含3次）以上；每次身体活动时间30分钟以上；每次身体活动强度中等程度以上。为进一步巩固和发展北京经常参加体育锻炼人数的成果，提出以下相应对策：

第一，北京市群众体育实现经常参加体育锻炼人数可持续发展的规划目标，需要选择若干重点，其重点区域是学校和社区。世界上大众体育发展较好的国家的重要经验是国民的体育健身意识的树立和运动技能培养主要是在青少年时期完成。公益性的社会体育指导者，主要针对的人群是儿童和青少年，对青少年的体育健身教育是"重中之重"，得到了大多数社会体育指导员的支持和帮助，付出了极大的热情和心血，乐此不疲。大量的儿童和青少年体育健身俱乐部遍及各地。学会和掌握一项或两项运动技能，是大众体育发达国家为儿童和青少年设定的目标。我国公益性社会体育指导员指导的对象主要是中老年人群，是以中老年人为主体。我国社会体育指导员对成年人的健身指导带有明显的"补课性质"。在新形势下，社区已成为极其重要的社会互动场所。北京市的城乡社区体育组织虽然发展很快，已形成特色和规模，但整体看来组织化水平处于较低状态，与经常参加体育锻炼人数的需求有较大差距，许多居民因场地缺乏，未能从事锻炼；还有不少群众喜闻乐见、具有健康价值的运动项目也难以在一些社区开展。积极推动社区体育与学校体育的互动建设，充分利用各种体育资源，做到学校体育是社区体育的基础，社区体育是学校体育的延续，这种理念将是北京市保持或进一步发展经常参加体育锻炼人数的基本保证。

第二，要积极研究制定经常参加体育锻炼人数的新标准

由于社会经济的发展，人们的生活节奏加快，余暇时间趋于集中，许多城市职工开始争取周末集中时间锻炼的方式；另外农村居民参加体育活动受季节和农村习俗影响较大，他们的经常参加体育锻炼计量方法，也要进一步研究；就学阶段的青少年儿童，应该以每天参加1小时体育活动的要求来进行评价，如果按现在经常参加体育锻炼人数标准进行评价，就存在着明显的不足。还有在研究经常参加体育锻炼人群问题时，要将不能参加体育锻炼的学龄前儿童、智障人、老弱病残人等在人口总数中考虑进去，以免所制定的经常参加体育锻炼标准失之偏颇。

第三，要组织人力认真研究群众体育问题，切实制定科学、合理、有效的群众体育考评机制和标准。要从北京的实际和特点出发，筹划长期、系统的群众体育发展

规划。

第四，要充分利用北京奥运会激发起来的群众健身热情，因势利导地发展北京群众体育，保持或扩大健身群体，认真研究后奥运北京群众体育发展的走向和特点，使群众体育成为奥运会后北京市体育工作的新亮点。

第五，继续加大全民健身宣传的力度，充分利用各种媒体大力宣传体育锻炼的意义、方法和手段，提高老百姓的体育健身意识，提高居民的生活方式和生活质量。继续改善各区县群众体育锻炼的环境和条件，增加社区体育健身路径、健身器材和绿地，壮大社区体育指导员队伍。

第六，进一步加强北京市群众性的体育俱乐部、辅导站、全民健身活动点建设，要提高北京市全民健身的组织化水平，扩大群众性体育社团规模，充分发挥群众体育组织的作用，把社会体育指导员充实到全民健身活动点、辅导站中去，完成北京市经常参加体育锻炼人数由数量的提高向质量的提高的转变。

4. 结论

4.1 在本次调查中，北京市参与体育锻炼的人数达到 72.4%；在时间上达到经常参与体育锻炼标准的(每次活动时间为不少于 30 分钟)为 56.2%；在次数上，每周参加一次体育锻炼的人数约为 71.95%，达到经常参与体育锻炼标准的(每周参加体育活动三次)的总共占了 49%，在强度上达到经常参与体育锻炼标准的(强度为中等强度)为 62.8%。由此可见，在本次调查中参与体育锻炼的人群的锻炼频率、时间、强度均超过 2000 年北京市经常参加体育锻炼人口的数量。按照目前经常参加体育锻炼标准，推断北京市经常参加体育锻炼的人数比例约为 49%。与 2000 年 41.8%的比例相比，北京市经常参加体育锻炼人数增加了 7 个百分点。

4.2 经常参加体育锻炼表现出更为强烈的动机。在体育活动的内容和项目上，对项目的选择依次为走步与跑步、羽毛球、爬山、乒乓球、足篮排球、跳舞、健身器械等，有氧锻炼已逐渐受到人们的喜爱，参与人数保持上升势头。在活动场所上，利用公共体育场所进行体育锻炼的比例明显增加。

4.3 北京市体育参与者参加体育活动的动因，“为了增强体质和健康”列首位；“为了调整情绪，消遣娱乐”“提高运动能力”等原因次之。此外，“结交朋友”“减肥”“出于习惯”等也是重要的因素。外在动因方面，首推同事、朋友的影响，其次为家庭成员、体育传媒、体育读物等的影响。

4.4 2008 年北京奥运会的作用、群众体育宣传力度加大、政府的重视和积极引导等是北京市群众体育活动上层次、上水平的重要举措，是经常参与体育锻炼的人数提高的重大机遇。在今后一段时间，由于奥运带来的渗透力逐渐减小，参加体育锻炼人口的数量也会随之在一定范围的下落。本研究认为，北京作为我国经常参加体育锻炼人数领先的城市，未来经常参加体育锻炼人数保持在45～49％的水平是既可靠又现实的基本常态水平。

4.5 北京市经常参加体育锻炼人数在参加体育活动时表现出相对较高的自发性，多为个人行为，但群众性的体育俱乐部、辅导站活动还没有形成规模，真正的职能还没有发挥到位，北京市群众性体育社团组织还比较薄弱。北京市经常参加体育锻炼人数对活动场所的选择偏重公共福利的场所，但公共场所社会体育指导员的数量和指导水平与人民群众的要求还有较大差距，这将是北京市下一步提高经常参加体育锻炼人数的质量的主要问题和任务。

5. 参考文献(略)

注：该文由李相如、骆秉全合作撰写，收录于《第九届全国体育科学大会论文摘要汇编(2)》2011年，下载近20次，引用3次。

我国职工体育协会发展的历史回望与研究

改革开放30余年来，中国经济和社会已经迈进一个崭新发展阶段，社会转型已经成为当今不可回避的发展问题，我国职工体育协会的发展与转型也是如此。职工体育一般是指在厂矿、企事业和政府机关等单位的职工中所开展的体育活动。职工体育也是城市社会体育空间结构的重要组成部分，是全民健身服务体系的重要组成部分，在群众体育中占据重大的价值比重。职工体育协会是具有中国特色的职工体育协会组织，与国外的体育社团又有较大的区别。

“体育协会简称体协，按自愿原则建立起来的群众性业余体育组织”，“职工体育协会是领导职工体育活动的群众性组织，是体育社会化的一个重要方面”。在中国，职工体育协会的任务是组织协调本系统或本单位的广大职工，主动参加体育锻炼，增强体质；组织小型多样的体育赛事与活动，丰富职工的业余文化生活；组织较高水平的运动队伍，开展运动训练、竞赛和参加上一级的重大竞赛活动。

自新中国建立起，政府一直重视职工体育运动的开展。建国初期，尤其是五六十年代还曾掀起过职工体育活动的高潮。在社会转型的特殊时期，对职工体育发展现状和职工体质问题进行全面系统的研究，也是体育工作的重点之一。

20 世纪 90 年代以来，社区概念开始成为城市发展的重要依据。在这种背景下，社区体育在社区建设中成为社区文化和社区服务的组成部分，开展社区体育活动，在把“单位人”变为“社会人”的过程中，一定程度上影响了职工体育的发展，中国职工体育的发展也一度陷入低谷。

随着我国社会经济的飞速发展，生产力的不断提高，现代生产方式和人文环境等客观条件发生了巨大变化，在推进中国由“体育大国”向“体育强国”迈进的进程中，对现阶段中国职工体育发展现状和职工体质问题进行深入调查研究，规划与制定现阶段以及未来中国职工体育协会发展和增强职工体质健康的对策与建议，为中国政府体育主管部门出台职工体育的新政策、明确发展方向等都是本研究的目的所在。

1. 研究对象与方法

1.1 研究对象

我国职工体育协会发展现状与研究。

1.2 研究方法

1.2.1 文献资料法。通过中国知网、万方数据库、国家图书馆查阅社会体育、职工体育等相关文献 30 余篇和书籍 10 余部，为本文的撰写提供理论依据。

1.2.2 访谈法。就职工体育协会发展的相关问题访谈了国家体育总局、职工体育协会的部分专家、学者，并就本文的研究内容和方法征求了他们的意见。

1.2.3 问卷调查法

1.2.3.1 问卷的发放与回收。联合国家体育总局群体司向中国 19 个职工体育协会共发放调查问卷 19 份，回收 18 份，问卷回收率为 94.74%，其中有效问卷 16 份，问卷有效率为 88.89%。

1.2.3.2 问卷的信度和效度检验。为了确保问卷调查所获数据的真实，请 10 位从事群众体育研究的专家(教授 5 人、副教授 5 人)对本次调查问卷进行了效度检验，并根据专家的观点和建议对问卷进行了修改和补充。

表 1　问卷专家效度检验情况　(n=10 人)

	非常合适	合适	基本合适	不合适	非常不合适
问卷内容设计评价	2	6	2	0	0
问卷结构设计评价	2	7	1	0	0
问卷整体设计评价	1	8	1	0	0

还采用“重复信度法”对各系统问卷分别进行了重测信度检验，即在第 1 次问卷调查结束后 2 周再将 16 份问卷交给同一批填问卷的人作答。结果表明，2 次回答之间的相关系数 $r=0.93$，高度相关 $P<0.01$，证明了本次问卷调查的可信程度。

1.2.4 数理统计法。通过对调查问卷与文献资料整理所获得的数据资料进行数理统计，根据体育统计学的相关理论与处理方法，最后选用计算机软件对所得数据进行处理。

1.2.5 逻辑分析法。对问卷调查和访谈所得的数据与第一手资料，运用逻辑学的知识与方法，进行比较与分类，归纳与演绎，分析与综合，从而进入更深入的探讨，得出准确的结论，提出相应的对策。

2. 结果与分析

2.1 中国职工体育协会基本情况分析

2.1.1 中国职工体育协会的发展历程回顾，参照 1989 年《中国百年年鉴》、1996 年《中国体育年鉴》及孙葆丽等《中国群众体育发展的历史回顾》，新中国群众体育发展以第一个五年计划的完成、调整国民经济任务的完成、“10 年动乱”的结束、“全民健身计划纲要”的颁布和奥运会的成功举办为标志，大致分为破土萌芽期、曲折成长期、倒退荒废期、重生蹉跎期、黄金发展期、变革彷徨期和稳步发展期等 7 个时期，各职工体育协会的发展历程基本相同。

2.1.1.1 破土萌芽期(1949～1957 年)。1949 年 10 月 1 日新中国成立，为了改造我国国民羸弱的民族体质，适应新中国的国家建设和国防发展以及改善民生的需要，发展群众体育、增强人民体质成为党和政府的一项重要任务。在这个背景下，我国政府就此初步建立起相关群众体育制度。1951 年我国政府出台了《准备劳动与保卫祖国体育制度》，并开始试行；1955 年，《准备劳动与保卫祖国体育制度(以下简称“劳卫制”)》正式在全国推行。1951 年，由国家机关九部委发出了《关于推行广播体操的联合通知》，在全国掀起了全民开展广播操的热潮，并形成了国家锻炼的制度。

1952 年，中国借鉴苏联模式，铁路系统率先成立了火车头体育协会，从而开创了职工体育协会来发展群众体育的先河。1955 年 10 月，中华全国总工会设立了体育部，并举办首届全国工人运动会，全国各地开始按行业系统建立群众性体育组织。到 1957 年，煤矿、冶金、公安等 20 个系统建立了职工体育协会，成立了近 4 万个基层体育协会，全国职工体协拥有 400 多万会员。1957 年，全国农村已建立起 3 万多个基层体育协会，拥有 90 多万会员。职工体育和农村体育呈现出前所未有的景象。职工体育协会作为群众体育的新载体，积极响应党和政府的号召，为甩掉贫穷落后和“孱弱民族”的帽子，为促进社会主义建设，为保卫新中国积极开展体育运动，展现了新中国人民的新面貌。

2.1.1.2 曲折成长期(1958～1965 年)。20 世纪 50 年代末期以来，我国进入全面地大规模社会主义建设时期，职工体育协会的发展进入曲折成长时期。1958 年，由于“左”倾思想的泛滥，职工体育也开始了“大跃进”，群众体育活动开始脱离实际，违背体育的客观规律。后来又由于错误地进行“大跃进”和“反右倾”等运动，并与“三年自然灾害”重叠，使得行业职工体协工作发展进入了低谷期。1960 年后，国务院提出了“调整、巩固、充实、提高”的新方针，我国体委系统开始纠正了工作中的错误，对群众体育也提出“业余、自愿、小型、多样，因时、因地、因人制宜”的原则，使群众体育出现了新的发展势头。1965 年，第 2 届全运会的成功举办，全国出现了群众体育活动的高潮，近亿人参加各种体育活动，群众体育重新步入新的发展轨道，职工体育协会也进入新的发展时期。

2.1.1.3 倒退荒废期(1966～1975 年)。1966 年开始了历时 10 年的“动乱”，使新中国的群众体育陷入了空前低谷荒废阶段。“文化大革命”不仅造成国民经济巨大损失，也使我国体育战线陷入瘫痪状态，群众参加体育锻炼的制度、传统相继被破坏，大量体育运动场地设施荒废或被破坏，群众体育活动的组织管理体系停滞，职工体育协会解散，群众体育活动停止。

2.1.1.4 重生蹉跎期(1976～1990 年)。1976 年，十一届三中全会胜利召开，各行各业进入恢复并逐渐走向繁荣，代表体育事业发展的职工体育协会获得全面重生。经济和社会的全面发展与转型，向职工体育和职工体协提出了新的挑战。1987 年，党的十三大提出中国由计划经济体制向市场经济体制转变的重大变革。在这一时期，企事业单位为提高单位的社会和经济效益，严重忽视职工体育工作，职工体育协会工作人员在这一时期遭到人员精简，大量体育活动场地被占用，有的单位甚至取消了工会体育部门，以致体育组织机构不健全，单位行政控制力度减弱。职工难以利用工间时间参加体育锻炼活动，极大地挫伤了职工参与体育运动的积极性。经济体制改革与转型在这一时期处于起步阶段，职工体育的法规政策还有待完善。随着我国社会经济的迅速发展，人民生活水平和业余体育活动的热潮开始回升。但总体来看，这一时期我国职工体育锻炼意识较为淡薄。以计划经济体制为依托，高度集中、封闭的职工体育的体制难以适应新时期职工体育的发展潮流与时代的需求。与此同时，自1979年我国恢复在国际奥委会上的合法席位后，竞技体育政治化较严重，体育的政治功能非常明显，造成了相关行业或企业落实工作时注重竞技体育而忽视群众体育发展，以致严重阻碍了职工体育的发展。因此，转变职工体育机制迫在眉睫。

2.1.1.5 黄金发展期(1991～1996年)。20世纪90年代初，我国职工体育协会(表2)的群众体育活动的内容从过去以生产操、广播操、球类、武术为主，开始向健美操、体育舞蹈、气功、网球、门球、保龄球等时尚体育项目扩展，还有相当一部分人参与了登山、攀岩、高尔夫球、赛车、热气球等新潮运动。随着行业体育组织领导机构的恢复，全国性的职工体育协会进入到了新的发展期，在鼎盛时期总数达27个，职工体育组织机构10万余个，全国工会系统专职体育干部有2万余人，各种运动队55万余个，经常参加体育活动的人数增至5000余万人。随着经济体制改革的不断深入和企业运行机制的转换，行业职工体育由单纯的行政命令式向多渠道、多形式的方向发展，职工体育的管理也由集约型向多元化过渡，职工体育的价值取向进入到了由单纯健身转向健身与娱乐、消遣有机结合的新阶段，活动形式也向职工自愿参与、休闲为主、突出个人兴趣、多方筹办、公益与有偿服务相结合的方向发展，使我国职工体育协会的发展步入健康、可持续发展新阶段。

表2 20世纪90年代初全国职工体育协会一览

序号	体协名称	成立时间	隶属单位	体协地址
1	中国火车头体协	1952年，1978年恢复	铁道部	北京西城区复兴门10号
2	中国银鹰体协	1955年，1981年恢复	中国人民银行总行	北京西城区成方街32号
3	中国石油体协	1984年	中国石油天然气总公司	北京西城区六铺中街4号
4	中国煤炭体协	1955年，1984年恢复	煤炭工业部	北京东城区和平里北街21号
5	中国前卫体协	1956年，1984年恢复	公安部	北京东城区东长安街14号

续表 2

序号	体协名称	成立时间	隶属单位	体协地址
6	中国建筑工程总公司体协	1985 年	中国建筑工程总公司	北京西城区百万庄
7	中国林业体协	1986 年	林业部	北京东城区和平里东街 14 号
8	中国地质体协	1987 年	地质矿产部	北京西城区阜内大街 64 号
9	中国机械体协	1989 年	机械工业部	北京西城区阜外三里河
10	中国邮电体协	1957 年,1987 年恢复	邮电部	北京西城区西长安街 13 号
11	中国石化体协	1988 年	中国石油化工总公司	北京朝阳区惠新东街甲 6 号
12	中国航天体协	1989 年	中国航天工业部	北京海淀区阜成路 8 号
13	中国化工体协	1990 年	化工部	北京朝阳区安慧里四区 16 号
14	中国科学院体协	1990 年	中国科学院	北京海淀区中关村北一条 13 号甲
15	中国冶金体协	1994 年	冶金工业部	北京东城区东四西大街 46 号
16	中国水利体协	1955 年,1983 年恢复	水利部	北京宣武区白广路二条 1 号
17	中国电力体协	1955 年,1983 年恢复	电力工业部	北京宣武区白广路二条 1 号
18	中国船舶工业总公司体协	1993 年	中国船舶工业总公司	北京西城区月坛花园北街 5 号
19	中国航空体协	1989 年	中国航天工业部	北京东城区交道口南大门街 67 号
20	中国汽车工业体协	1989 年	中国汽车工业总公司	北京海淀区阜成门 64 号
21	中国兵器体协	1992 年	中国兵器工业总公司	北京西城区阜外三里河
22	中国建设体协	1995 年	建设部	北京西城区百万庄 38 号
23	中国电子体协	1987 年	电子工业部	北京海淀区万寿路 27 号

资料来源:1996 年《中国体育事业年鉴》203～204 页。

1990 年国家体委发出《关于 1990 年广泛开展群众性体育活动的通知》,大大推动了职工体育的发展;1992 年 10 月,党的“十四大”明确提出中国经济体制改革的目标是“建立和完善社会主义市场经济体制”,我国从此进入了计划经济体制向市场经济体制逐步转型的过程；1993 年国家体委群体司和中国体育科学学会在南京共同举办了第一届全国职工体育论文报告会；1994 年 6 月开始实施的《社会体育指导员技术等级制度》，从组织上更好地保证了职工体育的健康发展；1995 年《全民健身计划纲要》和《中华人民共和国体育法》先后出台与实施，从战略高度和法治角度促进和保障了群众体育的发展。《体育法》第十三条又明确规定："国家机关、企事业组织应当开展多种形式的体育活动，举办群众性体育竞赛"。在这一时期内，国家出台的一系列关于群众体育、职工体育的政策被再次提到重要的议事日程，政策的支持与保障对职工体育黄金发展阶段的形成起到至关重要的作用。此外，职工体育呈现出休闲性、业余化、多样化、个性化特征，充分反映职工体育理念的转变和体育锻炼意识的增强，这也是在这一时期职工体育协会大步发展的重要原因。

2.1.1.6 变革彷徨期（1997～2007 年）。据中国两次群众体育发展现状调查结果表明，2000 年中国职工体育人口下滑较为严重，比 1996 年减少了 6%。社区体育的快速发展中，一定程度上对我国职工体育造成了较大的冲击，有些学者也认为社区体育必将替代职工体育。但我国企事业单位职工大都是过着"朝九晚五"的生活，工作的时间较为固定，职工参与体育活动的时间基本上都在 8 小时之外，已基本趋向自主化、业余化；参加体育锻炼的场所大都是以离常驻的居住地较近的公园和小区的活动场地为首选；在活动的形式上，职工则以和亲朋好友一起锻炼为主要组织活动形式，另外，还会选择参加单位组织的集体体育活动，许多职工认为当前企事业内部体育发展状况不理想，表示了不同程度的不满意。

社区体育的出现对职工体育的延续和发展产生了巨大的冲击，职工体育除了具有社会属性外还具有单位属性，除了是社会的人还是单位的人，具有独立支配余暇时间自发参与体育健身活动的权利。由于职工体育在由单位体育向社区体育转移的过程中没有找到顺畅的衔接手段，造成职工体育的第二次"低迷"发展，加之这一时期对职工体育与社区体育的关系理解欠妥，有些学者认为二者是对立关系，即社区体育的出现必然会替代职工体育原有的职能和作用。但从目前的实践结果来看，这一观点是不够全面和正确的。

2.1.1.7 稳步发展期（2008 年至今）。2008 年的奥运会之年，是中国体育腾飞发展史上具有里程碑意义的一年。北京奥运会的成功举行，既为中国竞技体育的发展带来了千载难逢的历史机遇，也为中国群众体育的发展带来前所未有的契机。全民健身与奥运同行，北京奥运会不仅激发了国人的爱国情怀，更掀起了亿万群众参与体育活动的热情。职工体育作为群众体育的有机组成部分,其重要作用也不可忽视。社区体育的出现虽然对职工体育造成了一定程度的冲击,但是,实践证明职工体育对企事业单位和社会都具有社区体育无法取代的特殊功能和作用。

随着人们对职工体育认识的加深,职工体育呈现出旺盛的发展势头。虽然在奥运会后,受益于国家发展群众体育,搞活群众体育文化生活的大好形势,乘着国家由体育大国向体育强国迈进的东风,职工体育有了很大的起色,但是职工体育协会仍有极大的发展空间和潜力,职工体育协会应深层发掘企业体育文化,盘活职工体育活动热情,将职工体育发展带向更加成熟、更加繁荣的新阶段。

2.1.2 中国职工体育协会的发展现状。随着社会的转型和经济体制改革的不断深入,中国各行业只重视提高生产力,发展经济,而对职工的体育需求关注不够。随着各行业大量精简机构,全面瘦身,职工体育协会的人员编制自然随之缩水。另外,在现阶段,中国经济发展程度还不高,人们生活水平还没有实现全面小康社会,"体育健身""花钱买健康"的观念还未完全形成,在经济欠发达的地区,职工体育健身意识更是较为淡薄。由于各行业对职工体育的不重视,甚至觉得职工体育协会没有存在的必要,我国职工体育协会的数量渐渐减少。目前正常运转,与国家体育总局有业务来往的只有 19 个(表 3),这些体协的规模越来越小,人员、编制都有继续减少的情况,有的职工体育协会甚至只有 1 个正式在编人员,根本无法正常运转。据 1 项对职工体育协会的人员和编制的调查结果显示:中国职工体育协会在编人员 7～9 个的占 28.61%,4～6 个的占 48.22%,1～3 个的占 23.17%。职工体育协会的人员编制与规模,一定程度上也说明了目前职工体育协会的发展境况不容乐观,难以满足职工体育发展的需求。

表 3　目前中国各职工体育协会一览

序号	体协名称	成立时间	隶属单位	体协地址
1	中国火车头体协	1952 年,1978 年恢复	铁道部	北京西城区复兴门 10 号
2	中国银鹰体协	1955 年,1981 年恢复	中国人民银行总行	北京西城区成方街 32 号
3	中国石油体协	1984 年	中国石油天然气总公司	北京西城区六铺中街 4 号
4	中国煤炭体协	1955 年,1984 年恢复	煤炭工业部	北京东城区和平里北街 21 号
5	中国前卫体协	1956 年,1984 年恢复	公安部	北京东城区东长安街 14 号

续表 3

序号	体协名称	成立时间	隶属单位	体协地址
6	中国林业体协	1986 年	林业部	北京东城区和平里东街 14 号
7	中国地质体协	1987 年	地质矿产部	北京西城区阜内大街 64 号
8	中国机械体协	1989 年	机械工业部	北京西城区阜外三里河
9	中国邮电体协	1957 年,1987 年恢复	邮电部	北京西城区西长安街 13 号
10	中国石化体协	1988 年	中国石油化工总公司	北京朝阳区惠新东街甲 6 号
11	中国航天体协	1989 年	中国航天工业部	北京海淀区阜成路 8 号
12	中国化工体协	1990 年	化工部	北京朝阳区安慧里四区 16 号
13	中国科学院体协	1990 年	中国科学院	北京海淀区中关村北一条 13 号甲
14	中国冶金体协	1994 年	冶金工业部	北京东城区东四西大街 46 号
15	中国水利体协	1955 年,1983 年恢复	水利部	北京宣武区白广路二条一号
16	中国电力体协	1955 年,1983 年恢复	电力工业部	北京宣武区白广路二条一号
17	中国航空体协	1989 年	中国航天工业部	北京东城区交道口南大门街 67 号
18	中国建设体协	1995 年	建设部	北京西城区百万庄 38 号
19	中国电子体协	1987 年	电子工业部	北京海淀区万寿路 27 号

中国职工体育协会机构最初的设置是在计划经济体制下参照苏联的模式设置，各个行业分级成立国家级、省级、市级、区县级职工体育协会，使用垂直的管理模式开展职工体育活动。根据调查，中国职工体育协会的主管部门是其所属的各个部、集团总公司，人员、编制是由其主管部门决定，业务方面由国家体育总局群体司、中华全国体育总会主管，但在实际管理业务方面的是国家体育总局群体司。

2.1.3 影响中国职工体育协会发展的因素

2.1.3.1 影响职工体育协会发展的外部环境

(1)管理体制因素。随着中国体育管理体制的改革，各体协的管理手段和内容也随之发生变化，由原来带有浓厚人文色彩的“人治”行政管理手段向以经济手段为主、多种方法相结合转变；在人力资源的配置上引入了竞争机制和激励机制，在财物资源的配置上引入了优胜劣汰的风险机制和相应的保障机制，形成了国家与社会共同办体育的新体制。这些对中国职工体育协会的发展也产生了深远的影响，为职工体育协会的发展带来良好的契机。但各职工体育协会改革的步伐不一，对职工体育协会调查结果表明，大多还是以行政管理手段为主，看上级领导的脸色行事，没有引入竞争机制和激励机制，这些都制约了职工体育协会的发展。

(2)政策法规因素。我国《全民健身计划纲要》《体育法》《中共中央、国务院关于进一步加强和改进新时期体育工作的意见》等法规文件为我国职工体育协会的工作指明方向，为职工体育协会的发展提供依据。《全民健身条例》出台对形成全民健身计划工作的舆论导向进一步指出了发展方向，也增强了全民健身的意识，提高各行业领导对全民健身工作的重视程度。《全民健身条例》出台使全社会认识到，身体素质是全民思想道德素质和科学文化素质的重要物质基础，是社会主义精神文明和物质文明的重要内容，一个国家体育发展水平也是社会进步与人类文明程度的重要标志。这为更多的职工参与到职工体育协会所举行的各项体育活动奠定了重要基石。

(3)经济条件因素。我国经济的快速发展对职工体育协会发展的影响主要体现在行业体育事业的经费投入和体育场地建设两个方面。首先，经济水平制约着行业体育资金投入水平，一个行业(系统)的经济发展水平越高，相对而言投向职工体育的资金就越多，反之亦然。因此，一个职工体育协会的发展，取决于这个行业的经济实力。其次，经济的发展水平也制约了职工体育协会体育场馆与运动设施的建设。例如，在经济发达的北京、上海、广州、深圳等城市体育场馆与运动设施远高于中、西部城市。因此职工体育活动的发展必须要加大对职工体育协会经费的投入，同时也要最大限度的整合和利用体育资源，增强职工体育协会的自身造血功能，促进职工体育的有序发展。

(4)单位制度因素。随着经济体制的转轨和社会的转型，原来单位体制发生了较大的变化，对有些行业的经济有较大的影响，大多数行业完全置于市场经济条件下，实现自主经营、自负盈亏。单位领导只重视经济建设，忽略职工体育的健身需求，压缩职工体育协会的人员编制和资金的投入，导致职工体育协会形同虚设，不能够发挥其应有的作用。如不及时转变这种状况，职工体育协会的功能和作用逐渐弱化，最终其发展会陷入困境，将影响中国群众体育的发展及实现体育社会化进程。

(5)文化氛围因素。文化氛围对职工体育协会影响主要是对职工体育价值观的影响。体育价值观控制着体育的发展方向。价值观通常是充满感情的，它决定人们赞赏什么，追求什么，选择什么样的生活目标和生活方式。因此，体育价值观主要通过学校和大众传播媒介的体育传播，影响人们对体育的认识，改变人们的观念，树立"健康第一""终身体育""每天锻炼一小时，健康工作五十年，幸福生活一辈子"等正确的体育价值观，能有力促进广大职工及家属主动参与体育健身活动，在体育锻炼中不断塑造自我。

2.1.3.2 影响职工体育协会发展的内部环境

(1)性质、地位异化。相关资料显示，发达国家体育协会的性质多数是民间性的，代表会员的利益，有助于建立政府与会员的桥梁。而我国职工体育协会主要产生于计划经济时期，职工体育协会的领导机构和工作机构与单位的行政级别挂钩，主要领导人是由上级委派或任命；经费来源主要是财政拨款。因此，我国行业协会具有"官办"或"半官办"的管理色彩。随着经济体制改革的深化，各级政府在精简机构，裁减人员等方面，首先就会对这些机构进行裁减。有的单位领导缺失职工健康与发展生产力正相关作用的意识，没有把人民群众的身体健康放在重要位置，没有意识到职工体育协会的重要性，认为职工体育协会可有可无，从而使职工体育协会的功能得不到充分地发挥，严重影响了其体育工作的开展。

(2)自身的建设与管理。职工体育协会是以行业或单位为主体组织职工参加体育健身活动，是为职工的身体健康和休闲娱乐服务的行业体育组织。加强职工体育协会的自身建设对于提高职工体育协会的工作效率，保证协会各项职能的充分实现具有重要的意义。职工体育协会的自身建设主要包括两个方面：即内部管理机构和经费管理机制。合理的内部管理机构是保证协会正常运作，完善协会正常运转的关键；职工体育协会的经费是由行业或企业的行政预算构成，协会必须严格按照国家有关财务制度对协会的各项经费进行管理，建立完善的监督机制和严格的自律机制。

2.2 中国各职工体育协会现状的调查与分析

2.2.1 职工体育管理体制是企业职工体育文化得以发展的重要保障，如果没有良好的管理体制，企业的职工体育发展就会受到阻碍，也就直接影响企业的体育文化建设，所以我们有必要从促进生产力发展和实现企业战略的高度重新认识和界定职工体育的管理机制。

通过对 16 个体协的调查表明(表 4)，各体协基本上都是由本单位工会领导和组织管理本单位的体育活动，占受调查总数的 93.75%，只有 1 个单位交由体育公司代管理。

表 4　职工体育活动管理机构

选项	频数	百分比
体育公司代管理	1	6.25%
单位工会管理	15	93.75%
单位其他行政部门管理	0	0

通过调查可以了解到，87.5%的职工体协具有较完善的体育管理制度(图 1)。究其原因，跟单位一直来相对比较重视职工体育发展有关，也跟职工体育发展比较久远，曾经发展相对较好有关。

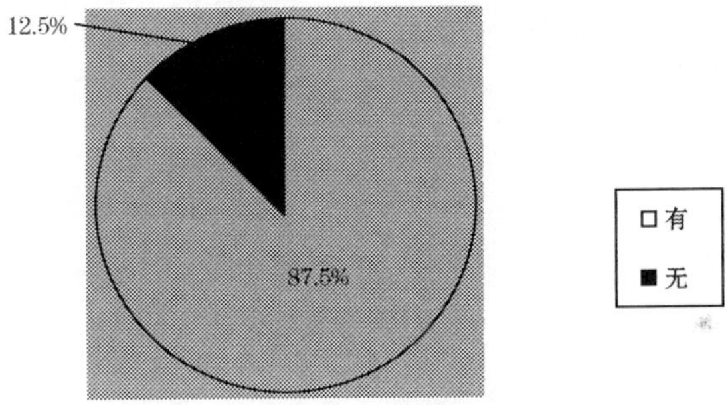

图 1　职工体育管理制度统计图

但在职工体育管理制度是否完善的调查中，有 64.29% 的人认为“完善”，35.71%的人认为“一般”，没有选择“非常完善”“不完善”“非常不完善”的单位。可见，职工体育管理制度得到各体协的认可，但并非非常满意。而对于“职工体育相关管理制度的执行情况”的问卷统计中，回答“好”的只有 35.71%，回答“一般”的，占到 64.29%，没有“非常好”的。由此可见，各体协对于职工管理制度的执行情况基本认可，同时也有不同程度的改进要求。

通过调查研究可以知道，历经几十年的发展，各体协的职工体育已经不再是过去那种毫无目的、毫无计划的状态。现在几乎所有的企业都会经常组织职工进行一些体育活动，这些活动也不再是随意的行为，因为大多数企业单位已经把职工体育纳入到企业的未来发展规划当中，也正因为如此，各体协的体育管理者已经为职工体育活动的开展制定了相应规章制度和活动计划方案，并得到了执行。

2.2.2 各体协对职工体育活动认知程度。职工体育是中国群众体育的重要组成部分。职工体育对于职工体育活动的开展，对于推动中国由体育大国向体育强国迈进，具有重要的推动作用，对落实中国“全民健身计划纲要”具有重要作用。

由表5可以看出，体协管理者对于职工体育活动认知程度在一定程度上影响了职工体育发展的好坏。职工是企业发展的动力和中坚力量，职工只有身体健康才能更好地完成工作，提高工作效率。随着企业的发展，职工生活节奏快，工作压力大，很容易引起各种心理疾病，影响着职工的生活和工作，所以给自己提供一个美好愉悦的心情是非常重要的。职工的事业是职工一生非常重要的组成部分，要在事业上有所发展，除了个人工作能力强外，良好的人际关系是必不可少的。职工体育活动的开展，也有利于企业宣扬企业文化，对提升企业生产效率具有很重要的意义。

表5　对职工体育活动作用认知情况调查统计(多选)　(N=16)

选项	频数	百分比
增强职工体质	16	100%
丰富职工文化生活	15	93.75%
增强职工凝聚力	12	75%
促进职工间友谊	10	62.5%
提高出勤率	5	31.25%
减少职工医疗费	7	43.25%
增强职工工作能力	4	25%
提高企业生产力	12	75%
宣扬企业文化	13	81.25%
其他	1	6.25%

在对16个体协的调查问卷统计中可以了解到，《全民健身计划纲要》在各体协基本得到落实，但仍有18.75%的体协没有落实。在职工体育管理体制“职工体育活动对中国经济发展作用的重要程度”的调查中，选择“非常重要”的占68.75%，选择“重要”的有31.25%。可见，各体协已经意识到职工体育活动对于推动国民经济发展的重要作用。但在各体协对于“职工体育活动开展最好年份”的调查中(表6)，因为各

体协依托的各系统在不同时期对于职工体育发展重视和支持程度不同，选择比较分散。

表 6 各体协职工体育活动最好年份统计 (N=16)

选项	频数	百分比
20 世纪 70 年代	4	25%
20 世纪 80 年代	3	18.75%
20 世纪 90 年代	4	25%
2000 年以后	5	31.25%

2.2.3 中国各职工体育协会职工体育开展频度。职工体协组织的体育活动是职工参与体育活动的重要途径。通过表 7 可以看出，在调查的 16 个体协中，组织系统的职工体育活动比赛的频率为 2 次/年的占到 50%，组织职工体育活动的频率还是非常高的；没有单位从没有组织系统的大型体育活动，即使是 4 年组织一次，对于职工体育发展和职工身体素质的提升都有很大的促进作用。可以看出，各个系统对于大型的体育活动的组织还是很重视的。

表 7 各体协举办大型职工体育比赛组织频次统计 (N=16)

选项	频数	百分比
2 次/年	8	50%
1 次/年	3	18.75%
1 次/2 年	1	6.25%
1 次/4 年	4	25%
从没有	0	0

2.2.4 中国职工体育体协开展活动的主要方式。在职工体育活动开展方式的选择上(表 8)，各行业系统因为自己的特色和传统不一样，选择上可能比较分散，但是对于单项联赛和系统运动会大家还是比较认可，分别占到被调查频数的 93.75% 和 68.75%。另外，随着全民健身热潮，鼓励团队普通人群的参与积极性，趣味比赛和俱乐部的活动形式也逐渐被大家所接受。

表 8　职工体育活动的主要方式选择统计(多选)　(N=16)

选项	频数	百分比
单项联赛	15	93.75%
系统内运动会	11	68.75%
趣味比赛	4	25%
系统外运动会	1	6.25%
职工俱乐部	4	25%
其他	1	6.25%

2.2.5 各体协倡导职工体育活动项目统计与倡导原因调查

表 9　各体协倡导职工体育活动项目统计(多选)　(N=16)

选项	频数	百分比
篮球	13	81.25%
排球	2	12.5%
足球	3	18.75%
乒乓球	13	81.25%
羽毛球	16	100%
网球	4	25%
健身跑	5	31.25%
健步走	9	56.25%
游泳	5	31.25%
钓鱼	3	18.75%
棋牌	13	81.25%
跳舞	2	12.5%
健身操	5	31.25%
扭秧歌	2	12.5%
太极拳	5	31.25%
瑜伽/普拉提	1	6.25%
登山	5	31.25%

续表 9

选项	频数	百分比
自行车	1	6.25%
踢毽子	1	6.25%
跳绳	3	18.75%

由表 9 可以看出，各职工体协对于羽毛球、篮球、乒乓球、棋牌这四个项目的选择比较多，分别占 100%、81.25%、81.25%和 81.25%，这主要由于职工体育管理部门为解决职工体育活动，普及体育设施有关。这些项目适合各个年龄的人员参与，对人的身体素质要求不高，而且适合这些项目的场地较多。除此之外，健步走项目在其中的比例也相对较高。而瑜伽/普拉提、自行车、踢毽子等倡导较少，限制了职工对它们的选择。

在对体协关于倡导这些活动项目的统计中(表 10)，可以体现体协对于倡导这些活动的意图。以“大多数职工喜欢”为主要原因的选择上，频数是 100%，可见大多数还是以职工兴趣选择推荐项目有关；以“领导喜欢参加”“适合单位文化”为主要原因的选择上，均占 56.25%，可见在推荐倡导的项目上，领导喜欢的程度和适合单位文化发展占有很大的比重。

表 10　各体协倡导体育活动项目的原因统计(多选)　(N=16)

选项	频数	百分比
大多数职工喜欢	16	100%
组织活动成本低	2	12.5%
便于操作	3	18.75%
适合单位的文化	9	56.25%
领导喜欢参加	9	56.25%
场地、器材充足	2	12.5%
有专门的指导人员	4	25%

2.2.6 各体协组建业余运动队情况的调查统计

通过图 2 统计可知，87.5%的体协均组建自己的业余运动队，这对于单位体育活动的开展与推广，对于提升单位职工体育的发展具有很好的引领与带动作用。其中，组建的业余运动队有足球队、篮球队、武术队、田径队、羽毛球队、航模队、乒乓球队、排球队、健身操、健身跑、健步走、拔河、门球等队伍。

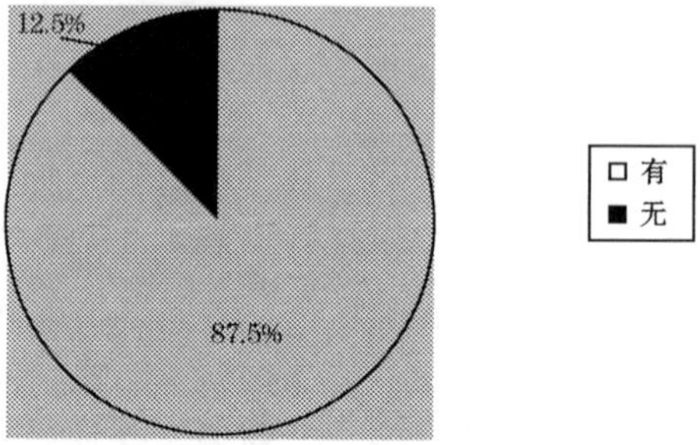

图 2　各体协组建运动队情况统计图

2.2.7 各体协体育活动经费与场地器材情况。在对职工体育活动是否有专项经费的调查中，回答“有”的占 87.5%，只有 2 个单位体协没有专项经费。在有专项经费的 14 所单位体协中，情况又略有不同。“充裕”的占到 50%，“刚好够用”的有 4 个，占到 28.57%，“紧缺”的有 3 个，占到 21.42%。可见各单位经费情况还是大相径庭的，这需要各体协根据自身情况，对自己单位系统中的经费尽量争取，因为这直接关系到职工体育活动开展的好坏。在对各体协体育场地、器材的调查中可见（表 11），有 13 个单位体协有自己的场地、器材，即使没有，也会经常租用。可见，各体协对于职工体育活动上还是给予很大的支持的。

表 11　各体协是否有自己的体育场地、器材统计　（N=16）

选项	频数	百分比
有	13	81.25%
无，但常租用	3	18.75%
无，也不租用	0	0

2.2.8 各行业对职工体质测定频率调查。各单位对于职工体质监测的频率在一定程度上说明了单位对于职工体育工作的重视程度。通过对各系统的调查可知（图

3)，从没有进行过体质测定的单位有 3 个，占 18.75%；组织单位有规律体质测定的单位有 13 个，占 81.25%。

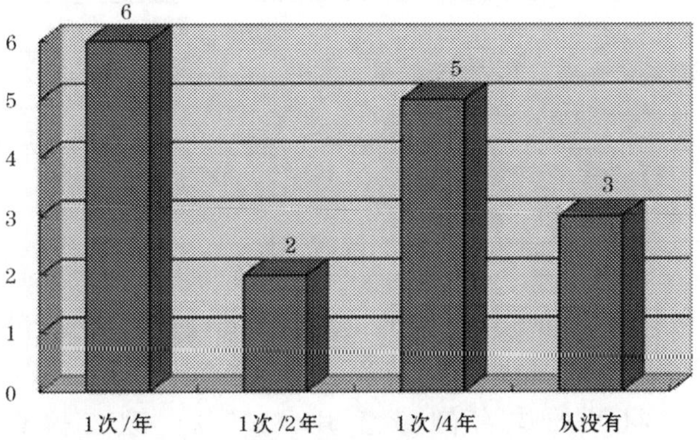

图 3　职工体质测定频度调查表　(n=16)

2.2.9 各职工体育协会职工体质健康状况与医疗费用调查。通过问卷调查统计可知，各单位认为目前职工体质健康状况与十年前相比，"下降了"的占 56.25%，"上升了"的占 25%，"基本持平"的占到 18.75%；在"目前职工所患常见病与以前相比更趋年轻化了"的有 14 个，占 87.5%，在"职工医疗费用与之前相比，逐年递增"的，占 62.5%。可见职工体质健康状况发展不容乐观。任何事物有利就有弊，科技的飞速发展，使人们的生活水平越来越高，而人们的身体健康状况却大不如从前。如今，人们生活节奏快，压力大，社会竞争激烈，人们承受着巨大的心理压力，人们抵抗力、免疫力降低，各种心理、生理疾病困扰着人们的生活。职工的身体健康状况直接影响着企业的发展，国家的安定，所以，提高职工的健康状况是中国职工体协目前的首要任务。

2.2.10 各行业管理者对中国职工体育发展的挑战和困难的看法

2.2.10.1 职工体育活动面临的最大挑战。从职工体育领导层面讲，影响职工体育活动的因素主要来自 4 个方面(表 12)：单位经济发展的情况；单位领导对体育的重视程度；职工自身的体育意识与参与程度；职工体育的管理模式不合理。在对 16 家单位体协进行的调查统计中，可以很明显地发现当前职工体育活动面临的上述 4 个方面问题是最大挑战。可见，各单位经济发展程度以及领导对单位的重视程度对职工体育的发展具有重要作用。

表 12 职工体育活动面临最大挑战统计(多选) (N=16)

选项	频数	百分比
发展不平衡,贫富不均	9	56.25%
领导重视程度不够	9	56.25%
职工参与意识不够,参与程度不强	5	31.25%
管理模式太单一,过于行政模式	4	25%

2.2.10.2 职工体育活动亟待解决的主要问题。由问卷统计可知(表 13),职工体育活动开展急需解决的主要问题依次是领导的重视程度(68.75%)、职工体育组织管理问题(68.75%)、职工的体育健身意识(62.5%)、职工体育活动场地问题(56.25%)、体育活动经费问题(50%)、职工体育相关制度问题(43.75%)。

表 13 职工体育活动亟待解决的主要问题统计(多选) (N=16)

选项	频数	百分比
组织管理问题	11	68.75%
经费问题	8	50%
活动场地问题	9	56.25%
职工健身意识	10	62.5%
领导的重视程度	11	68.75%
相关制度保障、完善	7	43.75%

3. 中国职工体育协会发展的对策研究

3.1 加强单位领导的重视。完善体育协会组织机构单位领导的重视程度对职工体育协会发展与体育活动的开展很重要,领导重视职工体育的开展,职工体育协会发展的空间与氛围更好。100%的受调查单位认为,职工体育协会工作管理的关键是"领导重视"。可见,当前中国的职工体育协会受到行政干预比较多,行政手段的运用是当前职工体育协会发挥作用以及职工体育活动开展的主要管理方式。职工体育协会组织机构的完善有利于职工体育活动的顺利开展,同时,职工体育协会应注重长期发展,要将培养职工体育锻炼的兴趣爱好作为一项长期不懈的工作,加强对职工体育活动工作的管理，促使职工体育不断向规范化、制度化发展，是新时期职工体育协会发展的一项重要任务。

3.2 加大专项经费支持力度，完善体育硬件设施建设。专项经费的多寡是职工体育活动开展的物质基础。经济条件比较好的单位，体育活动开展规模比较大，活动开展呈现常态化，有利于职工体育习惯的养成，能吸引更多的员工加入。有 81.25% 的体协领导层认为大量的经费支持可以更好地促进职工体育活动开展。体育场地设施和体育器材是职工能够参加体育活动的先决条件，是一切职工体育活动的根本基础，所以，单位一定要在这上面下大功夫。在企业的未来发展规划中，应把体育硬件设施建设放在重要的位置。将职工进行体育活动的首要条件安排好，以便职工毫无顾虑地开展活动。有 62.5%的受调查管理者认为，体育设施、场馆的修建可更好地促进职工体育活动的开展。另外，与相邻的学校、体育馆加强联系与互动，也可解决体育场地、设施的问题。

3.3 加大职工体育宣传力度，普及科学健身知识，促进职工体育意识的养成。近几年来，在实施全民健身计划过程中，许多地方和企业事业单位运用广播、电视、网络、板报以及知识竞赛等多种形式进行，向职工宣传科学健身理念，普及科学健身知识，培养科学健身习惯，提高职工体育素养，使职工体育充分融入大众生活，收到了较好效果，企业职工的体育意识有很大提升。另外，还要培养职工科学的健身习惯，用科学合理的手段积极引导职工进行体育锻炼活动，使他们培养体育健身的意识，养成体育健身的习惯。有 50%的受调查体协管理者认为这样可以更好地促进职工体育的开展。

3.4 大力开展体质监测工作，使职工充分认识到健康的重要性。健康问题是一切社会问题的基础，尤其是在以追求经济效益为宗旨的企业单位中，职工的健康问题更是具有不可替代的地位和决定性作用。因此，企业要积极开展体质测试工作，为广大职工的健康服务，同时用科学方法指导职工进行锻炼，使他们认识到体育健身的重要意义、价值和作用。开展体质健康监测工作，能很好地了解企事业单位国民体质现状和变化规律，为实施全民健身计划提供科学依据。推进国民体质监测，目的就是为了让人们了解自身的体质状况，促进他们有针对性地锻炼健身，增强体质，养成健康的生活方式，从而提高国民整体素质。

3.5 重视社会体育指导员在职工体育发展的作用。中国的体育工作指导人员已经远远不能满足人们日益增长的体育热情和体育需求。所以，企业应该根据自身的实际发展情况确定体育指导员的规模，有计划地引进一大批社会体育指导员，并在企业内部培养自己的社会体育指导员。同时加强职工体育骨干队伍的业务技能培训，注重体育管理人员的素质培训，注意提高他们的文化水平，严格执行社会体育指导员技术等级制度，充分发挥体育指导员在职工健身意识培养、活动组织、知识传播、技术指导等方面的积极作用，用更优质的服务为广大职工的体育活动服务，真正发挥他们在开展群众体育中的作用。

3.6 采用多种措施与手段，提高职工参与体育锻炼的积极性。随着社会的发展，人们对健康有了新的认识，体育健身活动已经成为许多人生活的重要组成部分。但是职工参与体育活动的项目较为单一，无法满足职工健身娱乐的需求，因此有必要采用多种措施与手段（表 14）来满足职工参与体育活动的现实需求，提高职工参与体育活动的积极性。

表 14　鼓励职工体育健身较好的形式统计（多选） （N=16）

选项	频数	百分比	排序
定期开展比赛	13	81.25%	1
组织职工进行定期锻炼	10	62.5%	2
进行宣传，鼓励职工锻炼	10	62.5%	2
将职工健身与考核挂钩	8	50%	4
发放健身费，自己锻炼	3	18.75%	5
其他	1	6.25%	6

4. 结论

（1）中国职工体育协会发展历程曲折，大致经过破土萌芽期、曲折成长期、倒退荒废期、重生蹉跎期、黄金发展期、变革彷徨期和稳步发展期等七个时期，各职工体育协会的发展历程基本相同。

（2）随着社会转型和经济体制改革的深入，目前中国体协数量已缩减为 19 个，在编人员数量在减少，职工体育协会的发展境况不容乐观，难以满足职工体育发展的需求。

（3）影响中国职工体育协会发展的外部因素有管理体制因素、政策法规因素、经济条件因素、单位制度因素、文化氛围因素；内部因素有职工体育协会性质和地位异化、自身的建设与管理不善等。

(4)中国职工体育的领导手段多以行政手段为主,领导层的喜好关系到职工体育开展的好坏;职工体育多还是以单位工会管理,已有部分单位将其推向市场化;多数单位拥有完备的体育管理制度。

(5)职工体协还是认同职工体育活动在企事业单位文化建设中的积极作用,但各体协职工体育活动开展的频度因为经费、场地、领导重视程度不一等原因,开展活动的频度与规模各不相同。

(6)各行业职工体协职工体育开展的项目呈现多样化,但领导对职工体育发展的重视程度、职工体育协会组织管理完善程度、职工体育经费问题、职工体育意识的养成、体育场地与设施的完善程度成为制约开展职工体育发展的主要因素和急需解决的主要问题。

参考文献(略)

注:该文作者李相如、鹿志海,是国家社科基金项目“改革开放以来我国职工体育活动发展与增强体质问题研究”(项目编号:10BTY033)的系列研究之一,发表在《中国学校体育(高等教育版)》2015 年 07 期,下载 19 次,引用 2 次。

中国全民健身工程发展的现状与特征研究

1. 研究目的

“全民健身工程”这个词最早以正式的称谓出现,是在 1997 年国家体委下发的《关于 1996 年度体育彩票公益金用于实施全民健身计划的通知》之中。2000 年国家体育总局颁布了《中国体育彩票全民健身工程管理暂行规定》,对全民健身工程的定义作了新的表述,从而对全民健身工程的定义、定位、内容和受赠地区、受赠对象、管理权限、建设和配置、责任和义务等都做了明确的规定。近七年来,全民健身工程作为政府的主导行为,以体育彩票公益金为启动资金,实施以人为本,造福社会,被广大群众誉为“造福工程”。系统整合全民健身工程的发展现状和特征,是本文研究的目的所在。

2. 研究方法

本研究主要采用文献资料法、调查研究法、比较分析方法、逻辑分析方法等。

3. 研究结果与分析

3.1 我国全民健身工程产生的历史背景

我国全民健身工程产生的历史背景有以下几个因素:第一,随着社会生产力的发展,人们开始慢慢从繁重的体力劳动中解脱出来,余暇的时间也越来越多,提高生活质量成为人们追求的新的目标,群众体育为人们追求高质量的现代生活提供了一个科学而有效的平台;第二,到 20 世纪 90 年代中期,我国体育场地设施严重不足,尤其是群众体育场地设施严重缺乏的局面没有得到根本性改变,建设群众身边的场地就呼之欲出,发展社会公益性场地设施不可避免摆在了各级体育部门的面前;第三,体育彩票的发行和提取的公益金的 60%用与全民健身,为跨越式修建和发展群众体育公共设施提供了条件。“全民健身工程”就是在这个前提下产生的。经过近 7 年的发展,全民健身工程的规模从小到大,内容由少到多,发展模式逐渐形成。

3.2 我国全民健身工程发展的现况分析

自 1997 年至 2003 年,国家体育总局累计用公益金 3.5 亿元,加上地方各级公益金 2.2 亿元,共计 5.7 亿元,在全国城市社区和农村乡镇修建了 4097 个全民健身路径工程。我国目前全民健身工程的构成内容主要包括全民健身路径、全民健身活动中心、“雪炭工程”和全民健身活动基地。以下分别进行分析。

3.2.1 全民健身路径工程状况分析

全民健身路径工程包括健身路径以及相应的配建体育设施等。表 1 是 1997~2003 年底我国全民健身路径的基本情况。从表 1 可以看出,国家和地方政府利用体育彩票公益金 41481 万元,配建“健身路径”22261 条,乒乓球台 58304 个,小篮板 12106 副,体质测试器材 2692 套。从 1996 年 9 月我国第一条健身路径在广州天河体育中心建成至今,短短 7 年多的时间,全民健身路径从城市社区发展到农村乡镇,2003 年健身路径已经开始走进村庄,使我国群众性体育公共设施实现了跨越式发展。据相关数据显示,每天利用健身路径进行锻炼的人数高达上千万人次,群众身边的健身场地和基本设施的问题发生了根本性变化。健身路径使群众健身条件得到极大改善,被人民群众誉为“德政工程”“民心工程”。

3.2.2 建设“全民健身活动中心”状况分析

为了满足广大人民群众体育健身多元化需求,2001 年至 2003 年,国家体育总局平均每年用 3000 多万元公益金作为引导资金,在全国探索、示范性建设“全民健身活动中心”。目前,按照地域范围或人口数量把全民健身活动中心分为四个层次:居民小区级的"全民健身活动中心"、街道级"全民健身活动中心"、市辖区级"全民健身活动中心"和城市级的"全民健身广场""体育主题公园"。健身活动中心的室外健身设施中应建一处具有一定规模的健身路径。在硬件建设上要求建球类、游泳、棋牌、攀岩、健美、健身、飞镖、射箭、轮滑、跆拳道等12种以上易于群众活动的场地设施和80平方米以上的体质测试中心或测试站,对软件配套服务提出了具体标准。目前共实施三批,累计9900万元,建设了37个全民健身活动中心。从表2可以看出,在投资政策上,国家体育总局保持了东、中、西部地区的协调发展。

表1　全国全民健身路径工程配置的基本情况

地区 项目	东部		中部		西部		总计
	数额	%	数额	%	数额	%	
公益金(万元)	26424	63.7%	7999	19.3%	7058	17.0%	41481
路径(条)	15781	70.9%	3626	16.3%	2854	12.8%	22261
小篮板(副)	5748	47.5%	3705	30.6%	2653	21.9%	12106
乒乓球台(个)	52914	90.8%	3315	5.7%	2075	3.5%	58304
体质监测器材(套)	1198	44.5%	763	28.3%	731	27.2%	2692
总面积(平方米)	9705554	54.3%	5883868	32.9%	2285456	12.8%	17874878

(注:此数据统计到2003年底)

表2　全民健身活动中心建设情况

地区	投资(万元)	比例(%)	建设个数	比例(%)
东部	3600	36.4%	16	43.3%
中部	2700	27.3%	9	24.3%
西部	3600	36.4%	12	32.4%
合计	9900	100%	37	100%

3.2.3 实施"雪炭工程"情况与分析

2001年至2003年,国家体育总局先后分三期共投入20965万元,建设105个雪炭工程(见表3)。此工程得民心、顺民意,大大改善了中西部老、少、边、穷地区体育基础设施落后的局面。"雪炭工程"援助对象主要是革命老区、边疆少数民族地区、贫困地区、资源枯竭和下岗职工较多的地区、受灾严重的地区。从表3可以看出,国家体育总局体育彩票公益金用于援助雪炭工程的资金大部分投向了西部地区，其比例占到总投资额的69.1%，另外有26.1%的资金投向了中部地区，这样中西部地区加起来占到总投资额的95.2%。投向东部经济发达地区的资金仅占总投资额的4.8%，建设5个雪炭工程，这5个捐赠地点主要是革命老区和体育先进县等。“雪炭工程”健身项目可以是室内设施、室外设施或者二者结合的设施。无论建设那种设施，均要建一处较具规模(器材在20件以上)并与环境绿地相配套的全民健身路径园区。“雪炭工程”援建项目坚持“从实际出发、量力而行、因地制宜、以人为本、小型多样、经济实用、讲求实效、服务群众”的原则，不搞统一模式；重点援建县(区)级的公共体育设施；受援地区必须从当地经济和社会发展水平以及群众体育和业余训练等实际情况出发，确定切合实际，工期短、见效快的健身项目，使援建项目切实地为群众开展体育健身和基层开展业余训练服务，产生了良好的社会效益。

3.2.4 全民健身活动基地状况分析

随着我国全民健身计划不断深入，大体育观越来越被广泛认同。利用自然环境开发体育资源，是国家体育总局进一步推进全民健身工程的重大举措。2001年开始，国家体育总局与江苏、浙江联手开发“环太湖体育圈”，就是利用环太湖的自然环境和基础设施兴建的，三年来三方投资数十亿元资金，打造了我国第一个国家级“全民健身活动基地”，在经济发达地区的率先尝试，为探索与我国全面小康社会相适应的大众体育模式积累了重要经验。

表3 雪炭工程投资建设情况

地区	投资(万元)	比例(%)	建设个数	比例(%)
东部	1000	4.8%	5	4.8%
中部	5385	26.1%	28	26.6%
西部	14290	69.1%	72	68.6%
合计	20675	100%	105	100%

3.3 我国全民健身工程发展的模式与特征分析

3.3.1 健身路径工程、全民健身活动中心、雪炭工程和全民健身活动基地是我国全民健身工程的四种基本模式，这四种模式使我国建设全面小康社会的体育健身设施的多元化的发展模式的格局已经显现出来。目前，“全民健身路径”按以下三种模式进行建设：(1)城市社区和农村乡镇配建项目；(2)健身广场配建项目(3)公园配建项目;“全民健身活动中心”分为四种模式:居民小区级、街道级、市辖区级的“全民健身活动中心”和城市级的“全民健身广场”“体育主题公园”;雪炭工程按照革命老区、边疆少数民族地区和贫困地区、资源枯竭和下岗职工较多的地区、受灾受损严重的地区(如三峡库区)五种模式建设;“全民健身活动基地”的模式正处于摸索阶段。

3.3.2 全民健身工程发展中的特征分析

特征之一:投资的规模增大、资金来源的模式不断创新。全民健身工程的发展具有以下几个趋势:投资规模越来越大,例如:2003 年仅国家体育总局投资全民健身工程 13605 万元(其中全民健身路径 5100 万、雪炭工程 6405 万、全民健身活动中心 2100 万);资金来源增多,国家、地方、受赠单位、民营企业、包括部分个人捐赠等投资方式呈现多元化的趋势;投资原则和资金管理更加严格科学;全民健身工程的品种和门类不断增加,体育设施的设计将更加科学实用,更适合不同人群的健身需要;随着全民健身工程的发展,与之相配套的法规不断完善。

特征之二:东、中、西部地区发展投资和配置模式呈现多元趋势。从表 4 可以看出两方面的问题。第一,国家体育总局投资的中心偏向于西部(高达 40.3%),但地方配套投资东部(54.9%)、中部(26.9%)远高于西部(18.2%);第二,东、中和西部地区的投资和配套模式具有显著性区别。东部地区由国家体育总局投资和地方配套投资的比重已经发生了根本性的转折,地方配套投资的总量大大超过总局投资(总局占中央和地方投资总额的 47.16%,地方占 52.84%);中部地区由总局投资和地方配套投资的比重也开始发生重大变化,地方配套投资已经开始向总局投资的总量趋近(地方配套资金占中央和地方投资总额的 40.13%);而西部地区的投资仍然主要依靠总局的配置,地方配套投资只能是很小的比重(地方配套资金占中央和地方投资总额的 23.18%)。

特征之三:国家对西部的关注度越来越大。西部 13 个省、区、市(包括建设兵团)七批国家体育总局投入资金合计 12773 万元,占七批总局总投资额的 40.30%。这些地方大都地广人稀,经济较为落后,总局对这些地区的投资占总局总投资的比例呈总体升高趋势。从第一批到第七批依次为:34.65%、34.01%、35.57%、34.98%、42.78%、44.60%、44.23%,说明总局对全民健身工程的投资在逐渐向西部地区倾斜,也充分体现了中共中央、国务院支援西部地区的决心和力度。

表 4 我国不同地区投资金额和建设情况 (万元)

地区	国家体育总局投资	所占比例	地方配套投资	所占比例	工程个数	所占比例
东部	10414	32.9%	11667.9	54.9%	1434	39.1%
中部	8510	26.8%	5705.7	26.9%	973	26.5%
西部	12773	40.3%	3854.6	18.2%	1265	34.4%
合计	31697	100%	21228.2	100%	3672	100%

(注:此数据统计到 2003 年底)

特征之四:全民健身工程快步向农村拓展成为新的发展走向。农村和农民能否享受到城市居民同等的体育设施和健身条件,是我国实现全面小康社会的群众体育的重要任务。全民健身工程向农村拓展,其社会影响和效果不断增强,对于提高体育人口和全民族的身体素质都具有十分重要的意义。2004 年是中国体育的农村年,总局把全民健身工程的投资重点放到了农村乡镇,健身路径等一批全民健身工程已经进入到村庄。据相关数据表明,2004 年北京市将有 30%的农村村庄级配建一定数量的全民健身工程

4. 结论

4.1 我国全民健身工程的构成内容主要包括全民健身路径、全民健身活动中心、"雪炭工程"和全民健身活动基地。国家和地方政府利用体育彩票公益金 41481 万元配建"健身路径",全民健身路径从城市社区发展到农村乡镇,健身路径已经开始走进村庄;按照地域范围或人口数量把全民健身活动中心分为四个层次:居民小区级、街道级、市辖区级"全民健身活动中心"和城市级的"全民健身广场""体育主题公园";国家体育总局先后分三期共投入 20965 万元,建设 105 个雪炭工程,大大改善了中西部老、少、边、穷地区体育基础设施落后的局面;"环太湖体育圈"是我国第一个国家级"全民健身活动基地",为探索与我国全面小康社会相适应的大众体育模式积累了重要经验。

4.2 我国建设全面小康社会的体育健身设施的多元化的发展模式格局已经显现出来。健身路径工程、全民健身活动中心、雪炭工程和全民健身活动基地是我国全民健身工程的四种基本模式。

4.3 我国全民健身工程发展中具有四个特征:全民健身工程投资的规模增大、资

金来源的模式不断创新；东、中、西部地区发展投资和配置模式呈现多元趋势，东、中和西部地区的投资和配套模式具有显著性区别；国家对西部地区体育设施建设的关注度越来越大；全民健身工程开始由城市社区向农村乡镇、村庄扩展。

注：该文发表在《山东体育学院学报》2005年01期，下载近880次，引用84次。

第三篇　休闲体育篇

中国休闲体育发展的方向与选择

休闲概念进入中国，并引起公众的广泛关注，不过十几年的时间。但作为一个新的社会文化现象，休闲却对人们的生活方式、消费方式和行为方式开始产生重要影响。在休闲的诸多内容中，休闲体育无疑是最具活力、人们最乐于接受的休闲方式。由于休闲体育在我国还是一个新的、正在成长的研究领域，因此，关于其科学名称与定位、概念与内涵、发展方向与路径选择等，成了近些年来学者关注和争论的焦点。本文试图从休闲体育的概念与定义解读入手，重点探讨上述问题。

1. 休闲体育的概念与内涵

1.1 关于对“休闲体育”“体育休闲”的名称与定位的看法

休闲体育的研究在我国的时间并不长，因此与之相关的名词术语五花八门，还没有形成一个学界普遍认可的名称。从目前我国学者发表的相关专著、论文和研究中使用频度最高的词是“休闲体育”，在百度可搜到以“休闲体育”为名词术语的约为13600000条，“休闲体育项目”为名词术语的约为22200000条。此外还有“体育休闲”为名词术语的约为4530000条、“闲暇体育”为名词术语的约为1520000条、“余暇体育”为名词术语的约为434000条、“运动休闲”为名词术语的约为29100000条（大量为非学术用语）、“休闲运动”为名词术语的约为18200000条（大量为非学术用语）、“假日体育”为名词术语的约为3460000条、“休闲健身运动”为名词术语的约为8620000条、“休闲娱乐体育”为名词术语的约为8510000条、“体育休闲娱乐”为名词术语的约为2880000条等。经过近些年学术界的多次争鸣、争论或辨析，目前学术研究领域的名词术语基本集中在了“休闲体育”和“体育休闲”这两个名词之上。在我国理论成果的影响上，以李相如、凌平、卢锋主编的《休闲体育概论》（高等教育出版社，2011年版）和胡小明编著的《体育休闲论》（四川科学技术出版社，2008年版）为最受关注。两种学术观点的主要分歧在于对休闲与体育的从属关系与外延属性的理解与不同认识。本文无意在此文中辨析两者的关系及短长，但笔者认为“休闲体育”和“体育休闲”的研究与发展其实并不对立，可以沿着属于自身规律的路径探索前行。从总体上看，无论是“休闲体育”或“体育休闲”，其研究与实践在中国都还起步不久，学术探究和实践积累都还不足，需要在实践中不断探索与充实其理论的发展。值得提示的是，在教育部颁布的高等教育体育专业目录中，确认“休闲体育”为专业名称（休闲体育专业）。因此，在我国未来的人才培养和市场运行中，休闲体育名称的应用将更为广泛。

1.2 休闲体育的定义与内涵解读

目前，我国学者给休闲体育下的定义较多，侧重不一。据相关的研究，有一定学术含量的定义多达 20 余种。但从定义的科学性和完整性看，这些定义或者强调了休闲体育的某一方面或某一点，或者介绍了休闲体育的项目特征，而没有正面回答究竟什么是休闲体育。2010 年和 2011 年，笔者邀请了我国开设休闲体育专业的十余所体育院校的专家和在休闲体育领域有影响的学者对休闲体育的定义与内涵特征进行了三次研讨，在各种学术思想碰撞和交流的基础上达成了基本共识。我们对休闲体育的定义是：人们在自由支配的时间里，通过体育运动的方式，以直接或间接的体验，满足身心需求的一种自觉自足的社会文化活动。

这一定义关注到了休闲的最基本要素，如：时间要素、社会活动要素、存在状态及心态要素、身体和心灵（精神）的体验要素，同时是以体育运动的方式来实现其基本特征。定义的落脚点放在社会文化活动上，是因为无论是休闲或是体育，都是社会文化活动的重要组成部分。

这一定义的内涵可以从以下角度来认识。

第一，从时间的角度探讨“休闲体育”的内涵。自由时间是休闲的核心要素，人们从事“休闲体育”的前提是必须要有自由时间。“休闲体育”是人们有自由时间、自愿或者自觉地通过体育或运动的方式，达到身体和精神上的自足。因此，自由时间是休闲体育的前提条件。

第二，从社会活动的角度探讨“休闲体育”的内涵。休闲具有三个主要价值，即放松身心、游戏娱乐和个性发展。“休闲体育”的重要特征是基于人的精神、情感、体验等方面作为对象，加深人在休闲境域下通过体育运动的方式感受、体验其内心世界和身体满足的主体构建；以休闲的意义、理想、意志、价值、人性、善恶、美丑等概念去感悟、体验和渗透到人类的精神文化生活之中。同时，借助体育运动手段，通过有形的身体活动、动作技能、场地器材与设施、运动规则等，以及无形的与社会属性相关的体育意志、动态流程、开放观念以及时代精神反映出来，从而展示具有体育特色的存在方式与文化内涵。因此，基于体育与休闲的社会活动特征，休闲体育可以理解为，人们为不断满足自身的体育需求而参与的运动项目体验、活动内容的更新、运动形式的创新、运动竞技欣赏和体育文化元素构建的一种行为方式。

第三，从休闲体育的现代作用和实现途径来探索“休闲体育”的内涵特征。休闲体育在当今社会具有抵御现代“文明病”、降低“亚健康”的比率、缓解工作紧张与压力带来的焦虑以及丰富人们的精神文化活动等方面的强大力量和现实作用。休闲体育的实现途径是从事体育活动的各种物质、精神、制度、规则以及呈现整个现象过程的总和。他的实现途径主要有：(1)以身体练习为手段的体育健身活动，如太极拳、打羽毛球、瑜伽、普拉提、高尔夫球、户外运动、休闲体育旅游等；(2)非身体练习的体育活动，如打桥牌、垂钓、下棋、打麻将等；(3)体育文化欣赏，如参观体育场馆诸如鸟巢、水立方、国家体育馆，参观奥利匹克文化展、体育艺术展、竞技体育摄影展等；(4)体育活动观赏，通过现场观看体育表演或体育竞赛，通过观看电视转播、电脑的回放或收听无线电广播等。(5)体育咨询和体育博彩，包括阅读体育刊物、学习体育知识、体育培训以及参与体育彩票活动等。

第四，从休闲体育使命探讨“休闲体育”的内涵。“休闲体育”有着双重的使命：一是增强体质、消除身体的疲劳；二是获得精神上的慰藉。休闲体育是为了获得更多的幸福感，保持内心的安宁。体育一般通过游戏玩耍、室内体育运动、户外体育运动、运动竞赛、体育娱乐、竞赛观赏等方面来增强体质、加强交流、获得归属感、得到自我目标的实现等。休闲体育是一种采用体育运动的方式，通过积极、娱乐、放松心态的身体活动来转移或释放高强度的紧张工作之后的焦虑和压力，把被工作任务带来的压力和束缚解脱出来，从而摆脱工作压力造成的心理压迫与焦虑状况，达到积极主动地抛弃狭隘与自我封闭，催生运动后的愉悦心灵的绽放。体育运动是休闲体育的基础，获得精神慰藉和身体冲击是休闲体育的核心。

第五，从休闲体育的目标探讨“休闲体育”的内涵。从“休闲为了工作”到“工作为了休闲”的目标转移，是人类自我解放的一种新的理念。休闲体育对于树立人类自身进化的责任感，回归到珍爱生命本身，真实地体验自我存在的纯洁价值具有十分积极而重要的作用。体育作为一种社会文化现象，促使人们在自由支配的休闲时间里，通过体育运动方式达到满足身心的需求正在越来越多地为人们所认识和重视。休闲体育成为一种现代、健康、科学的休闲生活方式成为当今具有普世社会价值的基本共识。同时，体育在一定程度上还具有唤起人类的野性与坚强、锤炼其筋骨与磨砺其精神的功能。这一功能在目前的中国社会，尤其对独生子女国情下的青少年休闲体育教育有其十分现实和重要的意义。现代休闲体育在西方社会出现的时候，探险、极限运动、挑战大自然等都恰恰显示了休闲体育的本质特征，也使休闲体育具有了一种探索回归到人类自身精神家园的目标追求。

2. 中国休闲体育的发展方向与选择

2.1 休闲体育的发展方向

21世纪的中国社会进入到了一个重要转型发展期。随着人们生活水平的提高，环境改变了，人们的品位改变了，变得更加实际了，人们对生活的质量和生命的延续有了新的更高的认识和要求。人们有钱、有闲、有心情去感受休闲体育带来的快感，以单纯身体锻炼为目的的、单一的运动方式已不能满足人们对生活质量和精神追求日益提高的需要。经济社会升级带来的追求高品位、高质量的生活方式的升级成为一种时尚与共识。比如康体娱乐、体育旅游、高尔夫球、网球、攀岩、滑沙、漂流、高山探险等等。休闲体育已成为保持人们旺盛生命活力的重要方式，成为体现人的生命价值、享受体育带来的趣味和快乐的重要途径，甚至是人们勇于迎接和征服各种生理极限挑战的象征。21世纪将是人类社会走向更加文明的新世纪。当我们站在世纪的前头来放眼人类生活方式的发展和变化的时候，有三个转变预示着中国休闲体育未来的发展方向：

一是人们对生命存在的关注和敬畏，向生命价值的真实和品质的提高的方向转变。新中国刚刚成立之时，我国国民的预期平均寿命仅为35岁，到了2010年达到了73岁，北京、上海、广东等发达地区已经超过80岁。在人们寿命越来越长的时候，"活着"与"健康地活着"、"长寿"与"健康长寿"就成为两个完全不同的现实境界。有的人活着，但不健康、不快乐。疾病缠身或精神抑郁状况下的"活着"或"长寿"，不仅是个人的灾难与痛苦，也是家庭与社会的沉重包袱与无奈。"好死不如赖活"的理念显然已经不是当今国人的追求，生不如死的"活着"或"长寿"在今天越来越受到质疑和挑战。据2010开展的"2009中国城市健康状况大调查"的相关数据显示：在分析300万体检数据的基础上，并对52万参与调查的人群的结果表明，仅有3%的人处于完全健康状态，疾病和亚健康状态的人群高达97%。另，中国营养学会研究数据表明，截至2011年，我国超重人口已经超过3亿人，其中肥胖人口超过1亿人。我国居民平均健康寿命仅为66岁，比欧美平均水平低十年。国人当今的健康状况堪忧！因此，在这种理念转变的背景下，休闲体育在人们追求生命价值的真实和品质的提高过程中必然有其十分光明的发展前景。休闲体育在维护人的生命权益、提高生命质量与身心和谐发展的宽度、积极挖掘生命潜力、引导人们形成一种崭新的生活方式等方面，无疑恰逢绝佳契机，并为休闲体育的发展展现了明确的突破方向。

二是人们开始从消极性的余暇休闲向积极的休闲体育娱乐的方向转变。在我国传统文化中，“闲”在很多词语中不是积极、正面的褒义词，而是与“游手好闲”“闲逛”“闲扯”“闲人”等贬义词混交一体。中国人的余暇休闲的确有些内容是消极的，比如长时间的打麻将、抽烟聊天、长时间看电视等。进入新世纪以来，随着人们对消极性的、不健康的余暇休闲活动危害性的认识，倡导积极的、健康的休闲娱乐成为时代的主流。伴随着我国经济社会的发展，通过休闲体育来推动企业文化、团队精神、社区和谐、家庭幸福等都是新的潮流走向。走出封闭的、狭隘的空间，走进阳光、绿色的大自然去享受休闲体育带来的乐趣和畅快，不仅是解除或疏解人们身心的疲惫及压抑的有效手段，同时也为企业文化的塑造与凝练、团队精神的创造与张扬、和谐社区的建立与交流以及家庭幸福指数拉升提供了丰富多彩的载体与平台。人们从消极性的余暇休闲向积极的休闲体育娱乐的方向转变的过程，符合小康社会和和谐社会的核心价值。

三是人们开始从注重心灵的惬意和轻快的休闲方式向注重身心一体的、充满着运动和刺激元素的体验型休闲方式转变。我国传统的休闲方式比较注重心灵的惬意和轻快的感觉，崇尚“采菊东篱下，悠然见南山，山气日夕佳，飞鸟相与还”（陶渊明诗）的诗情画意。我国传统体育也多为徒手、舒缓、动静相宜的运动，例如养生气功、太极拳、木兰剑、钓鱼、棋牌等。在传承民族体育的基础上，许多更具运动强度和动感的羽毛球、乒乓球、篮球、足球、健美操、健身操、街舞等运动受到了越来越多的国人喜爱与参与。近些年来，更有许多中青年把更具挑战性和刺激性的运动作为挑战人生、挑战个人极限、征服大自然的重要休闲手段，使得他们青春飞扬、尽展生命活力。因此，休闲体育旅游、拓展运动、攀登高山峻岭、高山滑雪、漂流、骑马、滑沙、蹦极、龙舟等休闲体育运动风起云涌。人们在这些远离都市的休闲体育活动中享受大自然的美妙风光和清新空气的同时，体验着充满着运动和刺激元素带来的心理和身体的快感，追求久违了的勇敢和卓越。

2.2 中国休闲体育的方向选择

中国的休闲体育活动与研究是由民间开始发动的，具有显而易见的“自下而上”的运行特征。因此，中国未来的休闲体育方向的选择具有以下四个方面的特征：

第一，休闲体育未来发展的复杂性和简单性，是摆在人们面前的道路选择。休闲体育的未来发展是一个比较复杂的系统，它是由闲暇时间、休闲体育理念、休闲体育活动方式、休闲体育环境的形成、休闲体育技能的掌握等因素相互结合而成，各个要素又是一个子系统。休闲体育系统中各要素以及各子系统有着不同的作用，彼此又相互联系、相互制约、相互促进、相互依赖，最终形成了错综复杂的网络系统。同时，休闲体育未来的发展又具有简单性的特征。在构建其理论体系时不能步入休闲体育复杂性的误区，忽视休闲体育的真意。在休闲的境域下任何运动项目都可能成为休闲体育的手段与载体。休闲体育最终的目标是要满足人们身心需求的一种自觉自足的社会文化活动，这就充分体现了休闲体育一种简单性的目标。

第二，休闲体育未来发展的学术性和应用性，是行动理念的选择。不同的科学研究领域似乎都存在着研究的学术性与应用性的对立冲突。休闲体育的未来发展也不例外，休闲体育的研究需要从学术的角度出发，丰富和完善其理论体系的建构。但是休闲体育的发展最终还是要应用到我们人的本身，休闲体育学术性的重要意义就在于它能够应用到具体的人身上，学术的研究要指导休闲体育的应用和实践，反过来休闲体育的应用性要反馈到休闲体育的学术性需求，就如同哲学里面的理论与实践的关系。作为行动理念的选择，根据价值取向不同，对学术性和应用性各有偏重，但是学术性和应用性在休闲体育未来发展的道路上也并非非此即彼，强调某一项而贬低另一项，而是相互促进、紧密联系的。正如蔡元培先生在提倡北大应研究高深学问时指出："学必借术以应用，术必以学为基本，两者并进始可"。

第三，休闲体育未来发展的多元性和运动性，构成了活动方式的选择。休闲体育未来发展的多元性不仅体现在休闲体育思想和文化的多元性，同时也体现在休闲体育的内容和项目的多元性。近年来，休闲体育活动领域不断扩大，新兴的体育项目不断充实到休闲体育领域。在这些体育项目当中，不乏拥有发展心智的棋牌类项目、充满休闲娱乐的健身类项目、惊险刺激的体能运动类项目等，这些都构成了休闲体育未来发展的多元性特征。休闲体育未来发展的运动性理论认为，休闲体育最终也是通过身体运动的活动方式，达到愉悦身心、增强体质的目标，因此休闲体育未来的发展具有运动性的特征。

第四，休闲体育未来发展的交叉性和本源性，是实施活动内容的选择。休闲体育未来发展的交叉性是休闲体育学的内在学科属性。休闲体育的交叉性包括休闲体育学与其他学科以及本学科内部的复合型交叉，其基本特征是派生式而非本源式、内涵式而非外延式、跨学科而非超科学交叉。休闲体育未来发展的本源性特征体现在，休闲体育的本源是通过体育运动的方式，以直接或间接的体验，满足身心需求。休闲体育是体育的一种价值追求，也是体育的一种存在形态。以休闲的理论指导体育，以体育的方式充实休闲，从而凸显休闲体育的品性，体现个体生命协调发展的内在需求，因此，挖掘休闲体育的本源性也是休闲体育发展的一个重要特征。

3. 结语

放眼21世纪，休闲体育将对人们的生活方式、对人居环境的优化、对积极性绿色体育消费的拉动，对社会、经济活动的作用、对先进文化进步和推动、对基础教育和人的全面发展、对抵御现代文明病等方面都将产生重要的影响。但同时也要看到，休闲体育在我国毕竟时间还不长，发展还不成熟，存在的问题也很多。例如休闲体育理念相对滞后、青少年的休闲体育教育基本属于空白、休闲体育项目和内容开发不完善、与广大群众利益相关的休闲体育服务体系和保障体系还没有有效建立等等。因此，休闲体育在中国的发展，任重而道远！

参考文献（略）

注：该文发表在《体育文化导刊》，日期2012-05-23，下载近656次，引用18次。

我国体育启蒙的缺陷与国民体育教育的紧迫

一、问题与思考

1978年，伴随着改革开放的号角声，体育作为改革开放的先锋，大量的体育运动项目被引了进来，并且在中国迅速开展起来，不管是贵族运动还是平民体育运动项目，开展范围迅速扩张，蔓延至全国。在不同程度上受到了国民的热捧。

不同体育运动项目的引进，一方面丰富了人们的体育活动的项目选择，许多人已经不再满足于一般的欣赏精彩的体育比赛与表演，也不再满足于下下棋、玩玩牌、走走步、打打拳等传统的体育项目，他们期望拥有更新颖的体育运动项目来满足自己的体育需求。另一方面，体育作为一种世界语言，是通过各种体育运动的交流来达到沟通的目的，我国对体育项目的引进，对加强不同文化的交流起到积极的作用。

但梳理30余年的体育运动项目的引进，我们看到外壳与文化内涵的分离，部分体育运动项目的外在行为表现背离了体育运动项目自身的真意。虽然我们在引进体育运动项目之后，在推广和拓展不同人群方面发展较快，人们也很快学会了体育运动的方式和方法。但是，其体育运动项目本身创建的内涵和观念并不为人所熟知，致使一些非常好的体育运动项目内涵和真义的东西被人们所抛弃。参加体育运动应有的礼仪与精神，技能与文化被人们所忽略，将许多具有丰富内涵和历史文化积淀的体育运动演变为街头游戏、甚至沦为赌博的工具。

为什么会导致这样的结果，笔者认为这与我国的真正意义上的现代体育启蒙教育的缺陷不无关系。

二、现代体育启蒙运动在中国的进展

20 世纪以前的中国，在历史上从来没有过国民普及的（或大众的、全民的）体育文化和教育活动。精英体育教育是有的，例如孔子的六艺中是含有体育的意思的，六艺者，礼、乐、射、御、书、数也。其中射、御是有体育的元素的，但这六艺主要是在所谓的社会精英中传递的，没有成为一种国民的普遍行为。

明末启蒙运动高扬感情，而西方启蒙运动则提倡理性。和理性开启的西方启蒙运动大大不同，中国明末的启蒙运动是一种高扬感情的唯情主义社会思潮，属于人性解放运动。但这一运动被清军入关打断。它仅仅相当于 14 世纪开始的文艺复兴。

19 世纪中叶以来，中国社会在西方启蒙运动思潮的冲击下，艰难前行。鸦片战争中国惨败，促使中国逐渐认识到自己国力的贫弱，于是部分知识分子先知和政府官员在被动挨打的情况下，一步一步地接受了启蒙运动思想以及启蒙运动时期的政治制度。五四运动提倡科学与民主，被称为中国的启蒙运动。正因为有新文化的思想启蒙运动，才促使中国知识分子用新眼光看中国为什么落后，本身就包含了希望中国富强的爱国内涵，这其中也包含现代体育的启蒙。

简单地说我国近现代体育启蒙运动分为四个时期。

第一个时期，是 19 世纪中晚期。西方的坚船利炮轰开了清王朝闭锁的国门，体育的理念和运动项目也随之从西方和日本传入中国。传播的重要途径是由西方传教士和我国赴西洋留学生们引进和传入，并在教会学校或部分由具有西洋或东洋背景的精英中流行。

第二个时期，大约在 19 世纪末、20 世纪初期，到 1949 年新中国诞生之前。伴随着中国新式学校的诞生开始在青少年学生和部分国民中传播，主要标志是体操课、体育课开始进入青少年和部分青年的视野和行为之中。在 20 世纪初的体育热潮中，最激进、最有声势、影响最大的是学生群体。据俞同奎先生回忆，当时京师大学堂的体育课颇受欢迎，学生每人冬夏各发一套操衣，“着操衣时脱去长袍马褂，作军队装束，自然感觉新奇”。学生们在运动场上引吭高歌：“大风泱泱，十里运动场，世无文弱国，男儿当自强”“各努力兮勿旁皇，今兹盛会兮异日国防”“振国民之精神兮，合群力而驱驰”。舆论认为，“国家之盛由于兵，强兵之道，由于国民尚武，而尚武之风实始于学堂运动会焉”。

青年鲁迅力主体育要从少年抓起，“儿童要动，万不可向静的死胡同走去”，须以身体之健康增进心理健康，反对习练所谓“枪炮打不进”的“丹田内功”。青年毛泽东非常鄙弃那种“偻身俯首，纤纤素手，登山则气迫，步水则足痉”的“短命颜子”，十分推崇“衽金革死而不厌”的“悲歌慷慨之士”，他一生爱好体育，视“中流击水”为人生快事，“自信人生二百年，会当水击三千里”的气魄，乃是这位伟人搏击风涛、主宰沉浮的底蕴所在。这可以算是我国的第一次体育启蒙运动的开启。但由于这一时期的我国能够进入学校上学的青少年极为有限，所以，这次体育启蒙运动不是全面的。但这是我国的第一次现代体育启蒙运动的开端。

第三个时期(1949～1976)。新中国成立后，中国开始进入真正意义上的体育启蒙运动，这是我国的第二次现代体育启蒙运动。毛泽东同志发出了“发展体育运动，增强人民体质”的口号，开创了中国人民真正意义上的现代体育启蒙运动。从普及广播体操开始，伴随着“劳卫制”的实施，大范围的国民体育启蒙与普及活动，极大地影响了中国国民的现代体育意识，国民的体质和健康水平快速增强。但由于“反右”“三年自然灾害”以及“十年浩劫”，使得这次国民体育启蒙与普及活动或者说是中途夭折，或者说是风光减半。

第四个时期(1978～至今)。20 世纪 80 年改革开放之后，我国进行了第三次体育启蒙运动，中国女排精神、奥运精神、振兴中华等鼓舞着全体国民摆脱落后的强烈愿望，使得体育氛围和重新振兴现代体育意识大为提升，尤其是 20 世纪 90 年代之后在全国推行的全民健身计划，极大地推动了我国国民体育启蒙运动。但这次体育启蒙运动显得较为浮躁，缺少了文化内涵的滋润和支持。所以，从总体上看，我国三次体育启蒙都是不完整、不完全、不充分的。

三、我国现代体育运动启蒙的缺陷

我国自从改革开放之后，大量引进国外的体育运动项目，这对于推进完善全民健身计划的实施，促进社会和谐发展是积极而正面的，有利于发挥群众健身的积极性和对待运动的热情。但如何发挥引进来的体育项目的社会和文化作用，完成我国全民现代体育的启蒙，却仍然是一个未来完成时或正在进行时。在当代我国构建全民健身服务体系的发展过程中，存在着引进大量国外体育运动项目的现实与获取这些体育运动项目的精神和文化相背离的诸多问题。由此引发我们对现代体育运动启蒙完成的目标和质量的困惑与迷茫。

（一）外壳与文化内涵的背离造成的问题

"奥运之父"顾拜旦有一句名言："体育是培养优秀公民的最好方式。"顾拜旦的这句话道出了体育的内涵和精髓。我们在引进体育运动项目的同时，不仅仅是为了学习体育运动的形式和健身的作用，更重要的是要领会和吸收这些运动项目的精神内涵和深层的文化价值。我们应该学习到的是该项体育运动当初的创建思想和为了达到的目的。有些运动是为了发展练习者的合作精神、积极心态、互助精神等等，但是我们发现在引进体育项目的时候，往往忽略这些东西，学到的仅仅是如何去玩和练习，导致体育运动的外壳与文化内涵的背离。

体育运动之所以能够赢得全人类的热爱和参与，不仅仅是为了增强人的体质，也不仅仅是为了争夺你先我后的名次。其深刻的内涵在于体育运动是锻炼意志、磨炼品质、奋斗拼搏的最好方式，是每个人挑战自我、战胜自我、超越自我的最好途径。凡是热爱体育运动的人，都能在激烈紧张的对抗或拼搏过程中，切身地体会到体育运动的残酷，感悟到体育运动的深层乐趣。特别是那些经历过专业训练，并取得过优异成绩的知名运动员，由于他们从小就接受了系统而扎实的基础训练，具有良好的身体素质和心理素质。与此同时，也培养了他们超越自身体能的意志和精神，从而使自己的竞技水平和人生境界不断提高，不断升华。他们就是在这样炼狱般的痛苦中，一步步地走向竞技体育的巅峰，感悟人生哲理的深刻内涵，享受人生境界的最大愉悦。

然而，由于运动项目外壳与文化内涵的缺失，导致的外形与文化核心的背离，把体育运动项目最重要的东西，体育运动的精髓和文化内涵所抛弃，而这些项目的文化内涵对我们人生价值的提升和自身素质的提高至关重要。我们把国外一些优秀的运动项目吸引过来的本身，对扩大我们的体育种类和增强人们的运动兴趣有重要意义，但是我们在引进的过程中缺乏对运动项目内涵文化知识的学习和传播，学习到的仅仅是一些外表的东西，有些人甚至把运动项目最不光彩的一面学了过来，把体育运动作为一种赌博工具，进行聚众赌博，甚至导致群体性的冲突等。例如：斯诺克运动以“绅士运动”著称，世界级球员亨得利、戴维斯在场上的一举一动都给人以优雅的感觉。这项运动于20世纪80年代在我国流行，无论是沿海还是内地，城市还是农村，台球俱乐部、台球中心、台球城、台球厅比比皆是。但是，这并不代表斯诺克运动在中国就已经获得文化认同。当我们看到把斯诺克运动这样极富文化内涵与体育精神的运动摆放在街头巷尾，一些人叼着烟卷、光着膀子、拖着拖鞋、大喊大叫的玩着打着斯诺克的时候，不能不从内心中感到了一种悲哀和遗憾，因为这些都是与斯诺克运动本身蕴含的绅士文化相背离的。

（二）体育文化教育的缺失

胡锦涛同志在2008年奥运会结束之后提出，我们的体育工作要向体育强国迈进，这就必须要在体育文化建设上下功夫。由此我们可以看出体育文化教育的重要性和紧迫性，体育文化的教育在于提升人们生物学和精神潜力的各个方面，体育文化教育的缺失导致许多体育运动项目真正创建的文化内容遭到抛弃，只剩下体育运动项目的外在空壳。体育的一个重要功能和属性是文化性，体育作为社会文化现象，已经越来越被更多的人所理解和接受。现在有不少学者也把“文化性”作为体育的一个基本属性。在1974年出版的《体育运动词汇》中明确指出：“体育文化是广义文化的一个组成部分，它综合利用身体锻炼来提高人的生物学和精神潜力的范畴、规律、制度和物质设施。”在体育引进的这些项目上面，我们在发挥他们的竞技性和健身性等方面做的比较好，但是在体育文化方面的教育比较匮乏。因此，球迷闹事、教练员运动员反目成仇、锦标主义、弄虚作假、假球黑哨、体育健身的伪科学等不良事件不时发生。说到底，是国民体育文化教育缺失导致的恶果。

当我们看到田径、体操、游泳等关乎人类自身完善的运动项目逐步远离学校和青少年的时候，带来的只能是青少年体质连续近30年的下降。问题的关键并不仅仅是谁淡化或取缔了这些项目，还在于这些项目的文化教育功能的缺失。以田径运动为例。我们习惯于要求学生参与田径运动锻炼，我们习惯于告知学生要不怕苦、不怕累，结果往往适得其反。其实，田径运动是人类对自身所创造的一种文化，也是创造健康、塑造精神的文化活动。西方人之所以对田径运动充满了热爱与崇拜，其意义正是如此。田径文化具有普适性特质，田径文化的丰富内涵和厚重精神，是源自于“生存、生活、生命”的历史认知，而“更快、更高、更强”则是其时代延伸。每一个田径运动项目的发生、发展和推广都蕴涵着人类对自身运动的文化创造。没有内涵的文化只能是肤浅的文化，没有文化内涵的体育项目不可能得到持久良好的发展。唤醒我国国民，尤其是青少年学生重新走向田径场或广袤的大自然中去，靠的不能是“强迫”或“纪律规定”，而是要在田径运动的文化内涵上打下坚实的基础。在田径运动漫长的历史文化长河中，取之不尽的项目渊源、技术创造、拼搏向上、人物典故与励志精神等，构成了现代体育运动史册上最华丽的文化篇章。因此，强化田径运动文化教育才是改变田径运动遭到轻视或否定的唯一途径。

（三）引进国外体育项目出现的国民性教育盲点

随着经济全球化浪潮的汹涌到来和“入世”，中国将进入一个全面竞争的时代。而国际的竞争，是金钱的竞争，技术的竞争，意识形态的竞争，但归根结底应该是国民素质的竞争。然而，我们的国民素质却存在着深刻的危机，也就是说，我们的国民缺乏国民性教育。国民性既是文化及其教育的产物和文化的负荷者，又反过来决定着文化及其教育的特性和发展方向。国民性教育在整个民族发展中起着重要的凝聚和激励功能。

1. 无序引进导致体育启蒙教育出现盲点

新体育项目的引进，似乎已经形成一种时尚和潮流，并且这种趋势越演越烈。新体育项目的引进对体育体制改革和大众体育的发展起着不可忽视的众多价值，但因其自身的很多缺陷造成盲目引进的缺失。在项目的引进过程中并没有认清其价值和应用程度，一个体育项目的引进，我们不光要看他对民众的吸引程度、推广程度、相关的体育器材设施建设，更重要的是我们要看有没有该体育项目的教育队伍、体育项目精神内涵和文化的教育和传授。由于引进的盲目性和体育启蒙教育的缺失，造成许多体育项目流落到街头文化、甚至成为一种低俗文化。

2. 表面模仿的奴役

改革开放以来，大量体育项目的引进，我们都停留在一味地模仿动作和规则，注重的只是规则和形式，没有真正地把运动的礼仪、运动形成的文化脉络、运动形式、运动品味所吸收，没有达到运动表现与内涵的融合，从而导致了长期被表面模仿所奴役。

3. 体育道德情操的弱势

体育美是感性与理性的统一，体育美的主要特征是它的直觉性，一旦脱离了具体形象的感觉，体育审美心理活动也就不存在了，当然，体育美的直接性实际上也包含了理性的成分。体育美也是认识与情感的统一，体育美的欣赏，是欣赏者对美的动作形象所蕴含的理性内容有一定的理解，这样才能对它产生相应的情感体验。从体育美的创造来看，必须施以渗透性教育，充分发挥潜移默化的功能，应该说渗透性教育并非削弱了体育道德教育，因为我们所注意的只是方式、方法问题，而不是事物的本质、目的。衡量思想道德教育加强与否的标准只是我们实施教育后达到的效果，体育思想道德教育运用美育规律，使学生受教育于耳濡目染、潜移默化之中，确能受到良好的效果，这无疑是进步、积极的。体育的审美有主、客体合一的特性，一方面是体育美的创造者，另一方面又是体育美的集中体现者，离开了人就没有体育，当然也不存在体育美了，所以人是体育美的核心和精华。人作为审美的唯一主体，在成为运动的参与者的同时又成了审美的对象。将主体和客体统一起来，则把这一规律运用到了极致，即把审美的主体、客体合二为一。

4. 体育审美的漠视

体育审美和艺术审美不同，体育运动美感建立在一种双重的基础上。首先是以运动者运动时的积极性和创造性有关；其次则产生于经历情感体验与竞赛过程中非常实际的感受。这是体育审美与艺术审美的显著区别之处。体育观众是直接参与体育创造和传播的。观赏者既是感受的主体，又是参与的客体。当然，并不是所有的观众都能获得体育运动的美感。首先，观赏者必须具备体育审美的意识和能力，即主体的意识能够通过感知和客体发生交流，以引起心理的振奋和激励；其次，观赏者必备一定的运动能力，即对观赏的运动项目的特点、结构、力量和幅度都有一定的体验，才能对审美客体做出一种稳定不变的情感反应。

5. 西方体育的传入实际上是一种文化的渗透与强迫

一个项目有没有自己独特的项目文化，是衡量项目成熟度的重要标志，西方体育的传入实际上是一种强势文化的渗透与强迫。我国体育项目引进与输出多少年来一直处在极大的逆差状态之中。2013 年中国武术进军奥运会的再一次失利，恰恰说明了我国引以为自豪的国粹在文化的根基上还不坚实，缺少了强力冲向世界的文化力量。国人崇武的人群数量、武术文化教育以及武术文化国际性传播远远没有达到令世界震撼的规模与强度，从而使得冲向世界的动能乏力！

四、国民休闲体育教育的紧迫

综上所述，我国国民现代体育启蒙教育迫在眉睫！如何完成国民现代体育启蒙教育，笔者认为从国民休闲体育教育入手是一种可行的选择，国民休闲体育教育应该是完成我国体育启蒙教育的时代抓手和突破口之一。

（一）如何应对汹涌而来的休闲与休闲体育的浪潮

休闲是人自身发展的要求，人的全面发展需要不断提升自己，而休闲状态下所进行的人们之间的合作、交流、沉思提供了天然契机；休闲并非无所事事、好逸偷闲，而是缓解当今越来越快的工作节奏和日益浮躁茫然的需要。和谐社会的构建离不开休闲状态的存在，休闲不仅是追求有质量的生活方式的需要，也是经济发展的需要，不能为发展而发展。如果没有休闲，人民无法共享改革开放的发展成果，发展将毫无意义。

作为一种社会文化活动，休闲存在于我国国民的生活之中由来已久。然而作为一种社会文化概念出现在国民的面前，我们则刚刚从生疏、怀疑、拒绝走向理解、认同，并从容地接受。而作为一种社会文化的普遍启蒙与教育体系确立于国民的精神世界之中，还需要一个漫长的过程。

伴随着国人对休闲内涵的重新认识，休闲体育成为人们新的生活方式的可能性大为增加。休闲体育的概念进入中国虽然时间不长，但它汹涌澎湃而来，恰恰契合了中国的社会转型和经济的高速增长的潮流，迎合了从劳动生产型经济向休闲消费型经济转化的势头。近些年来，攀岩、越野行走、户外拓展运动、自行车运动、瑜伽、普拉提、健身健美操、高尔夫球、羽毛球、网球、滨海体育、海底潜水、热气球运动、登山探险、山地运动等各具特色的休闲体育运动扑面而来，日渐风靡，展现了一幅幅多姿多彩的今日中国国民休闲体育的美丽画卷。

但同时我们也看到，与这幅美丽画卷并不对称是国民休闲体育教育仍处在艰难的起步阶段，而且是裹足不前。我国休闲体育的教育体系和文化认知远远落后于国民休闲体育的社会实践。休闲体育教育的过度滞后已经对蓬勃兴起的休闲体育实践形成了不可容忍的羁绊，呼唤休闲体育教育的呐喊正在汇集成一种时代的强音！

（二）应对休闲体育教育紧迫的对策

1. 要尽快形成具有中国特色的国民休闲体育教育体系，休闲体育教育要从娃娃抓起，首先要进入到小学的体育课堂与活动之中。我国社会体育指导员指导的对象与西方国家最大的区别在中国主要是指导中老年，而西方国家主要对象是少年儿童。一个人的行为方式和生活方式，是从小形成还是成人后形成，可能在结果上并不难做出判断。

2. 要对国民进行休闲体育观念和休闲体育文化的启蒙性教育，使休闲体育成为人的全面发展的重要载体。

3. 要对国民进行休闲体育的公共知识启蒙教育。

4. 要对国民进行休闲体育的方法与选择的教育。

5. 要对国民进行科学利用健身场地、器械的教育。

6. 要对国民进行处理休闲体育中应急处理知识与技能的教育。

7. 要使国民养成一种休闲体育运动的习惯，成为一种良好的生活方式。休闲体育教育是一种以传授公共运动健身科学知识为手段，运用休闲体育教育方法、选择适合自身条件的运动方式、利用适当的场地器材进行运动健身，学会和掌握1～2种健身技能，坚持多年，养成习惯，使之成为一种生活方式的教育过程。

该文部分内容发表在《中国体育报》理论前沿，原名是《中国现代体育的三次启蒙》。

我国休闲体育研究的回望与前瞻

1. 引言

人的诞生改变了生命存在的方式，人与动物的区别在于除了物质的依存还有精神的需要，人的精神索求的核心在于精神的独立与自由，而这与休闲的核心要素恰恰不谋而合。物欲横流、心理浮躁、急功近利与我国传统的不为三斗米而折腰、心情怡然、泰然处之有了距离。休闲体育恰逢其时！

2. 我国休闲体育研究的回望

20世纪的改革开放之后，中国体育界关于“体育是什么”“体育的功能是什么”的争论至今余音袅袅；21世纪初，体育界又多了关于“休闲体育是什么？”“休闲体育与社会体育的区别是什么？”“休闲体育与体育休闲差异是什么？”“哪些项目属于休闲体育？”等等的争论。也许，体育的特点可能就是说不清“究竟是什么”！因为体育有时与每个人都很近，有时候又与人很远很远。所以，每个人似乎都懂体育，都有自己的理解与认识，可没有一个人能够说出大家都能普遍共识的结论。休闲体育更是这样，正如世界著名休闲研究学者查尔斯·布莱特比尔所说：关于如何实现良好的经济状况有多少种观点，对“休闲”的诠释差不多就有多少种。所以“休闲体育是什么”就无从定论，但这并不妨碍休闲体育领域的学者们在摸索和探究。

2.1 我国休闲体育研究的背景与起步的标志

2.1.1 社会背景

知识经济与全球化的浪潮冲破了人们传统思想和行为方式的惯性，当体力性劳动方式朝着智能性劳动方式转变的时候，劳动生产率大为提高，物质与知识的财富成几何型增长，当人类还来不及沾沾自喜、欢欣鼓舞之际，却发现我们身边的自然生态被破坏了，而且与人类赖以生存的大自然渐行渐远。“现代文明病”不期而至，紧张、焦躁、抑郁症等精神性疾病越来越多地困扰人类，运动不足、办公室疾病、电脑疾病、肥胖症等成了社会发展的重要羁绊。人类开始反省和补救，休闲和休闲体育进入了人们生活视野。现代休闲体育的产生是从回归大自然起步的，绿色体育、探险体育、穿越沙漠、草原、高山、丛林等体育活动、海洋体育、滨海体育、沙漠体育、草原体育、空中体育等构成了21世纪休闲体育的新的交响旋律。休闲体育的产生与发展与其说是一个具体的休闲和体育学类分支，不如说是人类社会发展到一定时期的必然产物，因为人类需要有更为丰富的体育方式来拯救人类自身。这就是休闲体育产生与发展的社会大背景。

2.1.2 学术背景

休闲体育的产生实际上打破了原有的体育科学分类的框架，因为在原有的体育科学框架内，我们几乎找不到休闲体育的确切位置，但似乎在哪个位置又都能看到休闲体育的“倩影”。休闲体育既不是传统意义上的竞技体育，又难以与传统意义上的社会体育相一致。

从传统意义上看，我国关于体育的分类包括三个体系：一是竞技体育，以追求更快更高更强为理想和主轴的奥林匹克运动竞赛构筑了竞技体育的基本体系。二是群众体育，以追求增强大众体质和大众身体健康为理想和主轴的群众体育基本体系；在我国的体育科学体系划分中，又把群众体育划分为社会体育、学校体育和武装力量体育。三是体育产业，以追求体育经济、体育产业、体育服务等社会经济发展为理想与主轴的体育产业体系。

显然，这三个体系中，我们没有找到休闲体育的明确位置。为什么出现这样结果，一方面截至目前的体育分类中没有休闲体育的确切位置，另一方面无论是休闲体育活动还是休闲体育研究都已成燎原发展的趋势。因此，笔者认为这本身就是体育科学研究和休闲体育理论探索的重要课题。

2.1.3 休闲体育专业产生的背景

在西方，许多发达国家设有体育健康休闲学院或类似的学院，仅在美国就有几百所大学设有“体育休闲和娱乐”系科等。英国目前共有近 120 所高等院校开设了休闲体育相关专业。英国休闲体育相关专业大约分为两类：侧重休闲类的旅游、娱乐等服务性行业学科；侧重于体育的大型活动策划、体育企业的管理等统筹类学科。这些学科和运动学、心理学、法律、设计等学科相互渗透，衍生出更有针对性的专业科系。澳大利亚休闲体育的发展在世界上处于领先地位，在澳大利亚，划船、滑板、冲浪、滑雪、攀岩、骑马等时尚休闲类项目深受人们喜爱，因此这些项目的营运市场对专业人才有更多的需求。因此，21 世纪以来，澳大利亚政府已经把体育类专业列为澳大利亚移民的紧缺专业。我国的台湾地区也有不少高等院校开设了与休闲体育相关的学系，休闲体育和娱乐专业的开设为台湾地区的休闲活动和休闲体育活动输送了大批宝贵的人才。近些年来，在世界范围内，高等院校休闲体育和娱乐专业的开设更有加快加大步伐的趋势。

我国休闲体育专业首次进入教育部专业目录是 2007 年，当时休闲体育专业属于目录外专业。在 2012 年教育部公布的大学本科专业目录，体育学类包括体育教育、运动训练、社会体育指导与管理、武术与民族传统体育、运动人体科学等五个专业，特设专业两个，为运动康复和休闲体育。休闲体育正式进入到教育部专业目录。截至目前我国开设休闲体育专业的院校已经近 60 所，其发展的势头可谓是汹涌澎湃而来。专业的诞生与发展也促使休闲体育专业的研究成为了热点。

2.2 我国休闲体育研究的阶段与特点

目前，休闲体育研究仍然处于方兴未艾阶段。一方面，始于 20 世纪 90 年代的休闲学研究在我国的发展也处于摸索阶段。1995 年 7 月，在经济学家于光远的倡导下成立的休闲研究小组，首次提出将休闲作为一个新的社会经济现象值得关注；另一方面，随着社会的变迁，体育学的内涵也发生着深刻的变革。学者对于休闲体育的认识和人们生活中的休闲体育都在逐步形成互补，以实现理论与实践的良性互动。不足二十年的发展，虽未成熟，但其间的经历为走向成熟而不断积淀着。

20 世纪 90 年代以前，竞技体育和学校体育是体育学的研究主流，所以关于休闲体育的研究一般只限于提及而已。我国体育学家林笑峰在 1981 年的研究中捕捉到的信息是，1974 年苏联列斯加夫特体育学院的 B·M·费德林和 O·M·尼古拉耶夫论说："身体文化概念范围包括三种社会现象：身体的休闲消遣活动（或群众的身体文化）、体育、竞技"。第二年，体育理论学家曹湘君阐述：在体育运动中，除了体育和竞技运动之外，还有相当一部分既不属于体育又不属于竞技运动，而又与增强体质和丰富文化生活有关的身体活动，这种以消遣、娱乐、休闲和健身为目的的身体活动，在现代生活中随着人体活动减少所带来的机能消退的可能性的增加和余暇时间的增多，日益显示出了它对于人类生活是必不可少的，而且社会实践证明，有越来越多的人参加到身体锻炼和身体娱乐的活动中去。因此，在体育运动这个总概念之下必须包含这样一个下位概念——身体锻炼和身体娱乐。

卢元镇教授也曾谈到我国体育运动除去学校体育、竞技体育和身体锻炼等比较严肃的部分外，还有一种我们通常称为游戏、体育娱乐，而国外称之为消遣的活动——人们怀着轻松愉快的心情，自愿参加各种体育活动和娱乐活动，他们既不受限于体育教学的种种严格规定，也不追求高水平的运动成绩，甚至有时也不把体育的强身祛病作用放在首位，而是把体育运动作为一种有意义的活动形式度过自己的余暇时间，使个人在精神和身体上都得到休息、放松和享受。这个时期，休闲体育"犹抱琵琶半遮面"，但仍未能"小荷才露尖尖角"。

20 世纪 90 年代至 21 世纪前 10 年，休闲体育研究初现端倪，但是学者们的研究初衷都是诠释休闲体育，大多研究视角都限于名称辨析，诸如娱乐体育、轻体育、闲暇体育、余暇体育、休闲体育等等字眼在一篇文章中或同一位学者的多篇研究成果中都屡见不鲜。

2010 年至今，在休闲体育研究中出现了大量休闲体育教育方面的研究，这与 2008 年我国将休闲体育专业列入高等教育专业目录相呼应，高等教育工作者们在实践中进行理论探究，其中国外休闲体育教育方面的研究也占一定比例。这一结果表明，我国休闲体育的研究已经开始从较为虚无的概念性研究向面对现实的方向流动。

2.3 我国休闲体育研究群体与中心的形成

2008年3月，广州体育学院举办了“广州休闲体育国际研讨会”，邀请了我国不少从事休闲体育的专家学者，研讨会引发了不少学者的思想和观点的碰撞，为我国休闲体育的研究起到了一定的作用。但这个研讨会没有持续下去。

2008年11月，上海体育学院举办了“上海第二届中国休闲产业经济论坛暨中国体育休闲发展论坛”。2009年11月，海峡两岸都市休闲体育与体育教育上海论坛，都为我国休闲体育学者提供了良好的交流平台，对我国休闲体育的研究起到了一定的作用。但论坛也没有延续下去。

2008年中国自然辩证法学会休闲哲学研究会在首都体育学院成立，首都体育学院为第一届研究会(2008～2013年)的秘书处所在单位。利用这个学术平台，首都体育学院于2008年12月承办了“2008-中国:休闲与社会进步学术年会暨中国休闲哲学专业委员会第一次会议”，我国休闲研究和休闲体育的一线学者大多出席了会议。这次会议的主要成果是讨论通过了“北京休闲宣言”。宣言中说:“在休闲成为社会共识的当今，关注休闲的实质是注重用文化引导和人文关怀的力量推动社会的文明与进步，这是中华民族人文复兴的新路标。学者们以‘学问’的方式关注国计民生中的休闲现象，关注中国文化传统中的休闲智慧，关注社会转型中休闲价值的提升，关注大众的、民族的、科学的国民文化休闲需要，关注科技创造与休闲的互动关系，是当代学者义不容辞的社会责任。因此，我们呼唤处于社会转型中的人们，用休闲铸造文化资本，丰富精神世界，完善生命过程，开扩生活空间，融洽人际关系，建构社会和谐。这也必将是中国对未来世界文明的又一个伟大贡献!”

以此为契机，首都体育学院2009年举办了全国休闲体育专业建设研讨会、2010年、2011年连续两年主办了“休闲体育高层论坛”。经过四年酝酿和积淀，2012年6月，高等教育学会体育专业委员会休闲体育研究会在首都体育学院成立，并举办了首届“休闲体育北京论坛”。钟秉枢担任研究会理事长，首都体育学院为秘书处单位。休闲体育研究会的成立为我国休闲体育的学者搭建了广泛而有深度交流的学术舞台，2013年、2014年又连续举办了第二届和第三届“休闲体育北京论坛”。2013年10月，休闲体育研究会主办、湖北大学承办了首届“休闲体育学术大会”，2014年“休闲体育学术大会”在连云港举行。休闲体育研究会的成立，标志着我国高层次的休闲体育研究群体与研究中心已经形成。

3. 我国休闲体育研究面临的困局、陷阱、机遇、责任

3.1 我国休闲体育研究面临的困局与陷阱

3.1.1 概念性陷阱

从 2000 年始，我国不少学者对休闲体育、体育休闲、运动休闲等多个概念进行了大量的解读、阐释与辨析，虽然这些研究在一定程度上丰富了休闲体育的内涵，但由于大多数论文的解读、阐释与辨析主要是建立在字面和表层的技术性层面，缺乏社会实践和严谨的学科或科学的理论研究和实证性研究，结果是论文量不小，引人深思的成果匮乏，一定程度上还引起了思想的混乱，走进了文字游戏和一般性解读的陷阱。概念性陷阱的问题出在研究的成果缺少对经典的崇拜、对经典著作的系统拜读和耐心学习。由于缺少有系统的经典理论滋养和休闲体育最新研究成果的研读，大多数论文显得根底不牢、基础功力先天不足，因而，没有把握休闲体育研究的方向，形成不了休闲体育研究的有影响力或权威性成果。

3.1.2 研究视域狭窄陷阱

其实，进入 21 世纪以来，我国政府高度重视休闲与休闲经济发展。从国家的层面，政府对休闲概念的认可和对国家经济社会的影响已经有了清晰的认定和规划策略。2007 年 3 月、2009 年 3 月，时任总理温家宝两次在《政府工作报告》中提出，“要积极培育休闲等消费热点”“加快发展旅游休闲消费”。2009 年 12 月，时任总书记胡锦涛在中央经济工作会议上强调，“要适应群众生活的多样性、个性化需要，增加文化娱乐、体育健身、休闲旅游、教育培训、家政服务等消费，引导消费结构升级”。2013 年国务院办公厅印发了《国民旅游休闲纲要(2013—2020 年)》，《纲要》提出六大主要任务和措施，包括保障国民休闲时间、改善休闲环境、建设基础公共设施、加强产品开发与活动组织、完善公共服务、提升服务质量等。2014 年 10 月 20 日国务院颁发《关于加快发展体育产业促进体育消费的若干意见》，把全民健身提高到了国家战略层面。《意见》提出健身休闲、竞赛表演、场馆服务、中介培训、体育用品制造与销售等体育产业各门类协同发展，产业组织形态和集聚模式更加丰富。要以冰雪运动等特色项目为突破口，促进健身休闲项目的普及和提高。健身休闲已经成为国家层面的重要关注点和拉动体育消费的新的生长点。

然而，我国休闲体育的研究显然对国家大势关注不足，表现在缺少休闲系统思想和理论的支撑、缺少对国家大政的研究与应对、缺少对国家现实转型带来机遇的敏锐力和创造力、缺少对我国休闲体育发展顶层设计引领群体。

3.1.3 实证研究不足陷阱

2008年以来,我国的休闲从理念认知开始走向大众实践,我国地方经济规划出现了一波休闲经济推动经济发展的浪潮。许多地方政府在推动经济发展的过程中,开始从粗放型经济、牺牲生态环境换取经济发展的思路向休闲经济和生态经济的方向转移。相关研究表明:我国现有的660余个城市都将面临城市休闲规划的问题,尽管不少城市现在还没有充分将休闲设施建设列入城市规划,但可以肯定的是,城市居民对于旅游休闲、体育休闲、文化休闲等方面的需求,将积极推动休闲基础设施的建设,不断提升城市的休闲功能。显然,我国社会经济的发展为休闲体育的发展带来了发展机遇。在当今我国经济发展的新常态下,理论联系实践,把休闲体育的理念和理论运用到经济发展之中是当务之急。但概念性研究、一般性文字描述、文献性资料堆积起来论文或研究,难以在社会发展和休闲体育经济改革中发挥学术的引领和指导作用。我国现有的休闲体育研究必须要走出这种以理论论理论的陷阱,通过投身一线的调查研究、把当今最新的休闲体育理论和成果用到城乡的产业升级的浪潮之中,拿出具有扎实、可靠、有实践数据支持的研究成果,我国休闲体育的学术突破才能够走出困境。

3.1.4 学科发展先天不足陷阱

休闲体育学科建设的理论创新不足,专业建设发展缺乏动力。休闲体育学的概念提出了不短的时间。但休闲体育学如何创建、休闲体育实践的广度与深度如何延伸和下探、潜心研究的学者群体如何形成,都是休闲体育学创建的基本条件。休闲体育学的母学科是休闲学和体育学。这些年休闲学和体育学的进展速度很快,在理论和实践方面都有重大突破。休闲体育学如何从母学科中汲取营养,如何从休闲体育理论和实践的研究中积累成果,为休闲体育学的真正破土而出奠定条件。由于学科发展先天不足,实践发展就缺少了理论的指导和支持,休闲体育人才的培养就会遇到瓶颈。目前,休闲体育专业学生的学习能力不足,就业出口面窄,择业多、创业少的情况,其实从根子上说是休闲体育专业建设没有良好、坚实的学科依托所致。因此,要跳出休闲体育学科发展先天不足陷阱,就要大力推动休闲体育理论和学科的建设和发展。

3.1.5 理论探索的方向需要新的定位

正如社会体育、大众体育、社区体育、单位体育等富有时代特色的符号不断更迭,休闲体育未能与余暇体育、体育休闲、娱乐体育等概念的关系做有效的界定和区分。这些概念,有些是概念重叠、有的是不同时空的不同表述、有的属于引进时翻译的表述。但这些并不能成为让它止步不前的理由，只有向前走，才能知道走的对与错。目前休闲的三大板块，旅游休闲、文化休闲、健身运动休闲如火如荼，为休闲体育学科发展和实践积累创造的重要机遇，也为休闲体育理论探索指出了方向。

3.2 我国休闲体育研究面临的机遇与责任

推动我国休闲体育研究的基础是休闲体育教育和休闲体育人才的规模。目前我国休闲体育教育十分薄弱，从事休闲体育研究的数量也较少。休闲体育教育在发达国家普及率很高，这是与社会发展和人们追求更有品质的生活是密切相关的。大量的休闲体育人才源源不断地充实到了休闲体育研究的队伍之中，从而使得休闲体育研究的水平和一流的学术成果不断涌现。在我国，尽管当今时代对休闲体育教育人才的需求越来越大，但接受休闲体育教育的人才数量还远远不能满足当今社会和市场变革的需求。休闲产业、休闲体育服务、休闲体育旅游、健身休闲、休闲体育产品的研发和推广等都急需相关的人才。2014 年 10 月国务院印发《关于加快发展体育产业促进体育消费的若干意见》中指出："营造重视体育、支持体育、参与体育的社会氛围，将全民健身上升为国家战略，把体育产业作为绿色产业、朝阳产业培育扶持…"，"到 2025 年，体育产业总规模超过 5 万亿元，成为推动经济社会持续发展的重要力量"。国家战略和休闲体育产业政策在推动休闲经济和休闲体育经济发展的同时，为休闲体育的研究提供了千载难逢的机遇。休闲体育作为一种健康、绿色的生活方式已成为越来越多人的选择，在人类追求全面发展、自由发展的时代背景之下，休闲体育大有用武之地，休闲体育研究为休闲体育的发展与创新插上腾飞的翅膀。

4. 我国休闲体育研究的展望

4.1 基础性研究

我国休闲体育研究目前尚处于初级阶段。自 1995 年以来休闲体育领域的研究多数是从休闲体育先发国家中引进基础理论和介绍国外休闲体育的发展状况，这些研究几乎占了全部研究的六成之多。经过 20 年的发展，我国已经积累了一定的发展成果，是时候对我国自己的休闲体育基础研究进行整理、融合和提炼，构建具有中国特色的休闲体育基础理论体系。

4.2 实证性研究

产业经济的转型和休闲健身服务为休闲体育实证性研究提供了巨大的施展舞台。从产业经济转型的角度看，全国成千上万的城市发展和小城镇转型需要从粗放型向集约型转移、由排放型向绿色生态型发展。在我国，众多的中小城镇拥有独特的自然资源优势和人文地理环境，通过对其休闲体育和体育旅游资源进行整合和优化，大大激活了当地绿色产业、生态经济产生耦合效应，从而带动中小城镇经济的产业升级。从休闲健身服务的角度看，13 亿人休闲娱乐健身不管是健身人群、健身方式、休闲项目、休闲活动、器材设施、休闲服务等都将构成一个举世无双的产业链条。在这两条大河中，将为休闲体育的实证性研究提供硕大无比的施展空间。

4.3 休闲体育项目与活动研究

从 20 世纪 60 年代开始，呼喊和践行休闲体育健身的热浪席卷全球，并都是以回归绿色自然的运动为主要特征的。例如徒步、露营、登山、攀崖、漂流、穿越、探险等多种户外体育活动全是回归自然的绿色运动。2014 年 10 月国务院印发的《关于加快发展体育产业促进体育消费的若干意见》中也特别指出：以冰雪运动等特色项目为突破口，促进健身休闲项目的普及和提高。此外，空中休闲体育项目、滨海休闲体育项目、沙漠休闲体育项目、草原休闲体育项目等等，为休闲体育的项目与活动研究提供了取之不尽的源泉，休闲体育项目与活动研究方兴未艾，需要更多的学者投身之中。

4.4 休闲体育产业与经济研究

国务院 46 号文提出“到 2025 年，体育产业总规模超过 5 万亿元，成为推动经济社会持续发展的重要力量”，这是一种政府提出的刚性目标。休闲体育产业与城市经济的发展离不开投资、消费。休闲体育业的发展需要投资，至少需要休闲的场地、设施。一个城市的运动场地、体育设施的水平对市民的运动动机具有明显的激励作用。休闲体育在某种程度上讲是引导市民消费方式的转变，一个城市的体育消费的水平一定程度上折射出市民消费的品质。因此，休闲体育产业与经济研究必然是未来休闲体育研究的热点之一。

4.5 国民休闲体育的启蒙研究

形成具有中国特色的国民休闲体育教育体系将是未来发展和研究的重点之一。休闲体育教育要从娃娃抓起，首先要进入到小学的体育课堂与活动之中，我国社会体育指导员指导的对象与西方国家最大的区别在中国主要是指导中老年，而西方国家主要对象是少年儿童。一个人的行为方式和生活方式，是从小形成还是成人后形成可能在结果上并不难做出判断。有资料显示，消极的、不参加或缺少参与休闲体育活动，容易产生社会问题。一个人的休闲方式体现着他的生活态度、价值观、自我意识和自我效能。反过来，对青少年的休闲体育教育可以直接影响他们的生活态度、价值观、自我意识等。休闲体育可以增进人的精神追求，使人的心情愉悦、轻快，使人健康强壮。经常参加体育运动的人通常具有良好的环境意识，因而他们是环境与生态的倡导者和保护者。休闲体育使人与人之间更加友善、互助和关爱。休闲体育不像竞技运动那样充满竞争，而更多的是大家协调配合、互相支持，在运动中体验共同的快乐。因此，国民休闲体育的启蒙研究是一种具有战略价值的研究。

5. 参考文献(略)

注：该文发表在《中国学校体育(高等教育)》2015 年 01 期，下载 124 次，引用 10 次。

我国休闲体育研究的进展与热点分析
——第三届中国休闲体育北京论坛会议综述

以“国民健康与休闲体育教育”为主题的第三届中国休闲体育北京论坛于 2014 年 5 月 17～19 日在首都体育学院召开。由中国高等教育学会体育专业委员会休闲体育研究会主办、首都体育学院承办的本届论坛思想解放、视角独特、观点新颖，学者们在论坛上释放出的思想火花与论点激辩给与会学者以极大的学术启发和冲击。本文着重摘取其中学者们热议的几个论述来概括本次论坛的学术成果。

一、会议概述与特点

来自全国近 60 所院校近 100 余名专家学者出席了本届论坛。首都体育学院校长、休闲体育研究会理事长钟秉枢在开幕式上致辞，他指出健康是伴随人类发展的永恒主题，本届论坛紧扣国家发展休闲体育的发展前沿，反映了体育人对国民健康与休闲体育教育的认识。教育部体卫艺司体育处原处长王龙在致辞中强调，休闲体育应和体育实践相结合，要符合中国国情才有生命力。中国高等教育学会体育专业委员会秘书长陈永利认为休闲体育的发展应完善理论、引导实践，为全民健身运动做出贡献。休闲体育研究会秘书长、我校休闲与社会体育学院院长李相如向大会汇报了 2013 年工作和 2014 年工作计划，将撰写《中国体育蓝皮书——2014 年中国休闲体育发展报告》列为研究会在 2014 年的重点工作。

本次论坛展现了如下四个特点：一是参会人数多、层次高，我国休闲体育的学者汇集一堂，是一次高层次的休闲体育峰会；二是论坛形式丰富独特，包括主题演讲、论坛交锋、关注的现实困惑研讨和学术观点的自由交流等四个环节；三是学者们阐述的问题广泛而现实，开放的思想、独特的视角、新颖的观点，多维的呈现方式都给与会专家以强烈的思想启迪；四是本届论坛受到了多家媒体的广泛关注，新华社、人民日报、中国体育报、北京日报等多家媒体的记者参加了论坛，并对本届论坛给予了深度报道。

二、论坛主要观点综述

（一）国家治理现代化视域下的体育休闲

国家体育总局对外体育交流中心副主任公冶民做了题为“国家治理现代化的体育休闲”的主题演讲。他从国家治理现代化的体育治理体系框架、国际体育治理体系、我国体育治理的启蒙等三个方面展开论述。

公冶民认为体育即休闲，体育治理应纳入社会休闲治理体系。人们对体育认识的多样化，导致体育治理方式的多样化。体育作为综合性、边缘性的文化、休闲活动，既可以划入经济治理领域，也可以划入政治、文化、社会、生态的治理领域。不同领域所带来的相关治理制度会影响、制约和规范体育长远发展、整体发展。体育治理的归类很重要，体育归于政府公共事务治理，还是社会公益、非营利非政府治理，或是营利性私益性事务治理，直接影响体育现代化。休闲体育研究认为，体育属于社会休闲领域，体育治理应遵循社会休闲治理规律。在一定时期，选择一定休闲方式进行社会治理，避免无信心、无目标休闲，引导人们完善自我，推动社会进步，这是休闲治理要解决的首要问题。体育休闲提供了人生信心、目标和价值，为社会治理提供了一种有效的、有趣的、人们乐于接受的休闲治理方案。

休闲治理很重要。一般来说，为了追求财富，摆脱贫困，国家对生产劳动的治理十分关注，对个性化的休闲治理往往交给社会自治。实际上，无论贫穷和富足，闲的活动一直存在，闲的治理同样重要。在特殊时期，闲的治理甚至更为重要。例如，就业与失业，失业率高、闲人多且对生活没有信心是非常有害的，需要治理。“非典”时期，人们无所事事、丧失信心，非常有害，需要治理。台湾国民党百万军队不打仗了，闲了，要治理，去修铁路、耗去一生。一战后，澳大利亚 3000 名士兵，修了“大洋路”。没有信心和目标的休闲是有害的，需要治理。特别是在当前生活富足的条件下，进入休闲时代，休闲的治理更加重要。厉以宁说，穷时靠认同，富时靠制度。梁晓声说，先富的人应该更道德。邵逸夫说，赚钱难，有了钱把钱用在最适当的地方才是更难得事。因为，完善自身，推动社会进步，是休闲治理的真谛。

国际体育存在两大治理体系，一是国际奥林匹克运动治理体系，二是职业体育治理体系。国际奥委会是社团治理组织，将游戏、项目、比赛体育元素，经规则、礼仪、典礼规范成为现代体育，按照社会治理原则，构建价值体系，审批推广项目，经过社会各阶层和各国有组织的认同和参与，形成现代体育治理体系。职业体育，包括体育联盟、体育联赛等形式，是体育治理的不同形式。体育治理实践中，对职业体育、联赛的非商业性定性，棒球运动项目不是商业活动，不受垄断法制约、可以豁免的治理案例等等，都是体育治理的特殊安排。

至于中国体育治理问题，通过回顾我国构建体育治理体系的历史可以发现，协会是体育治理的关键形式，赛事是体育治理的主要内容。在国家治理现代化进程中，需要体育治理现代化。特别加强协会、项目、比赛、礼仪规范等专业治理。体育不是政治、经济，也不是文化、民生，体育就是体育，体育需要走内涵发展的道路。

（二）落实带薪休假，发展休闲产业是一个长期过程

中国人民大学休闲经济研究中心主任王琪延在题为“落实带薪休假，发展休闲产业”的报告中，阐述了带薪假期的意义、中外带薪假期制度的变迁历史、带薪休假的社会基础以及障碍，提出了落实带薪休假制度的建议。

他认为：带薪休假有广义和狭义之分。广义上讲带薪休假：凡是享受工资收入的同时，获得休息的时间，就是带薪休假。如周六周日等节假日、国家规定的产假、年休假等。狭义上讲带薪休假，通常是指劳动者连续工作一年以上，获得收入的同时，享受一定时间的年假，特指年休假。

他认为带薪休假的意义在于：这是人类奋斗的重要目标之一，有利于使人成为全面的人。从社会（社会学）的角度看，是经济社会正常运转（非集中休假）的基础；从生产（经济学的供给）的角度看，一方面，可以提高劳动生产率，一方面是有利于保障员工的身心健康，而健康的员工是保障生产、提高效率的前提，因此，带薪休假是有利于用人单位的。另一方面，使旅游等休闲需求资源在时间上的分配趋于合理，促进休闲产业健康发展。从消费（经济学的需求）的角度看，一方面，消费时间的分散化，可以提高消费质量；另一方面，可以提高生活质量。职工的体力和脑力得到充分的恢复、

休闲时间也有利于自身的发展，提高生活质量。从政府（政治学）的角度看，有助于社会的安定。

报告阐述了带薪休假制度的变迁。百余年来，国际缩短工时的奋斗史（小时），国外周休制度的变迁（周），国外带薪休假的变迁（月）。18 世纪，欧美地区的每日工时长达 12 个小时，英国劳工运动首先提出 10 个小时工作制的要求。到 19 世纪中叶，欧美国家大多实现了 10 个小时工作日制。1886 年 5 月 1 日，美国芝加哥 20 万名劳工举行大罢工，要求实行“三八”制度（即 8 个小时劳动、8 个小时睡眠、8 个小时休息），遭到政府当局镇压，甚至有工人领袖惨遭杀害。1889 年 7 月，国际社会主义工人代表大会（史称第二国际）为纪念芝加哥劳工大罢工，把 5 月 1 日定为各国劳工的“国际示威游行日”，五一国际劳动节由此而来。1890 年瑞士实行周休制度（起源于基督教），1919 年国际劳动宪章（周休 24 小时，公休日，即一天），1935 年国际劳工大会（周工作时间压缩为 40 小时，周休两日），近年来，法国周工作时间为 35 小时，挪威为 30 小时。1936 年法国最早实行带薪休假制度，1948 年 12 月通过的《世界人权宣言》，联合国大会通过的《世界人权宣言》认定，“任何人都有休息、休闲的权利，尤其是享有合理的工作时间和定期带薪休假的权利”，休闲权与劳动权一样成为人权不可缺少的内容，1949 年，国际劳工组织又进一步提出，劳工每年至少有 6 天带薪休假，1966 年 12 月，联合国大会通过的《国际经济、社会和文化权利公约》规定，各国政府应确保人人都能“休闲、娱乐，合理限制工时和定期带薪休假，以及公共假日期间照常发薪”，1970 年联合国劳工组织通过《休闲宪章》，认为“休闲与娱乐为补偿当代生活方式中人们的许多要求创造了条件，更为重要的是，它通过身体放松、竞技、欣赏艺术/科学和大自然，为丰富生活提供了可能性。闲暇时间是一种自由的时间，在这个时间里，人们能掌握人作为社会的有意义的成员的价值”。

王琪延的研究表明，带薪休假已成为国际制度、国际惯例，世界公认的一种职工福利制度。但落实带薪休假有一个长期的过程。带薪休假，在欧美和亚洲部分国家推广有三四十年历史，但并不是所有国家、所有行业、所有企业都已实施。如法国用了 70 年、美国 40 年、日本 30 多年等。带薪休假制度建立在科技进步、经济发展的基础上，又是劳工抗争、劳资协商的成果，也是社会民主、国家法治的体现。

我国《国民旅游休闲纲要》的出台体现了国家对于国民的休闲权的尊重、进一步提升国民旅游休闲意识、对扩大内需具有巨大的促进作用、对于国民经济发展具有巨大的推动作用、对我国国民生活质量的提高以及社会稳定也具有积极意义，最重要的是，对国民带薪休假制度具有倒逼作用。他提出了落实带薪休假制度的八条建议，包括：①培育观念，养成习惯；②制定细则，完善条文；③实施“三步走”战略；④政府保障，落实到人；⑤社会监督，法律援助；⑥改革日常休假制度，形成“三连休”，逐渐弱化黄金周；⑦提高技术装备水平以及效率；⑧进一步完善休闲设施和社会保障体系。在完善休闲设施和社会保障体系方面，他倡导发展五大休闲产业，包括休闲核心产业、休闲品种植业、休闲品制造业、休闲设施建设业和休闲服务产业。休闲产业是造绿、造美、造乐、造福、造富的产业，是建设美丽中国的重要支撑。

（三）休闲时代体育运动项目“基本规律问题”需要重新思考

沈阳体育学院副校长李杰凯的报告题目为“休闲时代体育运动项目‘基本规律问题’研究的思考”，他首先用著名哲学大师黑格尔的一句名言“熟知并非真知”引出运动人多年来锲而不舍研究的一个命题“运动项目制胜规律”。他认为在运动项目中“制胜”是人们的一个误区，近年来媒体铺天盖地的报道逐渐将复杂问题简单化，但是很少将运动机制说清楚。运动项目基本规律包括：运动“致胜”，即运动项目中独有自在逻辑中的运动精神；运动“致趣”，即该项目社会存在的客观基础。运动致趣是决定运动项目能否在社会上存在的客观规律。

其次，李杰凯还提出了：多年来被忽视的领域——体育运动的娱乐性问题、很少研究运动过程中关于“运动愉悦感”的规律问题、对“不同运动项目特点”的逻辑混乱问题、体育教学思想方法中的机械还原论问题等。在目前的一些教科书中，人们总是试图通过教学方法来培养学生的运动兴趣，然而书上并未有针对性的总结运动项目的独有特点，甚至是将功能代替特点，从而导致课堂教学缺乏趣味性。其根本原因就是机械还原论的体育教学思想导致了运动致人乐趣的要素被剥离，应该采用整体论与还原论相结合的思想方法。每个运动项目的根本区别在于它所独有的娱人致趣，而不仅仅在于能够区分比赛名次的“制胜规律”。

第三，他强调，在今后的教学工作中，积极发现运动愉悦感的规律，在教学过程中提取那些致人娱乐的要素，才能更好地调动学生学习的热情。研究运动项目的特点，揭示其“娱人致趣原理”具有重要的理论和实践意义。李杰凯认为，目前，在填补运动项目趣味性研究理论空白方面固然取得了一些有益的收获，但目前这些研究尚处于哲学思辨和经验总结的水平上，真正从内在机制上说明问题的道路还很长，还有待于科学界对人的认知、情感、兴趣和意志等领域研究取得实质上的突破，而这样的问题必然要深化到人接受外界与认知、情绪有关的不同刺激后，发生的那些内分泌以及大脑神经网络等微观变化。

（四）我国休闲体育研究的回望与前瞻

首都体育学院休闲与社会体育学院院长李相如对我国休闲体育研究进行历史的回望与未来发展展望。他认为人的诞生改变了生命存在的方式，人与动物的区别在于除了物质的依存还有精神的需要，人的精神索求的核心在于精神的独立与自由，而这与休闲的核心要素恰恰不谋而合。

休闲体育的产生实际上打破了原有的体育科学分类的框架，因为在原有的体育科学框架内我们几乎找不到休闲体育的确切位置，但似乎在哪个位置又都能看到休闲体育的“倩影”。休闲体育既不是传统意义上的竞技体育，又难以与传统意义上的社会体育相一致。

李相如认为我国休闲体育研究面临五大困局和陷阱。对休闲体育表象和概念进行了大量的解读、阐释与辨析、对国家大势关注不足、实践探索不足、专业建设没有依托学科建设、理论探索的方向缺少新的定位。正如社会体育、大众体育、单位体育等富有时代特色的符号不断更迭，休闲体育未能与余暇体育、体育休闲、娱乐体育等等截然区分，但这些并不能成为让他止步不前的理由。

他在论述了我国休闲体育研究面临的机遇与责任时认为，休闲体育教育目前只在高等教育实行，而如何让休闲体育能够渗透至中学、小学，进入到社会、家庭。休闲体育作为一种健康、绿色的生活方式已成为越来越多人的选择，在人类追求全面发展、自由发展的时代背景之下，休闲体育需要不断深入、广泛地开展学术性研究。

他在论述我国休闲体育研究的未来发展时认为，要加强休闲体育的基础性研究。我国休闲体育研究目前处于初级阶段。自 1995 年以来休闲体育领域的基础研究几乎占了全部研究的七成之多，并且这种趋势因为其自身的发展阶段在今后一段时间内将会继续成为主流；休闲体育研究要顺应社会经济发展与需求；要加强休闲体育理论对休闲体育实践的指导；要开展国民休闲体育理念的启蒙运动。

（五）地域特色研究，内蒙古户外休闲体育产业的现状和展望

内蒙古职业体育学院院长殷俊海对内蒙古户外休闲体育产业的现状和趋势进行了分析。他首先指出内蒙古的八个发展定位，即加快建设“五大基地”，巩固和发展

"两个屏障",打造"一个桥头堡和沿边经济带"。内蒙古具有发展户外休闲体育产业的优势,表现在浓郁的民族风格与民族特色的户外休闲体育活动;政府积极构建公共体育服务体系,全民健身开展遍布全区各地。内蒙古户外休闲体育活动的主要内容包括八道:草原马道、登山步道、沙漠驼道、戈壁车道、公路骑道、冰雪滑道、河湖水道、空域航道。要实现可持续、快速发展,有必要放松政府管制、发展民办非盈利体育组织、建立职业体育发展模式、加快体育产业与信息产业的融合。

殷俊海认为,休闲和旅游是有区别的。休闲体育具有很强的融合和汇聚功能,可以将地理资源和其他各项经济活动紧密联系起来。旅游是外地人看当地,是人在不同空间的置换,所以,时效性和留置性远远不足;休闲体育活动是当地人在当地,是人在统一空间下的活动,具有全时性和参与性。旅游主要是观看,强调视觉感受;休闲主要是活动,强调身体参与;旅游主要是外地人消费,重复性消费较低;休闲是当地人消费,可以反复进行,可以有效拉动内需。

殷俊海介绍了内蒙古浓郁的民族风格与民族特色的户外休闲体育活动的优势。研究表明,内蒙古草原区是中国北方游牧文化的摇篮,历史上众多少数民族在这片广袤无垠的大地上生息繁衍。其栖息地特殊的自然生态环境、生活方式、意识形态及宗教信仰等,致使这些民族在饮食习惯、民族服饰、婚丧嫁娶、礼仪宗教等方面仍保持着本民族自己所特有的文化模式,积淀了深厚的红山文化、蒙元文化、草原青铜文化、昭君文化、敕勒川文化、契丹文化、科尔沁文化等历史文化;以蒙古族为代表的北方少数民族多姿多彩的民俗文化;草原、沙漠、温泉、森林等北国自然风光;夏季的清爽、冬季的严寒所形成的不同特色资源等,都为开展户外休闲体育活动提供适应季节需要可开展的户外休闲体育项目。

内蒙古未来发展将围绕"大草原、大冰雪"的主题,广泛开展以"沸腾草原""欢乐草原""冰雪草原"为主题的全区全民健身展示大会,冰雪那达慕、健身游园会等具有民族特色和地域特点的活动,内容丰富,形式多样,贴近老百姓的生活实际,随着全民健身意识的增强,不同规模,不同层次的休闲体育活动遍布全区各地。

(六)多种学术观点,百花齐放

在专家论坛环节,学者们就休闲体育与高校改革、休闲体育与经济发展、休闲体育与文化传承、休闲体育与国民体质展开了探讨。

休闲体育与高校改革论坛的主要观点有:应更新教学理念,充分认识休闲体育活动融于体育教学中的重要性；提高休闲体育项目的教学水平；通过多种教学方式，加强学生休闲体育意识的培养；结合实际，选择适当的休闲体育教学内容；学校进行必要的休闲体育项目教学场地设施的投入与建设。

在休闲体育与经济发展论坛的主要观点有：休闲体育拉动体育用品的需求与消费，促进体育用品制造业的发展；休闲体育可以促进休闲服务业的开发，推动体育旅游业和体育彩票业的发展；制约休闲体育发展的因素主要有居民收入、闲暇时间、生活方式和休闲设施的供给。

休闲体育与文化传承论坛的主要观点有：中国传统文化背景使中国人对休闲体育文化价值取向上，趋向于对休闲体育活动在和谐与统一、平稳与安定、勤俭与内省方面上的追求；在手段和方式上，更多的体现以静制动、以柔克刚；以奥林匹克主义为主的西方体育观念"和平与友谊""公平竞争""体育为大众"等正在为中国休闲体育所吸收；休闲体育的开展对于民族文化具有直接而有效的传承作用；应增加休闲体育项目的文化创意元素，丰富传统节庆活动内容，根据各地自然人文资源特色举办体育活动，策划打造影响力大、参与度高的精品赛事，推动体育竞赛表演业全面发展。

休闲体育与国民体质论坛的主要观点有：中国人的健康期望寿命相比西方发达国家明显缩短，休闲体育是提高国民体质的重要途径；休闲体育含有愉悦性元素，更有利于大众接受，大力发展休闲体育能够全面促进国民体质提高；国民体质提高要从小抓起，应将休闲体育与青少年体育教育有机融合起来。

三、小结

健康是伴随人类发展的永恒主题，本届中国休闲体育北京论坛紧扣国家发展战略和休闲体育发展前沿，反映了体育人对国民健康与休闲体育教育的认识，专家们通过对休闲体育的内涵进行深层次的探讨，对休闲体育教育促进国民健康提出了有深度的对策建议，促进了休闲体育学术深入和休闲体育的专业建设。李相如教授在做总结发言时表示，休闲体育的研究不要浮于表面，要用理论去探讨前进的方向。休闲体育探讨的进程是漫长而又艰巨的，要经过一代代人的努力，中国的休闲体育研究一定会有一个硕果累累的明天。

参考文献（略）

注：该文由李相如、金媛媛合作撰写，发表在《中国学校体育（高等教育）》2014 年

06 期，下载近 220 次，引用 2 次。

休闲视野下我国休闲体育专业建设的思考

1. 休闲时代初见端倪，休闲体育将大有作为

20 世纪后半叶以来，随着个人拥有物质财富和自由时间的增多，人们弥补和发展精神生活方面的需求显得尤为迫切，休闲成为后工业社会的主要现象。从 60、70 年代开始，国际社会步入一个具有新的休闲理论和娱乐道德观的大众休闲时代，新的休闲观念强调休闲是生活的主要乐趣，休闲是当代社会最重要的特征。1970 年，联合国在布鲁塞尔召开了国际闲暇会议，会议通过了著名的《休闲宪章》。《休闲宪章》的颁布，对于在全球范围内进一步推动休闲活动的发展，提高人类的生活质量，尊重人类追求休闲娱乐等自我发展的权利，起到了积极和有益的保障作用。

20 世纪末，随着人类的一个崭新世纪的来临，无论是未来学家还是一般的民众，都对 21 世纪充满了一种憧憬。世界未来学家格雷厄姆·莫利托在 1999 年曾预测：休闲产业将很快形成巨大的经济浪潮，成为下一个千年推动经济增长的五大引擎之一。

国际休闲研究权威人士杰弗瑞·戈比和托马斯·古德尔先生曾预测："2015 年前后，世界发达国家将进入休闲时代，休闲将成为人类社会的重要组成部分，休闲、娱乐和休闲旅游业将成为下一个经济大潮，并席卷世界各地。届时，休闲服务将主导世界劳务市场，国民生产总值中会有一半以上的份额由休闲产业创造出来，人们将把生命中一半的时间和一半的金钱用于休闲"。

根据世界休闲组织预测，人均 GDP 达到 2000 美元，是休闲需求急剧增长的门槛，它形成对休闲的多样化需求和选择；人均 GDP 达到 3000 美元，度假需求就会普遍产生。而休闲社会则要求必须是 1/3 以上的时间用于休闲；收入支出的 1/3 用于休闲；国土的 1/3 用来休闲，达到了这 3 个条件才可以说是休闲社会。而今，西方发达国家的人均 GDP 均突破 5000 美元，休闲已经成为他们生活中必不可少的一部分。据美国休闲科学研究所对美国社会生产、消费等经济领域进行长期研究之后，得出了这样的结论：休闲已经成了美国经济的中心！有关数据还表明，美国的休闲产业已处于国民生产总值的第 1 位，其就业人口占全部劳动力的 1/4。据相关资料显示，2001

年，美国狭义休闲产业的产出超过4000亿美元，狭义休闲产业主要为旅游业、体育产业、大型节庆以及娱乐业等。种种迹象表明，在世界各国的经济产业结构中，休闲产业已经占据了国民经济产业的重要位置，各城市的经济规模也已经开始转向并依赖于休闲活动的兴旺发达。休闲产业已经成为当今世界相当一部分国家国民经济的支柱产业。

2000年，著名的休闲学家杰佛瑞·戈比在美洲休闲学会年会上提出：在21世纪，发展的质量标准将在于人的生存质量和全面发展，它的核心内容就是休闲经济。

体育运动是人们休闲活动的重要组成部分，也是人们普遍接受的一种生活方式，由此创造了庞大的体育产业。据有关资料表明，世界体育产业每年产值超过了4000亿美元，并以年20%的速度递增。体育产业的特点是将体育活动与消费相关的商品和服务的生产与销售有机地结合起来，主要包括三个部分：一是参与性的体育消费的服务；二是与体育相关的其他产业的生产经营活动；三是体育组织的商业活动。例如体育俱乐部、市场营销组织等。随着人们生活需求开始从物质追求向精神追求的转变，休闲体育的消费影响也越来越大。体育休闲活动、运动健身、户外体育、体育旅游、体育赛事观赏等已经进入到了越来越多的家庭；与体育相关的衍生物和附加产品也成了拉动休闲体育产业的重要力量。根据世界体育用品工业联合会的研究报告，2005年世界体育用品市场营业额高达1820亿欧元。据报道，仅标有“乔丹23”的背心，一年就赚10亿美元。

以高尔夫球为例：美国至2002年底，有15827家高尔夫球场和3670万高尔夫球运动参与者，占该国人口的13%以上。在日本，不足37万km^2国土面积的岛国就有各类球场1200多个，球员近千万人。中国的高尔夫产业状况，2004年高尔夫球俱乐部已经发展到210家左右，高尔夫球运动经常性参与人数约为40万人。全国目前初学和爱好高尔夫球运动的人数已超过100万人。20年间，中国的高尔夫球俱乐部年增速高达45%，并逐步形成了具有一定经济规模的产业。据不完全统计，20年来高尔夫球俱乐部直接投资规模超过300多亿人民币。有统计表明，我国城市外资企业数量与高尔夫的球洞数高度相关，相关度高达80%。

与此遥相呼应的体育现象比比皆是，美国的“NBA”，意大利的“足球工业”“日本棒球”“伦敦马拉松”等，已经远远不只是一种竞技体育，而充分体现了体育文化和休闲体育浓浓的内涵和色彩。

2. 我国休闲体育专业产生的时代背景和社会需求

2.1 国际背景

2004 年第 2 届“社会体育国际论坛”上，来自美、英、日等发达国家和港澳台地区的近 500 名专家、学者和体育界、商界的精英们一致认为：休闲体育时代已经来临！

目前，许多发达国家设有体育健康休闲学院或类似的学院，仅在美国就有几百所大学设有“体育休闲和娱乐”系科等。学校体育教育设计了六大范畴，包括自我意识、休闲意识、态度、决策、社会互动技能和休闲活动技能。

英国目前共有近 120 所高等院校开设了体育休闲相关专业。英国体育休闲相关专业大约分为 3 类：侧重休闲类的旅游、娱乐等服务性行业学科；侧重于体育的大型活动策划、体育企业的管理等统筹类学科；与运动学、心理学、法律、设计等学科相互渗透，衍生出更有针对性的专业科系。

澳大利亚休闲体育的发展在世界上处于领先地位。在澳大利亚，划船、滑板、冲浪、滑雪、攀岩、骑马等时尚休闲类项目深受人们喜爱，因此这些项目的营运市场对专业人才有更多的需求。因此，21 世纪以来，澳大利亚政府已经把体育类专业列为澳大利亚移民的紧缺专业。

我国的台湾地区也有不少高等院校开设了与休闲体育相关的学系，休闲体育和娱乐专业的开设为台湾地区的休闲活动和休闲体育活动输送了大批宝贵的人才。

近些年来，在世界范围内，高等院校休闲体育和娱乐专业的开设更有加快加大步伐的趋势。

2.2 我国社会经济发展的背景

2.2.1 我国社会经济的快速发展

从国际发展经验来看，人均 GDP 达 3000～5000 美元将是消费结构向发展型、享受型升级的时期。就是说，过去的奢侈品将转化为居民的必需品，而且休闲方式开始由物质形态向精神形态转轨。所以，经济水平的提高必然带来人们价值观念的转变。人们劳动生活方式、消费生活方式、社会交往方式、闲暇生活方式等方面都会随之发生变化。据国家统计局的统计，2007 年我国国内生产总值为 246619 亿元，折合 32419 亿美元，人均约 2470 美元。从我国整体上，目前人均 GDP 尚未达到 3000 美元的门槛水平，但相当一部分地区和城市已经达到或超过了这个带有消费结构转折性的水平。据中国政务信息网综合各地《政府工作报告》公布的《2007 年各省 GDP 排行榜》，广东省 GDP 突破 3 万亿元，人均 GDP 达到 4273 美元；北京为 9000 亿元，人均 GDP 超过 7370 美元；上海市 GDP 是 12000 亿元，人均达到 8550 美元；天津、江苏、浙江、山东、福建、辽宁等省市的人均 GDP 已超过 3000 美元。据粗略统计，截至 2007 年，我国已有相当数量的大中城市的人均 GDP 均已超过 3000 美元。

2.2.2 闲暇时间的增多

我国政府于 1995 年 5 月起，在全国推广了 5 天工作制。随后又推行了"五一"和"十一"以及"春节"3 个黄金周。2007 年 11 月，国家将法定节假日由 10 天增加为 11 天，3 个"黄金周"保留 2 个，取消 1 个，同时将除夕、清明节、端午节和中秋节 4 个民族传统节日纳入国家法定节假日。国家同步出台《职工带薪休假规定》，为全面落实职工休假权利提供法律保障，使广大职工可以更加人性化地安排家庭及个人生活。2007 年的长假制度使我国城市职工每年拥有的各种假期累计达到 115 天。单就休闲时间而言，已居于国际中上游水平。随着人们余暇时间增多，人们便会思考如何运用余暇时间科学、合理地安排健康向上的休闲内容，以满足身心上的需求。国家颁布旨在倡导科学、文明、健康的生活方式的"全民健身计划"，开始了我国政府的体育管理对象从少数到大众的新纪元。我国政策哲学指导思想的整体性历来很强，所以这对于面向大众的休闲体育的发展营造了很好的政策环境。

2.2.3 生活理念和生活方式的转变

我国休闲学者马惠娣、刘耳的研究表明，改革开放以来，我国居民经历了 3 次消费革命：第一次，20 世纪 80 年代，是人们满足生理欲望的时期。特征是人们对衣食及最简单的基本生活资料的追求获得满足；第二次，1993～2005 年，是人们满足物质欲望的时期。特征是人们对耐用消费品，其中最主要的是与住宅相关的物质资料及环境设施的需求；第三次，2006 年以来，我国居民将进入对自我实现欲望的追求。其特征是人们追求自我设计、自我价值的实现。在这个发展时期，我国居民生活方式逐步走向多元、开放，呈现出初步富裕、质量型的特征；劳动条件改善、强度减轻、劳动形式多元化，信息技术使职业性质与传统的截然不同；消费结构方面，由生存消费向发展型消费转变，在生存需要满足程度显著提高的基础上，广大居民逐渐注重有益于身体健康、美化生活、提高素质的享受和发展资料的消费；现代型的消费观念逐步树立，其中健身意识提高，用在文体用品方面的开支日益增加。尤其是随着社会开放步伐的加快，市场经济和现代化大生产的社会化性质，要求人们不仅要有一定的专业技能和知识，还要有相应的处理人际关系的技能和社会交往能力。从这一意义上讲，社会的进步和人们生活方式的改变为休闲体育的逐步发展创造了条件。所以，越来越多的人喜欢依托体育运动而体验休闲。事实上，由于生活方式的改变，需要有体育运动的内容去充实人们的日常生活，使人们的享受更加完善。所以说，体育休闲的广泛开展又会使人们生活方式得到必然的改善。

2.2.4 国民体质和疾病的困扰，促使健康、健身意识的提高、推进了休闲体育的发展

社会的进步、竞争的激烈、工作的紧张也给现代社会的人们构成了巨大的压力。现代人类在努力地适应这样的生活和工作环境，但适应不了时，人的精神和神经系统就可能出现问题，就会患所谓的“文明病”。更重要的是，长期缺乏运动使得“肌肉饥饿”“办公室疾病”“心理疾病”“现代文明病”等成了困扰国民体质和健康的重要杀手。休闲体育不仅可以用来缓解神经压力，且可以减少因能量摄入相对过剩引起的人体摄入物质和能量与所需的失衡。

随着北京奥运会的临近，“全民健身与奥运同行”的口号响彻祖国大江南北，中国老百姓参与体育运动的热情急剧高涨。诸如北京、上海等大型城市，均将以建立世界级城市体育为目标而全方位加强体育现代服务业的发展。无疑，面对体育服务市场多元化结构中，体育健身服务市场、体育表演市场亟待完善，这就要求加快培养相关体育人才，为体育休闲服务市场提供更多的高级专业人才。

2.2.5 休闲业和休闲服务业快速发展的需要

我国休闲业和休闲服务业的快速发展，对休闲业和休闲服务业的高级应用型人才的需求变得愈来愈紧迫。现代社会的人所必备的素质之一，是能够通过休闲来改善自己生活质量、能够明确自己休闲价值观和休闲目的、能够自主地确定休闲在生活中的位置。据有关资料表明：1985 年，我国国际旅游休闲业的就业约为 17 万人，到 1999 年上升到约 200 万人，年增长率约为 20%。按这个增长速度估算，到 2007 年可能上升到了约 700 万人。庞大的休闲业和休闲服务业市场出现了对人才的急切需求。

2.2.6 休闲体育发展和休闲体育服务业的快速发展，对高级应用型的休闲体育人才发出强烈的信号和呐喊

据 2001 年的相关调查表明，我国有 10%的人在双休日选择体育运动作为休闲的内容，如把桥牌、棋类列入体育活动，这一比例高达 47%。保守估计，中国目前的高尔夫球场有 200 多家，每个球场需要专业人才 350 人，按此推算，专业人才缺口达 7 万人。以目前的增长速度，未来 5 年估计中国球场达 1000 家，专业人才缺口达 30 万。目前，高校的高尔夫专业毕业人数不到 700 人，无法满足市场的巨大需求。智赢

盛世首席顾问黄焱在出席中国人民大学商学院高尔夫 EMBA 项目中心启动仪式上指出，中国的高尔夫产业在未来 5 年内将进入 EMBA 管理时代，高尔夫行业的低端经营管理模式将被打破。这就意味着需要培养更多的管理精英。中国的高尔夫行业缺乏高端经营管理人才，缺乏对行业发展本质规律以及趋势的把握与判断的能力，缺乏对行业以及球会自身运营的管理经营能力。只有加强对行业从业人员的高端管理能力的教育与培训，才能真正支撑中国高尔夫行业未来的发展。

近几年来，出现了高尔夫球市场火爆，网球、羽毛球市场火爆，健身康乐市场火爆，冰雪运动市场火爆，游泳和水上运动市场火爆，户外运动市场火爆，体育旅游市场火爆等热点，相对而言，相关的休闲体育服务专业人才和健身服务的指导人员十分紧缺。休闲体育业和休闲体育市场对高级应用型的休闲体育人才需求发出强烈的信号，已经对高等体育院校的办学方向提出了时代的呼唤！

3. 关于我国休闲体育专业建设的思考

尽管我国经济的快速发展和现代社会的需求对休闲和休闲体育人才的短缺问题日益凸显，但纵观整个中国，截至 2007 年，休闲体育专业进入教育部专业目录的高等院校仅有 5 所（武汉体育学院、广州体育学院、首都体育学院、上海体育学院、沈阳体育学院）；2008 年西安体育学院、山东体育学院的休闲体育专业申报成功。尽管国外休闲体育和娱乐专业已有几十年，甚至上百年的历史，但我国的休闲体育专业才刚刚起步。国外的经验固然可以汲取，但如何创办具有中国特色的休闲体育专业，将是一种极大的挑战。

3.1 构建我国休闲体育专业的基本思路

构建一个什么样的休闲体育专业，如何构建休闲体育专业，休闲体育专业人才的市场定位是什么，发展走向如何等等，这些可能都是我们首先需要思考和弄清的问题。

3.1.1 对准市场创建专业

改革开放 30 年，高等教育最为重大的经验和启示之一，就是教育与教学改革要适应国家社会和经济发展的要求。人才培养质量的高低，更大程度上表现为社会的评价和学生就业后适应社会、工作的能力。如果说，20 世纪对高等院校教学质量水平的评估体系看重专业培养的过程趋向和供给趋向，那么在 21 世纪则更为看重需求趋向和客服趋向。因为大学各专业培养的人才是否能够与当今社会和经济的发展相适应，大学培养是否得到社会的满意和学生的满意，体现着高等院校教学的真正实力和水平。

休闲体育专业在我国刚刚开始进入活跃期，而且种种迹象表明，休闲业和休闲体育业蕴藏着巨大的市场机遇，休闲体育专业的创建极大程度上也是休闲体育市场的推动使然。休闲体育专业培养的人才必须是能够与当今社会经济相适应的人才，必须是休闲业和休闲体育业所需要的人才。因此，对准市场需求办专业是构建休闲体育专业首要因素。了解休闲业和休闲体育业整个产业链中各个环节，掌握休闲业和休闲体育业未来发展的基本方向，培养出具有必要理论知识和较强实践能力的复合型应用人才，应该是休闲体育专业人才的基本定位。

3.1.2 创新培养模式是关键

休闲体育专业是一个新创的体育类专业，是由于社会发展的需要设立起来的新专业。休闲体育专业不同于体育类其他专业的核心，在于其广泛性和社会性。因此，建立一个崭新的培养模式是休闲体育专业能否成为不同体育教育专业、运动训练专业、民族体育专业等传统体育类专业的关键。

休闲体育专业问世之后，不少人一直在追问，休闲体育是什么，休闲体育专业与体育教育专业、运动训练专业、社会体育专业等传统专业有什么区别？坦率地讲，作为体育学类的专业，许多专业之间实际上很难作出十分清晰的界限区分。例如：体育教育专业、运动训练专业、社会体育专业之间在培养方式、课程体系、包括课程内容等方面都有许多相似或近似的地方。因此，探索一条适合休闲体育专业特色的新型的培养模式，可能是休闲体育专业不同于其他体育专业的关键。关于创建一种什么样的培养模式，笔者也在思考和探索。初步的思路是走以校内课程为主、校外课程为辅，通识教育与市场需求相结合，系统知识的传授与休闲体育实用知识相连接，适度缩减校内课程，加大社会实践环节，采用多频度、多次数的社会实践活动，增强学生的市场意识、社会服务意识和职业创新意识。

同时，由于休闲体育的边界很宽，培养模式能否达到培养学生复合型能力也十分关键。例如：学生的学习能力、运动能力、思考能力、人际交往能力、运用咨询能力、发挥资源能力、市场需求的感悟能力以及快速的反馈能力等。培养模式决定培养对象能力的宽度和运用能力的灵活度。

3.1.3 建立新型灵活的课程体系

按照专业培养目标，培养方向是旨在培养具有指导技能、经营技能、管理技能的应用型人才。因此，休闲体育专业的课程体系框架应突出应用性实践性原则，重视课程体系的调整，重组课程结构，改革教学内容，建立以提高素质为基础、职业综合能力为核心的课程体系，强调学生动手能力、职业技能的培养，注重学生实践操作，增大实践性环节所占课时比例等。

关于新型灵活的课程体系，我们初步的设想是把课程体系分为 3 条主线，3 个层面、3 种方式。3 条主线是必修课程、选修课程（包括专业方向模块课程）和实践类课程；3 个层面是通识课程、专业通识课程和专业技术技能课程；3 种方式是相对固化的课程、动态课程和新创时尚课程。

对培养休闲体育专业人才，笔者认为，一定要跳出体育院校原有体育课程设置的框架。可以考虑在必修课程中设置一些基础的综合类课程，例如：运动人体概论（其内容可以包括人体解剖学，运动生理学，康复、保健学等方面的内容）、体育人文社会学概论（其内容可以包括体育概论、体育社会学、群众体育学、学校体育学等方面的内容）。这些综合类课程可以采用捆绑式的集合，给学生介绍运动人体科学和体育人文社会学方面最基本的原理知识，不需面面俱到、讲深讲透。同时。要打破体育院校的课程设置常规，把实践类课程尽可能早地安排在课程体系中。例如专业社会实践的见习、休闲体育社会调查、休闲体育的公益性服务可以从大一开始设置，为学生进入选修课程提供有现实价值、有明确学习目标的可选性条件。例如，许多学生通过社会实践之后对人体解剖学、运动生理学、康复保健学等课程学习的态度和目的发生了重大转折，而这些课程我们在选修课中 2 次设立（内容、范围和深度与概论中是不重复的）。

精选专业技术技能课程，加大学生专业技术技能课程的学时量。精选专业技术技能课程有两个原则：第一，体现休闲体育专业的基础性课程，例如，操类项目（健美操、瑜伽等）、小球项目（羽毛球、网球、乒乓球等）。第二，体现即时性社会需求的时尚性课程。例如目前比较时尚的休闲运动项目：高尔夫球、健身房运动、普拉提、滑雪、海滩体育等。加大学生专业技术技能课程的学时量要保证两个重要前提：一是要保证技术技能课程在课程体系中的总的比重达到或接近 50%（除去公共必修课程，如政治类课程、英语、计算机等）；二是学生必须要有一个能够拿得出手的运动专项（没有运动专项的体育类大学生在社会上已经难以生存），其运动专项的课时和时间保证每学期 72～108 学时，延续 3～4 个学期。

课程体系中保证一定空间的动态课程和新创时尚课程十分重要，这类课程的数量可能不多，但可以保证学生学习的课程与社会和休闲体育市场紧密联系。

3.1.4 强化实践环节，培养应用型人才休闲体育专业人才的培养要走向社会、走向企业、走向休闲服务行业，就必然要突出专业的社会性、市场性和实践性。

笔者查阅了现有的几所招收休闲体育专业的院校的培养目标，基本定位都是“高级应用型人才”。这说明，大家的市场判断和认识是相同的。要培养“高级应用型人才”，强化教学实践环节是十分重要的途径。应该考虑以下几个问题：(1)要有一个能把实践教学贯穿于整个专业教学的全过程之中的实践教学大纲；(2)加强社会实践和实习的引导，在本科的后 3 年内，要实现“社会实践(见习)———在校学习———教学实习”这样一个不间断的过程；(3)加强与社会用人部门的联系，扩大校企合作办学的接触面，建立订单式培养的联系和机制；(4)建立紧密合作的校内外实习和社会实践基地。例如，首都体育学院休闲体育专业在校内建立了“社区服务实践和实习基地”和“首体健身俱乐部实习基地”。校内实习和社会实践基地可以保证专业实践活动的常态化，同时还建立若干个密切联系的校外实习和社会实践基地；(5)紧紧跟踪休闲体育发展的潮流，跟随企业的用人标准，及时调整各种主流知识和运动技术技能，使专业建设在休闲体育产业和休闲体育服务业的变化发展中进退有据，保持很强的就业竞争力；(6)加大校企订单、定向等方式联合培养的实践力度，实现全程按照企业的要求培养人才，实现产学研一条龙式培养途径。

3.1.5 就业走向

我国休闲体育专业的就业走向：旅游业、休闲业和休闲体育行业、公共体育服务与管理、体育健身康乐俱乐部、各级政府体育事业单位、街道办事处和社区文化体育单位、企业工会、自主性创业等。

3.2 构建我国休闲体育专业的几个要点

3.2.1 制订一个优化的培养方案

培养方案是构建一个专业的顶层设计。实际上，人才培养的理念创新、模式创新、方式创新以及专业特色都是从培养方案上首先得以体现的。优化的培养方案应该着重关注培养目标社会需求、学院资源(包括人力资源、场馆资源、器材设施资源、项目资源等)、课程构建、人才规格和培养方式等。

3.2.2 优化课程结构

尽管休闲体育是一个新专业，但仍然是体育学门类中的一个体育专业，因此，大部分现有的课程仍将出现在课程体系之中，但休闲体育专业将需要实现部分课程重组，需要对部分课程进行必要的整合与分解。例如，我们设想将目前的运动解剖学、运动生理学、体育保健学实行整合打包，形成一门新的课程：运动人体科学概论；例如，将现有的棋牌课程进行分解，分离出桥牌、中国象棋、国际象棋等。

同时，专业的课程设置绝不能是一成不变的，应该是与时俱进的，随着社会发展的需要，要对休闲体育专业的课程设置适时做出相应地调整，以应对社会和市场的变化和需求。

3.2.3 课程要求与课程大纲的创新

课程要求与课程大纲是教学的最基本的指导文件。课程要求与课程大纲必须要实现课程为专业所有、为专业所用。也就是说，课程要求要以休闲体育专业为导向，课程大纲的内容和知识要符合休闲体育专业人才培养的需要。在课程要求与课程大纲的制订上，存在两个方面的误区：(1)课程大纲的制订不是以专业为目标，而是以课程本身为目标，因此每一份课程大纲都出现要求加大课时数，内容面面俱到；(2)课程的专业性不鲜明、不突出。一份大纲既可以是休闲体育专业的，也可以是体育教育或运动训练专业的。

要走出上述两个误区，就要认真、科学地研究课程与专业培养的关系，尤其要特别注意两个理念方面的转变：(1)要树立课程为专业培养目标服务的理念；(2)课程要实现专业培养的效益最大化。因此，不必把对学生的每一门课程都做得面面俱到。要对课程内容进行科学的筛选，选择有效的教学手段。教学实践经验表明，每一门课程的所有相关知识的全面讲授反而会让学生学而不精，出现什么都学，什么都没有很好理解和掌握的尴尬局面。

3.2.4 培养和调配专业师资

休闲体育专业的课程设置总体上可以分为基础课程、核心课程、相关课程及运动技能 4 部分。从目前的情况看，我国尚未有现成的休闲学和休闲体育学等核心课程的师资，一些新型休闲体育运动项目的师资也很匮乏。引进专业教师与校内调配、培养将是一个基本的途径。此外，教师的综合能力、教学资源配置、教学成本等因素都将是影响休闲体育教师的内在、外在因素。

3.2.5 专业教材建设迫在眉睫

当前，我国还没有具有权威性的休闲体育学等课程的教材。一是我国关于休闲体育的系统研究成果还不多，二是真正从事休闲体育研究的人员还不多。因此，解决专业教材建设的问题将从两个渠道进行：一是选用国外权威教材，二是整合全国的力量，开始构建我国休闲体育的教材体系。

3.2.6 强化社会实践与教学实习

目前，体育院校的大多数专业的教育实习，采用分散式实习。这种实习的优点是教学成本低，实习的灵活性大，对学生就业有一定的帮助，但弊端也是显而易见的，最突出的弊端就是降低人才培养的质量。由分散式向集中式的转变已经成为当今高等体育院校教学改革的主要内容，因此，建立专业社会实践与教学实习基地成为体育院校提高专业人才质量的重要保证。建立专业社会实践与教学实习基地有利于广泛利用社会资源为人才培养服务，有利于坚定“集中式实习”思路以凸显专业特色培养模式，有利于学生社会实践和教学实习得到良好的指导，有利于充分发挥实习带队老师和基地指导老师的积极性。

4. 我国休闲体育专业发展的展望

在 2007～2008 年，教育部公布的专业目录中，休闲体育专业引起了媒体广泛的关注。据粗略查询，网上有关休闲体育专业的信息高达近 200 余万条。随着 5 所体育院校 2008 年全线开始招生，休闲体育专业已经开始大面积地进入考生、考生家长和学校、教师的视野。据了解，休闲体育专业也开始进入到休闲业、休闲体育服务业的视线之内。休闲体育服务业作为一个后发产业，将会对休闲体育专业的高级应用型人才有巨大的产量需求。休闲体育专业作为一个具有广阔的发展前景和市场需求的新型、朝阳体育专业，我们估计在未来 5～10 年内，将会有 50～100 所高等院校开设休闲体育专业。从目前社会体育专业的开设情况看，众多的综合性院校已经把新型体育专业作为优化专业结构、拓宽社会适应面、推动校园体育活动的重要举措。休闲体育专业由于其更大的适应面，将会受到更多的体育院校、师范院校和综合性院校的青睐。

作为开设休闲体育专业的先发院校，广州、武汉、上海、沈阳和首都体育学院抓住了时代的机遇，但机遇往往与挑战共存。5 所院校应该发挥体育院校的特色和强势，实现强强联合，共存共赢，共同打造休闲体育专业美好的明天！

参考文献（略）

注：该文发表在《首都体育学院学报》2009 年 02 期，下载近 1150 次，引用 51 次。

和谐社会视野下构建我国体育院校和谐校园的思考

1. 问题的提出

中国共产党的第十六届四中全会做出的《中共中央关于加强党的执政能力建设的决定》中，提出了“构建社会主义和谐社会”的新命题。构建和谐社会不仅是中国未来的奋斗目标和重要的执政方略，而且成为我国现实社会中理论探讨的热点。本文试图在综述和分析近一时期构建我国和谐社会和和谐教育的部分理论研究的基础上，对构建我国高等体育院校和谐校园提出一些思考，期望能够对推动我国高等体育院校和谐校园建设提供参考。

2. 研究方法

本研究主要采用逻辑分析方法和文献研究方法。

3. 研究的结果与分析

3.1 和谐社会和和谐教育的综述和分析

3.1.1 和谐社会是我国新时期的重要理论与实践进展

中国特色社会主义的重大理论和实践问题都具有现实性的特征。和谐社会构建是我国改革开放以来，以马克思主义社会形态理论为依据，以对立统一规律为指导，立足现实，解决我国面临的具有全局性的重大任务而提出的科学结论。我国体育院校和谐校园构建的依据是我国社会主义和谐理论，背景是我国社会主义发展新时期的现实要求、实现的可能性和基本内容。

和谐社会是在国内外大背景和中国特色社会主义建设实践中产生的重要理论成果和实践进展的结晶。成思危在《和谐社会理念的哲学基础》中指出，“从哲学上说，和谐是协调一致的统一，是对立统一的高层境界。”他认为，和谐社会“具有统一性，保持大同小异；具有包容性，可以求同存异；具有调适性，能够增同减异”的特性，可以大大减少产生对抗的可能性。李丽辉提出，构建和谐社会要处理好人与自然的关系、要处理好经济发展与社会发展之间的关系、要处理好效率与公平的关系、要处理好城市发展与农村发展的关系、要处理好地区与地区之间的关系。张奎良在《现代哲学》发表的《从矛盾辩证法到和谐辩证法》中认为：“辩证法是哲学之魂，自黑格尔奠定了辩证法的理论起，经过马克思、恩格斯、列宁和毛泽东的实践创新，已经走过了以否定性为内核的持续发展期，为辩证法填充了实践、自然、革命和向斗争性倾斜的丰富内涵。”矛盾辩证法是马克思到毛泽东这一时段中，共产主义运动的基本理论内核。从矛盾辩证法走向和谐辩证法，是邓小平同志根据国际、国内形势和态势做出的科学判断和重要的理论贡献。吴建民同志在《把握时代特点走和平发展道路》中提出，“在中国，最早注意到时代变化的是邓小平同志。他在仔细观察了国际社会的变化、分析了世界诸多矛盾之后，就一针见血地指出，和平与发展是世界上面临的两大问题，这两大问题一个也没有解决。”21 世纪以来国际局势的两大主题依然是和平与发展，国内的形势今天正处于社会主义与和平发展时代的新的转折点。辩证法作为智慧之学，应该有它固有的敏感，反映和汲取时代的精神，把自身推进到以稳定、团结、和谐和发展为坐标的新阶段。邓小平开创的和谐辩证法是时代精神的回应，是建设中国特色社会主义实践的思想精华的积淀，它承前启后，继往开来，既是对矛盾辩证法的扬弃，又继承中国传统的天人合一和中庸辩证法的精髓，从向对立面转变为向同一的全面回归的视角，揭示了辩证法博大精深的内涵。

中国特色的社会主义作为一个追求以和谐社会为目标的社会形态，对辩证法的理解和需求在 20 世纪 80 年代开始已经发生了的重要变化，最大的变化就是从过去向斗争性倾斜而转变为向对立面的同一的全面回归。1978 年党的十一届三中全会提出了把工作重心由阶级斗争为纲向经济建设转移。党的十二大做出了《中国共产党若干历史问题的决议》，确立了改革开放和以经济建设为中心的路线和方针。在邓小平、江泽民为核心的第二、第三代领导核心和以胡锦涛为总书记的党中央正确领导下，28 年的中国特色社会主义实践表明，改革开放和以经济建设为中心的稳定国策给中国带来的结果是经济繁荣，社会稳定，人民群众的生活水平稳步提高，中国在国际上地位越来越举足轻重。党的十六届四中全会《中共中央关于加强党的执政能力建设的决定》中提出了“构建社会主义和谐社会”的新命题。“和谐社会”的提出，是我们党对中国特色社会主义事业认识的新发展。它表明，我国社会主义现代化建设的总布局已经由发展社会主义市场经济、社会主义民主政治和社会主义先进文化的三位一体，提升为包括社会主义和谐社会在内的四位一体。这不只是量的增加，更重要的是认识上的一大飞跃。和谐社会心向往之，问题是如何建设和谐社会。党的十六届五中全会《中共中央关于制定国民经济和社会发展第十一个五年规划的建议》提出：“必须加强和谐社会建设。促进社会和谐是我国发展的重要目标和必要条件。要按照以人为本的要求，从解决关系人民群众切身利益的现实问题入手，更加注重经济社会协调发展，加快发展社会事业，促进人的全面发展；更加注重社会公平，使全体人民共享改革发展成果；更加注重民主法制建设，正确处理改革发展稳定的关系，保持社会安定团结。”党的十六届六中全会进一步做出了《中共中央关于构建社会主义和谐社会若干重大问题的决定》(后简称《决定》)，对构建社会主义和谐社会的重要性和紧迫性、指导思想、目标任务和原则等，做了深刻的阐述和科学的论证。《决定》既是构建社会主义和谐社会的要求，也是二十多年来改革开放的深厚的思想积淀；既是对改革开放成功经验的总结和提炼，也是中国共产党人几代领导集体智慧的创造性思想结晶。

3.1.2 和谐教育是实现和谐社会的重要内容之一

胡锦涛同志指出：“构建社会主义和谐社会，是我们党从全面建设小康社会、开创中国特色社会主义事业新局面的全局出发提出的一项重大任务，适应了我国改革发展进入关键时期的客观要求，体现了广大人民群众的根本利益和共同愿望。”他强调指出，我们所要建设的社会主义和谐社会，应该是民主法治、公平正义、诚信友爱、充满活力、安定有序、人与自然和谐相处的社会。全社会物质文明、政治文明、精神文明的共同进步，经济社会的协调发展，基础是人的全面发展。人的全面发展，关键当然是教育。所以，《决定》中强调指出：“坚持教育优先发展，促进教育公平。”教育尤其是高等教育，是培养社会人才和高级社会人才的主要载体，建立和谐社会说到底需要人来实现，只有和谐的教育才能造就出社会需要的各种和谐发展的人，从而促进整个社会的和谐发展。社会的和谐发展，教育的和谐发展与人的和谐发展是一个不可分割的统一整体，建设和谐教育是当前教育领域的重大问题。

关于和谐教育的内涵，杨兆山、盖笑松认为可以从三个层面来认识。从宏观层面看，和谐教育应该是指教育发展的区域和谐与教育发展的城乡和谐。从中观层面看，建设和谐教育是指我们要努力缩小城市中优质学校与薄弱学校的差距，实现校际间发展的和谐；从微观层面看，我们要建设的和谐教育是面向全体学生的教育，要关注每个学生的和谐发展。和谐教育的目标之一就是让每个学生获得最适合自己的成长机会，实现最优化的发展结果。社会、教育和人三者间的关系问题是教育的基本问题，教育是人的社会化过程，是变个体需要为社会需要的过程，教育总是通过对人的培养塑造实现教育的社会价值。北京师范大学裴纯礼认为高等院校“和谐”才能使高等院校更好地发展，树立高等院校“和谐发展”的育人理念。应该包括与社会和谐、与他人和谐、与环境和谐、与自我和谐；在建立“和谐发展”的教育体制中，要摆正教育规律与市场规律的关系，合理建设教师队伍，加强精品课程的建设和持续发展。

坚持科学发展观，构建和谐教育的思路，高等教育要坚持两个“为本”，即坚持教育教学要以育人为本，以学生为主体；坚持办学要以人才为本，以教师为主体。高等院校的教育和教学质量是学校工作的生命线，一方面社会对人才需求进一步加大，另一方面社会对人才的要求越来越高，或者说高校培养的人才是否是社会需要的，这是当今高校与社会的基本矛盾之一。用社会主义和谐社会的视野来认识和处理这一矛盾，就必须辩证地看待对立面，要发现高校的人才培养和社会对人才需求的适应性之间的共性特点。高等院校坦然地面对社会和用人市场对人才的观念变化和机制变化，改革高等院校的教育教学方式、内容和理念，使高等院校的教育教学适应社会和用人市场的变化，才能创造和谐教育的新的局面。

3.2 关于构建我国体育院校和谐校园的几点思考

我国体育院校近些年来受到了来自社会和自身的越来越多的挑战。一方面社会对体育院校的毕业学生的知识结构和适应能力提出了越来越高的要求，另一方面伴随着高等院校规模和专业数量的急剧扩张，导致了体育院校本身教育资源的短缺。建立我国体育院校和谐校园，发挥院校整体的功能，放眼社会的发展和需求，是迎接社会和院校自身挑战的重要举措。

3.2.1 构建体育院校的和谐校园首先要凝练办学思想和办学特色，树立共同的理想目标，建立互信的工作机制。胡锦涛总书记指出：“一个社会是否和谐，一个国家能否长治久安，很大程度上取决于全体社会成员的思想道德素质。没有共同的理想信念，没有良好的道德规范，是无法实现社会和谐的。”因此，学院的发展目标和方向，办学的基本思想和思路，不仅院校领导者要清楚、中层干部要清楚、高职称的教师要清楚，还需要全体教师、职工和全院学生都清楚，并且变成一种共识，一种共同的理想目标，这是建设和谐校园至关重要的前提保证。在此基础上，强化政策法规和校纪校规的建设，依法治校，公平公开公正对待学院每一成员，逐步弱化人治的痕迹，按照高等教育的办学规律来管理和规范院校的教育、教学和校园文化活动。

3.2.2 构建体育院校的和谐校园要注重人际的和谐。院校的人际和谐主要是指学校的管理者、教师、职工和学生的人际和谐。教育是培养人的事业，打造良好的和谐人际环境是教育成功的重要条件。要重视教师队伍、干部队伍、职工队伍和全体学生的和谐发展。教师队伍、干部队伍、职工队伍是实现院校人际和谐的前提，是为教学和人才培养服务的主导者，教师队伍、干部队伍、职工队伍之间的和谐是服务主导者高质量、高水平为教学和全体学生服务的重要保证。

3.2.3 构建体育院校和谐校园要重视培养目标的和谐和课程设置的和谐。培养目标的和谐首先表现在为社会服务和为社会培养、输送高质量的应用型人才方面。培养目标脱离了社会需求，培养目标的和谐就是空谈。培养方案和课程体系是人才的培养蓝图，为保证培养目标的全面和谐发展，在课程设置上，必须保证育“德”的课程、育“智”的课程与育“体”的课程要和谐；高等体育院校基础类课程、应用类课程与运动技术类课程也要和谐；校园教学、学习和学生实际工作能力、校外见习和实习、社会实践活动也要和谐。只有这样才能真正达到培养目标的和谐和课程设置的和谐，才是和谐社会所需要的。

3.2.4 构建体育院校的和谐校园是最重要的内容之一，是学生能否享受到高质量、高水平的教育和教学的权利，亨受高质量、细微人怀的服务的权利。大学生、研究生是大学的主体，大学所有的存在是因为有了学生才存在的。学生不仅是大学的学习者，未来社会的建设者，学生还是建设和谐校园的主力军和实践者。爱护每一个学生、上好每一节课、提供每一间(所)洁净明亮安全的教室和运动场地、做好每一餐价格合理、味鲜可口的饭菜，其实都是建设和谐校园的具体行为。作为体育院校的管理者，应该清醒地认识到，今天我们爱学生，要向学生爱老师一样，真诚、淳朴、无私。这种爱，是连续的，可传递的，因为明天当他们作为老师或社会人的时候，他们也会向学生或社会献出全部的爱，使和谐校园推动和谐社会的进步。

3.2.5 构建体育院校的和谐校园要正确处理本校人才的培养、利用和引进人才之间的关系，营造能产生一流学者的学术氛围。本校人才的培养、利用和人才引进是事关院校发展和师资队伍建设的战略性问题。院校的大师、学科带头人以及一流的学术队伍是提升院校的社会竞争力的重要指标，已经成为社会和高等院校的共识。和谐校园首先要充分发挥本校学者和教师的积极性、创造性，为他们跻身一流学者的行列创造充足的条件和和谐的学术氛围，这是十分重要的。引进人才能否在引进之后发挥作用，需要的更是浓郁自由的学术氛围、宽松的科研、教学环境和和谐的人际氛围。和谐的学术氛围的创造不是仅靠引进知名学者就能实现的。只有在能孕育大师的地方，才能让引进的人才真正发挥作用。因此体育院校能否产生大师，关键在于体育院校能否营造产生一流学者的学术氛围，是否具有产生一流大师的厚重的校园文化积淀。

3.2.6 构建体育院校和谐校园的另一十分重要的落脚点是加强和引导校园文化

活动建设。中外著名的大学之所以著名，不仅是因为具有一批社会认可的一流专家学者和校园软硬件设施，还具有多年积淀的校园文化，这是和谐校园精神和灵魂的沉积和爆发。例如：教师和学生宽阔的视野、开放的思想、自由的学术环境、勇于创新的精神、应接不暇的学术报告、真枪实干的学术辨析和争鸣、敢于挑战的学术风暴和学术沙龙、为数众多的学生社团、激烈精彩的大学生辩论、丰富多彩的教职工和学生业余文化生活、生龙活虎的体育竞赛等等，这将是一幅多么令人向往和期盼的和谐校园景象！

3.2.7 构建体育院校和谐校园还要向社会开放，要适应社会、服务社会。新世纪以来，体育院校的办学功能已经从单一的教育功能向培养体育人才、进行科学研究、开展社会服务和拓展国际交流等多种功能的方向发展。近几年来，体育院校开放式办学的意识日益增强，走出去，请进来已经是近些年的体育院校发展的重要经验。进一步加大、加强院校开放式办学的意识和行为，是体育院校未来发展的重要主旋律之一。学科带头人、一流专家学者更多是在社会的大背景下培育和造就的，占据国际、国家、地区学科发展前沿的一流专家学者和学科带头人，才是世界的、全国的、社会的。为此，想方设法为院校的专家学者和教师创造走出校园、走向社会，正确处理校园教学、工作和社会服务、学术攻关的和谐关系既是一种高超的管理艺术，也是领导者的眼界和胸怀的体现。

4. 结束语

和谐社会、和谐教育、和谐校园是一个系统，和谐校园是构建和谐教育的基础，和谐社会人才的源头在于教育。因此，在我国构建社会主义和谐社会的时候，构建高等院校的和谐校园，形成浓郁的和谐校园文化是至关重要的。我国体育院校承载着培养高等体育人才的大任，蕴育浓郁的和谐校园文化、培育和影响高等体育人才的和谐内涵和精神，是社会和市场对未来的高等体育人才的要求。

参考文献(略)

注：该文发表在《首都体育学院学报》2007 年 03 期，下载近 134 次，引用 6 次。